日本夢
ジャパンドリーム

アメリカと中国の狭間でとるべき日本の戦略

劉明福・加藤嘉一

晶文社

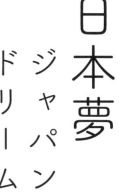

装丁——岩瀬　聡

日本の読者の皆様へ

劉明福《リュウミンフー》

『日本夢　ジャパンドリーム』の中国語版は２０１６年12月にまず中国で東方出版社から出版され、お陰様で好評を得たようです。２０１８年になり、日本の読者向けてに新たに編集を加えた日本語版が出版されることは誠に喜ばしい、おめでたいことであります。

私から見て、『日本夢　ジャパンドリーム』には三つの特徴があります。

一つ目に、初めて〝ジャパンドリーム〟という新たな概念を書籍のタイトルとして提起し、検証を試みたことです。この意義において、『日本夢　ジャパンドリーム』という本は〝21世紀において日本を議論するための第一書〟となると言っても過言ではないでしょう。

二つ目に、初めて中日両国の学者によって共同で創作された戦略的書籍であるということです。この40年強の間、中日経済協力は豊富な成果を残してきましたが、中日戦略文化における創作面の協力はこれが初めてではないでしょうか。

三つ目に、初めてチャイナドリームとアメリカンドリームという世紀の競争の枠組みの中でジャパンドリームを研究し、かつチャイナドリーム、アメリカンドリーム、ジャパンドリームという三つの夢の攻防という大局観のもとにジャパンドリームを眺めようと試みたことです。

世界は現在〝選択の時代〟へと突入しています。人類はいま思考しています――21世紀、私たちはどのような新しい世界を必要としているのだろうか、私たちはどのように新しい世界を建設するのだろうかと。一部国家も思考しています――21世紀はどのような新型国家を建設し、どのように自らの国家を建設するのだろうか、と。

私は中国人であり、加藤嘉一さんは日本人です。私たちは異なる世代の人間です。私は1950年代の人間で、もうすぐ70歳という高齢に差し掛かろうとしています。加藤さんは1980年代の生まれで、30歳を少し超えたに過ぎません。異なる国家、世代の2人がなぜ戦略学術分野における創作で共同で筆を取り、1冊の本を書くに至ったのか。

私の角度から申し上げれば、私は加藤さんという若者を高く評価しています。彼は日本の若者世代を代表する優秀な青年です。私は以前『80後が中国を引き継ぐとき――中国80後宣言』という書籍を出版したことがあります。日本もいずれ〝80後〟によって引き継がれることになるのでしょう。若者世代は国家と民族の未来を代表しています。私は加藤さんと交流させていただきながら、日本の若者世代に対して自信を深め、日本という民族の未来に希望を見ました。

21世紀は人類が新型世界を創造する偉大なる世紀です。この新型世界とは〝人類運命共同体〟にほかなりません。全世界が覇権主義の時代に別れを告げる時代がやってきたのです。アジア国家がアジアの命運を自らの手で握る時代がやってきたのです。今後30年、偉大なる復興を実現する強大な中国と、覇権国家のコントロールから脱却して独立した日本が、アジアの台頭、アジアの復興、世界の転換という偉大なるプロセスの中で自らの然るべき貢献をしていくのです。

人民こそが歴史を創造するのです。夢こそが未来を創造するのです。日本国民にとって、21

世紀とは自ら国家の夢を選択、確立し、民族の未来を創造し、そのために奮闘する時代です。『日本夢　ジャパンドリーム』が日本で出版されるに当たり、日本政界の皆様の戦略的政策決定にアイデアを、日本学術界の皆様の戦略的思考にインスピレーションを、日本社会の国民世論にテーマを提供できることを心より期待し、願っております。

中日両国の関係をより友好なものにすること、アジアと世界の未来をより良いものにすること、それが私たち2人が『日本夢　ジャパンドリーム』を執筆し、出版する動機であり、目標であります。

『日本夢　ジャパンドリーム』の日本語版を出版する運びとなったこの度、日本の晶文社の皆様には大変お世話になりました。私から見て、晶文社は書籍の思想的影響力と長期的生命力に注力する素晴らしい出版社です。『日本夢　ジャパンドリーム』が日本において高い品質と高い効率の下で出版できるとしたら、それはひとえに晶文社の皆様のご理解とご尽力によるものです。同社の社長様、担当者様、スタッフの皆様の責任感に満ちたご献身に心より敬意と感謝の気持ちを申し上げます。

最後に、チャイナドリームとジャパンドリームが共に高く舞い上がること、それによって、アジアの夢と世界の夢が共に前進していくことを祈っております。

２０１８年４月１日　北京にて

日本での刊行によせて

加藤嘉一

2013年7月、私がハーバード大学にいた頃のことである。一時的に学生時代を過ごした北京に〝帰省〟した際、知人の紹介を通じて、初めて劉明福・中国人民解放軍上級大佐にお会いした。〝劉明福〟の名前は知っていた。2010年1月に発売され、ベストセラーとなったあの『中国夢』の著者である。

2012年秋に中央委員会総書記に就任した習近平氏が就任早々一つの指導思想・国家目標として掲げたのが〝中国夢〟だった。劉大佐は3年弱それを先取りし、中華民族としての国家目標を書籍という形で問題提起していた。少なくないチャイナウォッチャーや海外メディアが〝習近平思想〟の内幕を掘り起こすべく劉大佐の書籍や思想を参考にし、本人にアプローチしていたのを私は垣間見ていた。

劉大佐と〝中国夢〟に関連する記事が出る度に、劉大佐は私の前で「〝中国夢〟の生みの親は習近平総書記だ。私はそれを研究しているに過ぎない」と謙遜していた。中国最大の問題の一つが腐敗にあり、人民解放軍内部における腐敗現象・問題を痛烈に批判する劉大佐は、一緒にレストランで食事をしても食べ物を絶対に残さない。食べられなければ残った分を持ち帰り、翌日食べる。「私が幼い頃はこんな料理食べられなかった」とつぶやきながら。私が毎回劉大佐自宅近くの最寄り駅に着くと、必ず改札口で出迎えてくれる。議論が終わり、私が去ろうとする際にも、必ず改札口まで送ってくれ、私が改札を通り過ぎても、見えなくなるまで手を振って見送ってくれる。自分に厳しく、他人に優しい。無限に交わしたメールでは、毎回必ず末尾に「XXXX年YY月ZZ日AA時BB分CCにて」と書き留める。

「これが中国人民解放軍の紀律なのか？　日本は中国に勝てるのか？」

劉大佐の一挙手一投足を見ながら、色々考えさせられた。

本書をめぐるプロジェクトは、ある日劉大佐からすごい形相で問いかけられた「日本人はなぜジャパンドリームを語らないのだ!?」という一言から始まった。私たち2人は〝夢〟という角度・視点から日本、中国、米国を語り合い、会う度に徹底議論した。殴り合いになることはなかったが、仮にテレビの生中継番組であれば、最低限〝放送事故〟になるような状況が常だった。

私たちは、劉大佐の信念でもある「この偉大なる時代、大きな問題を大きな思考で、大きな戦略を大きな視角で議論しよう」というスタンスで、面と向かって議論をし、自らの問題意識や疑問点、考えやアイデアを活字で書き下ろし、メールを通じて無限にやり取りを重ねた。気づいたら、文字数は中国語で20万字を越えていた。

その後話し合いを経て、私たちの〝対論〟を書籍として出してみようということになった。それが、劉大佐が「日本の読者の皆様へ」の冒頭で書かれていた『日本夢　ジャパンドリーム』の中国語版である。私たちが交わした活字を一定の枠組みや目次の下、書籍としての体裁を整えるべく書き直し、書き足す作業を行ったのが２０１５年秋から２０１６年の2月である。『日本夢　ジャパンドリーム』を日本で出すことが決まったのは２０１７年10月である。米国でトランプ政権が成立して半年以上が経っていた。東京にいる担当編集者からも「劉大佐がトランプ大統領をどう見ているか？　トランプ政権になってからの日米中関係をどう見ていくか？　本書に入れたいですね」というご提案を受けた。私もそれがいいと思った。しかし、劉大佐に会ってこの話をすると、丁重かつ大胆に断られた。

「理由は三つある。一つに、トランプ政権ができてまだ間もない。我々はいまだに観察している状況にある。研究を通じた見方や分析を出す時期ではない。二つに、トランプ政権など過渡期に過ぎない。米国という国家の大きな趨勢や局面には影響を与えない。故に論ずるに値しない。三つに、我々に求められるのは大きな問題を大きな思考で、大きな戦略を大きな視角で議論することだ。そこにトランプが入り込む隙間などない」

これが劉大佐のレスポンスである。明快であり、理にかなっているとも思えた。担当編集者も私も納得した。従って、本書はトランプ大統領・政権には一切触れていない。時計の針は（一部刷新が必要な箇所を除いて）２０１６年２月で止まっている。読者の皆様にはこの点ご留意・ご理解いただきたい。

本書はチャイナドリーム、アメリカンドリーム、ジャパンドリームそれぞれを議論しているが、米中に関しては私が問い、劉大佐が答える形式を、日本に関しては劉大佐が問い、私が答える形式を取っている。ただ、問うにしても、答えるにしても、出来る限りそれぞれがそう考える背景や論拠を入れるように尽力したつもりである。米中間の世紀の攻防の狭間で日本はどう生きるか、チャイナドリームとアメリカンドリームがぶつかり合う中でこそ、ジャパンドリームの定義・戦略・未来をめぐる輪郭や価値が浮き彫りになってくる。私たちはそういう問題意識を持って本書の作成に向き合ってきたつもりである。

劉大佐の自国に関しての自信、米国や日本に対する批判は終始強烈である。読者の皆様から見て理解し難く、受け入れられなかったり、反感を買ったり憤慨を覚えたりする場面も多々出てくるものと容易に想像できる。しかし、これだけは私が保証する。劉大佐は本気で、純粋にそう考えているのであり、日本の明るい未来、日米中三国のあるべき関係、人類世界の進むべき方向性を真剣に、誠実に考え、書き下しておられる。私はそんな劉大佐を尊重し、敬意を表する。

私自身、作者の1人として、祖国・日本で本書を出版できることを心から嬉しく、光栄に思っている。本書の最大の価値は、『中国夢』の著者である劉明福・中国人民解放軍上級大佐の中国観・米国観・日本観であり、劉大佐が日米中三国関係をめぐる歴史と未来、構造や情勢、問題や矛盾、現状や可能性をどう見ているのかを記録すること、そして、それを日本の読者にお届けすることである。私は脇役にすぎない。そんな劉大佐との対論の記録をお届けすることを通じて、読者の皆様が中国を理解し、米国に向き合い、日本を考えるプロセスを少しでもバックアップできるとしたら、それは私にとって望外な喜びである。

最後に、本書の出版にご尽力くださった晶文社の皆様に心より感謝の気持ちを申し上げたい。特に、本書を担当してくださった安藤聡さんには大変お世話になった。私からのわがままに耳を傾け、寄り添ってくださった。安藤さんのいつも優しいご指導なしに、本書が日本に上陸することはありませんでした。

2018年4月5日　ワシントンD.C.にて

目次

第2章　チャイナドリームの戦略的意義と奮闘の段階　073

第3章 チャイナドリームとアメリカンドリーム―一つの地球と二つの夢をめぐる協力と競争―096

序文一　中米は最終的に一戦を交えるのか？

劉明福

２０１５年、私はニューヨークブックフェアに参加した。市内のある書店に立ち寄ると、台湾で出版された『２０２０中国与米国終須一戦』（ＹＳＴ海天著、如果出版社、２０１４年７月出版）という繁体字中国語の書籍に目がいった。表紙には次のような文字が記載されていた。

「中国、米国両国は一触即発の状態にあり、すでに真の戦争待機状態に突入している。米国は２０２０年までに事態を制造（＊いざこざを引き起こす）して中国と開戦できなければ、先見の機会を失い、アジアから撤退を余儀なくされ、覇権主としての宝の椅子を譲ることになるであろう。米国は台頭する中国とアジアの権力を共有することを望むのか、それともアジアで中国の台頭に恐怖を感じている国家を連携させ、中国を30年前の状態に叩き戻すのか？」

「中米が最終的に一戦を交える」という主張はいくらか武断的に過ぎるだろう。21世紀の世界大国関係は二つの戦争に別れを告げるべきである。一つは〝熱戦〟、もう一つは〝冷戦〟である。仮に中米が最終的に一戦を交える事態を免れられないのだとすれば、この一戦の結末は、中国を30年前の状態に叩き戻すだけでなく、米国も中国と同等に戦争による代償を払うことになるであろう。米国に中国と一戦を交えるだけの度胸があるとは必ずしも言えない。「中米が一戦を交えることはあり得ない」という主張はいくらか甘すぎるだろう。ロシアのある専門家は「中国は中米が新型大国関係を構築すべきだと心から提唱したとしても、米国の指導者は依然として欠陥のある照尺（＊照準装置）を通じて中国を注視している」と言っていた。中米両国は戦争を誘発する危険性を過小評価してはならないということだ。米国は〝アジア太平洋リバランシング〟大戦略や〝空天一体戦〟軍事戦略を実行している。米国は中国に対する包囲圏を組織している。米国は中国を〝石器時代〟に陥れるべく軍事力を増強させているのは確かなことなのである。どうして中米が一戦を交えることはあり得ないと言えようか。

「中米は一戦を防止すべきである」という主張はとても差し迫ったものだ。中国30年の改革開放は奇跡的なものである。現在に至っては〝中国夢〟を掲げる習近平が登場してきた。チャイナドリームは輝かしい未来を示している。米国の一部関係者は焦っているのだろう。彼らは時間は中国に有利に働いていると考えているようだ。中国は〝平和的台頭〟を必要としている一方、米国は中国に対して〝戦争による封じ込め〟を必要としている。さもなければ間に合わないと考えているのだ。これからの10年は中国にとって成功的台頭のための〝戦略的機会期〟であり、米国にとっても中国を成功裏に封じ込めるための〝戦略的機会期〟である。従って、この機会を逃すことなく中国問題を解決しなければならないと彼らは考えているのだ。焦燥感に駆られ狂躁的になる米国は冷静さと理性を容易に失ってしまいかねない状態にある。中米戦争の発生を防ぐためには、中米両国の政治家と国民が高度な警戒心を持ち、緊迫した問題を解決すべく尽力することが必要なのだ。

「中国には一戦のための準備が必須である」という主張は極めて重要である。米国最大のアドバンテージは軍事的なものである。米国は政治、経済、外交、文化といった分野で中国と比較して大して優勢に立つことはできなくなっている。最後に残された一手が軍事であり戦争なのである。現在、中米双方が来たる戦争に向けて準備を急いでいるのは疑いのない事実であるが、中米間の区別は、米国が行っている準備は〝進攻の戦〟のためであり、中国が行っている準備は〝防御の戦〟のためであるという点に見いだせる。中国が米国に対して先に手を出すことはない。しかし、仮に米国が中国に対して先に手を出せば、中国が指をくわえてやられるのみで、手を返さないことなどありえないのだ！

「解放軍は戦争に勝利できる」という主張は誇張されたものではない。習近平は〝強軍夢〟を提起しているが、総目標は三つの言葉に凝縮されている。〝聴党指揮、能打勝仗、作風優良〟（＊党の指揮に従い、戦いに勝利でき、行いが優良であること）である。二つ目の〝能打勝仗〟は世界の強敵に直面するなか、自衛に勇敢であり、戦うことに大胆不敵であり、戦いに勝利できることなどの意味を含んでいる。習近平は解放軍に〝能打勝仗〟を要求している。これは同時に、世界中に向けて、如何なる国家も武力によって中国を圧迫し、中国を屈服させるという幻想を抱いてはならない、戦争によって中華民族の復興を封じ込めるというリスクを犯してはならないと宣告しているのである。この意味が分からなければ、彼らが中国を〝石器時代〟へと叩き戻したとき、彼ら自身も情報化時代に生き続けることは不可能になるであろう。

「中国はなぜ米国よりも強大にならなければならないのか」という問題に答えることはさほど難しくない。この問題に回答するためには次のように反問してみることが最も有効である。「なぜ中国が米国よりも強大になってはならないのか？」

強大さは米国の特権などではなく、米国の特許でもない。それは米国に独占されてはならないものである。中国は強大になる権利を持っているだけでなく、そのための〝最も強大な〟権利を享受している。

米国は中国に対して開戦を企んでいるのに、中国が強大にならなくていいのだろうか？米国は全世界で軍事大連盟を組織し、連盟の〝群体〟を以って中国という同盟を結ばない〝個体〟に向かってきているのに、中国が強大にならなくていいのだろうか？

実際のところ、強大であることそのものよりも重要なのが目的であり、動機である。この世界における一種の強大さは〝強権〟と結びついている。このような強大さは強いものが弱いものを欺き、陥れる強暴であり、世界を縛り付ける強権であり、世界にとっては危険であり災難である。一方で、この世界にはもう一つの強大さがある。それは強くなっても覇権に走らず、強くなっても武力に訴えず、強くなっても他者を攻めない、言い換えれば、国力や軍事力が強大になったとしても覇権に走らず、武力を迷信せず、防御戦略に奉仕する戦略である。このような強大さが死守しようとするのは国家安全であり、逆にもたらそうとするのは地域と世界の平和である。このような強大に罪などあるはずがない！

「中国を地球上の第一強国に造り上げる」というのは孫文の誓いであった。

「世界で最も強大な資本主義国家である米国に追いつき追い越す」というのは毛沢東の偉大なる志向であった。

「中国が強大になればなるほど世界平和に有利に働く」というのは鄧小平の戦略的思考であっ

た。

「興軍強軍、能打勝仗」というのは習近平の国防主張であり英雄的な夢である。

米国の中国に対する戦争の脅威を前にして、中米軍事力の巨大なギャップを前にして、中国は強軍大業を推進するために、自らにムチを打ちながら加速していかなければならない。一分一秒も無駄するべきではないのである。

解放軍が戦争に勝つことができるようになって、中米関係は初めて正常化されるのである。そして、中国の軍事力が世界で最も強くなることで、世界平和は初めて保障されるのである。

序文二　日中は一戦を交えることが必至なのか?

加藤嘉一

この序文のタイトルは私自身で決めたものでは決してない。

本書の相方であり、私が尊敬する中国の軍人、学者である劉明福上級大佐(以下、〝劉大佐〟)による〝提案〟を受けてのものである。

私はそれを謹んで受け入れた。心境は若干複雑であった。歴史上の出来事に思いを巡らせてみると、このタイトルの下で序文を書き下すという事実に恐怖を覚えることもあった。

劉大佐および本書の読者が読みたいのは無味乾燥な道理や取り留めのない決意表明ではないだろうと信ずる。私が一個人として考える、心の奥底にある気持ちや欲求こそを、可能な限り正直に、自然体で書き下すべきだと考える。たとえそれらが感情的なものに映ったとしても、である。

〝日中は一戦を交えることが必至なのか?〟という問題に対して、私は三種の身分と立場で自らの思うところを書き下してみたいと思う。

一つ目は一人の日本国民として〝日中は一戦を交えることが必至なのか?〟という問題提起に向き合ってみるとき、私の本能的反応は疑いなく「そうならないことを願うしかない」というものになるだろう。

私は戦争を経験したこともなければ、戦場に赴いたこともない。最も身近な二次体験としては、第二次世界大戦中に満州に赴いた祖父から戦争の恐ろしさを聞いたことくらいである。

第二次世界大戦期間中に戦争を発動し、結果敗戦し、国家が崩壊し、社会が廃墟と化した日本にとって、戦争の闇や敗戦の悲劇から抜け出し、平和という一本の道に踏み出した局面は簡単ではなかったはずである。全国民が一丸となって平和という最も尊い宝物を守り、大切にしていくことが求められている。日本人が戦後保持してきた憲法は、祖国が対外的に戦争を発動してはならないこと、武力によって問題や紛争を解決してはならないことを規定している。これが日本国の憲法であり、日本国民にとってのボトムラインである。仮に何者かが私たち日本人にこのボトムラインを放棄させることを迫るのであれば、全国民が全身全霊を以って反対し、抵抗し、阻止するだろう。仮にこのような局面が発生するのであれば、一人の日本国民として、私はそれに反対し、抵抗し、阻止するための〝戦場〟に迷わず飛び込んでいくだろう。同世代や先輩・後輩を含め、大多数の日本人が私と同じように考え、同じような行動を取るものと固く信じている。

平和とは何か？

それはまず何よりも〝戦争が発生していない状態〟のことを指す。

私たちには平和が必要である。

二つ目に、日中関係を観察し、思考する一人の人間として〝日中は一戦を交えることが必至なのか？〟という問題提起に向き合ってみるとき、私の基本的な判断は「あまり考えられないが、決して可能性を排除はできない」というものになるだろう。

もちろん、ここではまず何を以って〝戦〟と言うか、という定義の問題に向き合わなければならない。

〝戦〟の概念は豊富である。戦争、戦乱、大戦、小戦、外戦、内戦、熱戦、冷戦……これらはすべてを〝戦〟の範疇に含めて問題ないであろう。しかし、劉大佐がここで私に答えさせ、態度を表明させようとしているのは、双方或いは一方の領土内か、第三国或いは某地域の領海かにかかわらず、日本と中国の間に武力衝突が発生しうるかどうかという問題であろう。それが発生する背景や動機がどのようなものであろうとも、である。

私は個人的に、日本と中国の間に戦争が発生する可能性は米国の戦略や政策と切っても切り離せないと考えている。日本は米国の同盟国であり、と同時に米国にとってアジア太平洋地域における最大の〝サポーター〟でもある。朝鮮半島、台湾海峡、東シナ海、南シナ海を含めて、米国と中国という、既存の大国と台頭する大国の間に武力衝突が発生する可能性があるとすれば、それがある限り、米国の同盟国兼〝サポーター〟として、日本が米中の攻防に巻き込まれ、何らかの形で戦争に関与する可能性は全く排除できない。日本政府が安保法案を成立させ、集団的自衛権を部分的にでも行使できるようになった情勢下においてはなおさらそうであろう。

私は、日本と中国の間で、純粋な二ヵ国間問題が悪化した帰結として武力衝突が発生するとは思わない。仮に発生するとすれば、それは米国という存在や要素と関わることになるだろう。より具体的に言えば、中国と米国がアジア太平洋地域で展開する戦略的攻防や地政学的情勢の動向と関わることになるだろう。日本が米中関係の動向や本質をかつてないほど真剣に、密接に観察していかなければならない所以がここにある。

仮に日本が何らかの形で戦争に巻き込まれたとしても、日本の為政者の思考や言動が平和憲法、特に第九条、および国民世論からの制約に縛られることは必至である。それらは日本の自衛隊が戦争の中心に赴き、戦争の相手側と直接、赤裸々に、生きるか死ぬかの殺し合いを展開することを許さないであろう。後方部における援助や補助的な関与に限定される可能性が高い。もちろん、それでも戦争に参加することに変わりはないけれども。そのような事態にならないように外交関係や国際情勢を安定的にマネージするのが政府の役割であり、日米中三国は国際紛争や地政学的問題を外交的に解決することに共に汗をかくべきであり、かつ、官民が一体となって、合理的に分業しつつ、外交のプロセスを推進していくべきである。

本書でも繰り返し強調することになるが、中国人民が日本の戦前の〝軍国主義〟の再来や復活を警戒することは理解できる。しかし、その前提として、日本が戦後の歩みのなかで育んできた〝平和勢力〟の強大さや浸透の具合・程度を過小評価してはならない。警戒するのであればそれをしっかりと理解した上で警戒すべきである。

最後に、すべての同胞と同様に、国家の未来を担っていかなければならない一人の当事者として〝日中は一戦を交えることが必至なのか？〟という問題提起に向き合うとき、私の核心的な立場は「何が何でもそのような事態を起こさせてはならない」というものになるであろう。

21世紀という〝平和と発展〟の時代に生きている私たちは、発展の前提は平和であり、平和の目的は発展であり、両者はコインの表と裏の弁証的・統一的な関係にあるという真理に思いを巡らせなければならない。現在、日中双方が紆余曲折を経て共に平和的な進路を歩むことの現実性と重要性を共有するようになっている。私たちはこの局面を大切に守り、さらなる高みに押し上げていくための矜持と行動力を持たなければならない。

将来的に戦争が起きることは日中関係にとって壊滅的な悲劇を意味している。両国は戦争を経験している。戦争がもたらす損害や打撃に関して、日本と中国はそれぞれの立場ではっきりと認識していることであろう。両国社会・世論は戦争から70年の月日を経た現在に至っても、あの戦争が残した影にとりつかれているように見える。あらゆる局面で表面化する相互間の不理解や不信任はあの戦争と無関係では決してない。このような状況は残念ながらまだまだ続いていくに違いない。

どれだけ続くのか、私には分からない。ただ、少なくとも私が生きている間続くことくらいは漠然と、ただ身体的に推測できる。

両国が第二次世界大戦の影から完全に抜け出ていない状況下において、仮に新たな戦争が起こるとすれば、その後遺症は計り知れないものになるに違いない。中国にとって、日本にとって、アジアにとって、世界にとって、人類にとって、地球にとって、悲劇を意味することになるだろう。私たちがそこまで無責任であっていいはずがない。日中両国政府と国民は手を携えて地球と人類の未来に責任を負っているのである。これは私たちがこの時代を生きていく、生き抜いていくための理由と動機としては充分に大きなものであると私は思うし、そんな時代環境に生きられる、生かされることを誇りにも思う。仮に何者かが日中両国間の平和な状態を破壊しようとするのであれば、私たちは手を携えてそれに反対し、抵抗し、阻止しなければならない。

私自身、少なくともそのための思想的準備はできている。

日本夢　ジャパンドリーム

序章 日中米〝三夢志〟

古代中国の〝三国志〟と今日における日米中の〝三夢志〟

加藤 劉大佐、中国の四大名著の一つ『三国志』は日本でも大変有名であり、私のような中国史に疎い人間ですら手に取ったことがあるほどです。今回、我々はそんな『三国志』に倣い、劉大佐の言葉を借りれば、中国の夢（チャイナドリーム）・米国の夢（アメリカンドリーム）・日本の夢（ジャパンドリーム）から成る〝三夢志〟というテーマを設定し、議論していきます。劉大佐は昨今の日米中三国関係はアジア地域、そしてグローバルな範囲を網羅する現代版『三国志』であると私におっしゃったこともあります。中国古代に生まれた『三国志』が残した智慧や教訓は今日の日米中から構成される〝三夢志〟にとってどのようなインプリケーションを孕んでいると思われますか？

劉 中国の四大名著に関して、『西遊記』は浪漫主義、『紅楼夢』は愛情主義、『水滸伝』は〝造反主義〟、そして『三国志』は〝戦略主義〟の代表作だと言えます。『三国志』が残した智慧は今日の中米日三国間の攻防や駆け引きを考える上で戦略的意義に富んでいるでしょう。日本のエリートたちの『三国志』への関心や研究の水準は中国のエリートに劣るものでは決してないと私は考えています。しかし、『三国志』も過去の産物ですから、今回我々が議論する〝三夢志〟にとっての戦略的智慧という観点からすれば限界も欠陥もあると言わざるを得ません。私なりの言葉で言い換えれば、『三国志』が〝三夢志〟を指導することは出来ないということです。両者の重大な区別は三つの部分に反映されています。

まず、その性質において、アジア太平洋地域とグローバルな範囲を網羅する今日の中・米・日〝三夢志〟と古代中国の魏・蜀・呉の〝三国志〟は完全に異なる三国関係です。中国古代の『三国志』が描写するのは二千年以上前の物語ですが、当時、中国の大地にて漢の王朝による統治が崩壊し、天下が混乱し、群雄割拠の局面が生まれていました。魏王の曹操、蜀王の劉備、呉王の孫権がそれぞれ自立的に三つの国家を設立し、天下を統治するための大きな権力を得るために三国の王は政治、軍事、外交の分野で歴史に残る全方位競争を展開しました。数世代のエリートによって創新・展開された戦略的智慧と英雄的気概は後世に生きることになる我々に貴重な財産を残してくれました。『三国志』における国家は真の意味における国家ではなく、一つの国家から分裂した三つの勢力であり、彼らの競争は国家政権を巡る競争でした。一方の中米日〝三夢志〟における三つの国家は主権国家であり、主権国家、現代国家間の攻防であり駆け引きです。中国は民族の復興を追求していますが、地域と世界における覇権的地位を狙っているわけではありません。また、中国は新型大国関係を大々的に提唱しており、〝三夢志〟は新型大国関係という方向性に向かって発展していくでしょう。それは三つの夢を構成する中米日間の協力関係であり、三つの国家がウィンウィンを形成する目標に向かって努力をしていこうという関係性にほかなりません。

次に、攻防や駆け引きの範囲が異なります。『三国志』を構成する三国はあくまでも中国の領土内、天空下において行われた闘争ですが、〝三夢志〟は州を越えた、アジア太平洋地域、そして世界全体を舞台とする大きな闘争です。しかも、三つのドリーム以外に、世界200以上の国家と地域にもそれぞれ将来に向けた理想と目標があり、皆それに向かって奮闘していくわけです。その意味で、三夢志とは全世界を舞台とする〝百夢志〟とつながっているわけで、孤立した、分断されたものではないということです。

三つ目に両者の間では最終的に行き着く先が異なります。古代中国の『三国志』にとってのルールは生きるか死ぬか、勝つか負けるかの戦いであり、完全なゼロサム・ゲームでした。「一つの山には三匹のトラは受容できない。一国には三つの主は受容できない」という前提に立っていました。したがって、三国の戦いが行き着く先は他の二国を滅ぼさなければならないという境地でした。三国を一国に、三つの主を一つの主に変えてしまうものでした。一方、21世紀における〝三夢志〟は良性な競争と全面的な協力の基礎に立って、共同で新型大国関係を建設していくというものです。中国、米国、日本の三国が共同で発展し、三国のドリームを一緒に実現する過程でアジア太平洋地域、そして人類世界全体のドリームを成功に導こうというものです。〝三夢志〟は決して対抗のための戦いではないということです。

「夢を持たない民族に未来などない」

加藤　日米中〝三夢志〟という角度から見て、三国間における矛盾の根源と本質の部分を劉大佐はどのようにご覧になっていますか？

劉　中国、米国、日本という三国は過去において恩怨があるのは周知のとおりであり、それに対して歴史はすでに結論を出しています。この世界にも公の議論が存在します。21世紀における中米日間の矛盾は依然として深刻かつ複雑で、不確実性に満ちていると言えるでしょう。三国間の矛盾の根源や本質は何か？　我々の今回の議論に照らし合わせて言えば、中国の夢、米国の夢、日本の夢という大きな三つのドリーム間の矛盾、衝突、対決であると言えるでしょう。

加藤　近年、中国の指導者は〝中国の夢〟を提起し、中華民族の偉大なる復興を提唱しています。アメリカンドリームとジャパンドリームは、チャイナドリームが既存の秩序、ルール、価値観に対して投げかける挑戦を懸念しています。もちろんチャイナドリームも、アメリカンドリームとジャパンドリームに対して、それぞれ〝覇権主義〟、〝軍国主義〟という角度から警戒しているように見えます。双方（日米と中国）が高度な警戒心を抱く前提で一方を観察し、ときに何らかの形で封じ込めようと考えている現状は興味深いです。ただ、私から見て、〝習近平時代〟にある中国の夢は疑いなく新たな現象であり、動向であります。劉大佐は、チャイナドリームの出現はアジア太平洋地域の戦略的矛盾を激化させるもの、グローバルな規模における緊張関係を悪化させるものとお考えですか？　また、〝三夢志〟における日米中それぞれの夢の合理性と正統性の問題をどのようにお考えですか？

劉　夢を持たない民族に未来などない。と同時に、正しい夢を持たない民族にも未来はない。正しくない夢を持つ民族、誤った夢を持つ民族、馬鹿げた夢を持つ民族、邪悪な夢を持つ民族は自らを光明な未来へと導けないだけでなく、世界と人類にまで災難をもたらしてしまうでしょう。例えば、20世紀のドイツのファシズムと日本の軍国主義が良い例です。彼らが抱いた夢は邪悪で狂った、一種の反人類的な考え方でした。民族の夢、国家の夢には進歩と保守の区別が存在しますが、と同時に正誤、善悪の区別も存在するのです。

私から見て、中国の夢とは中華民族の偉大なる復興を実現するための夢であり、自らを富強にするが拡張しない、他国を侵略しない夢です。富んでも驕らず、強くなっても覇権を求めない、地域や世界と共栄できる夢です。我々はそこに対して正義感を持っています。〝覇権の夢〟、〝軍国の夢〟は地域の矛盾やグローバルな緊張に加担する、危機や戦争を引き起こし得る〝震源地〟でしかありません。

中国夢、米国夢、日本夢――同床異夢と三夢同床

加藤　中国、米国、日本、それぞれの国家、それぞれの国民に夢があるでしょう。共通する部分、重なる部分があれば、異なる部分、衝突する部分もあるでしょう。ただひとつ言えるのは、この三国のドリームが平和的に共存することはアジア太平洋地域、そして国際社会全体にとって恩恵をもたらすということです。一方で、〝三夢志〟という攻防や駆け引きのなかで、米日中間の同床異夢の部分が突出してくる傾向や可能性は否定できません。仮に三国のドリームが衝突すれば、アジア太平洋地域や世界情勢に対して予測が難しい、且つキャパシティ的に受け入れられない衝撃を与えるでしょう。劉大佐は三夢志における同床異夢という現象をどのように見ていますか？

劉　中国、米国、日本は異なる三つの国家です。よって、この三国には異なる三つの夢があります。三国にとっての〝同床〟とはアジア太平洋地域であり、もっと言えば、この地球そのものです。この地域、この地球で共存するという環境と現状は変えられないものなのです。ただ、同床異夢は正常な現象だとも思うのです。二人の人間がいれば、夫婦だったとしても、同床にあっても〝同夢〟になることは不可能でしょう。二人が一つのベッドの上にあっても同じ夢を見ることはないように。国家間の違いが人間の間の違いよりも大きいことは論をまたないでしょう。

同床異夢の関係にある中国、米国、日本それぞれのドリームですが、異夢であるからといって同床を放棄してはなりません。異夢であることは問題ではありませんが、互いの夢を破壊し合うようなことがあってはなりません。同床において異夢を互いに包容と尊重の精神で守っていくことが重要です。さもなければ将来の局面は悪夢と化すでしょう。協力と発展を通じて、地域の運命共同体に立脚した〝アジア太平洋の夢〟、人類の運命共同体に立脚した〝ワールドドリーム〟の実現に邁進するのが中米日のドリームにとっての使命になります。

実際に、アジア太平洋地域は中国、米国、日本という三国のドリームを収容出来ると私は考えています。地球も同じようにそれらを収容できます。三国はアジア太平洋と地球という床の上で夢を見るのです。どこか一国、あるいは二国が他の二国や一国の夢を排除するようなことがあってはなりません。唯我独尊的なやり方には断じて反対すべきです。

米国と日本が持ち、掲げるドリームが正しい夢であれば、チャイナドリームはそれらに挑戦することはないでしょう。中国が日米に対抗するわけでもなければ、中日が米国に対抗するわけでもありません。三者は良性な競争と協力の関係を構築し、ウィンウィンの夢を形成すべきなのです。それが地域や世界の夢にとっても良好な影響と作用をもたらします。

もちろん、中米日は21世紀の国際舞台における神秘的で大きな三角関係です。中国古代の三国志や冷戦期のソ連、米国、中国の三角関係よりも複雑であり、神秘的であるがゆえに予測も難しいです。したがって、本当に恐ろしいのは同床異夢そのものではなく、異夢であることを理由に同床しないことであり、互いの夢を滅ぼそうとし合うジレンマに陥ってしまうことです。だからこそ、21世紀における中米日それぞれの夢、そして三夢の関係性における特徴や規律、プロセスや行き着く先を研究することは重要であり、非常にチャレンジングかつ先見性に富んだ研究になると私は信じています。

「中国の台頭」がもたらす懸念

加藤　中国の隣で生活している日本人は、おそらく「中国の台頭」を前に最も複雑な心境を抱えている国民かもしれません。自国の隣にこれだけ大きな国家がこれだけのスピードで台頭しているというだけではありません。日本は過去において中国の朝貢体制に組み込まれていた国家です。少なくない日本国民はこれからアジアや世界において〝現代版の朝貢体制〟が敷かれるのではないか、中国が再び東アジアという地域に〝君臨〟するのではないかという角度から中国の台頭を眺めていることでしょう。日本自身の経験と教訓から中国の台頭が日本の〝軍国主義〟と同じ道を歩むのではないかと懸念する人も少なくありません。要するに、日本国民の多くは中国台頭の〝浸透性〟と〝拡張性〟を心配しているのです。劉大佐はこのような日本国民の認識や懸念に対してどのような感想を持たれますか？　〝輝かしい過去〟を持っている中国が再び台頭する過程での戦略的選択はどのようなものになるのでしょうか？　今回の台頭が成功するとして、東アジアで何を求め、グローバルな舞台で自らの権益をどのように拡張させていくつもりなのでしょうか？　また、習近平政権になって以来、中国共産党は〝一帯一路〟という過去のシルクロードに因んだ、陸と海の両方から自らの影響力を経済的に浸透・拡張させていく大きな構想を掲げていますが、中国が自らの台頭を通じて目論む秩序や影響力は、歴史上自国を世界の中心だと位置づけた〝華夷秩序〟と本質的な違いはあるのでしょうか？

劉　中国の台頭に対して一番恐怖を抱くべきではない国家が日本だというのが私の見方です。なぜか。日本は中国と一衣帯水の近隣であり、千年以上の歴史を通じて日本は中国との付き合いのなかで損をしたことがないからです。中国が数千年を通じて東アジアに〝君臨〟していた時期（「東アジアで強大だった」という表現のほうが正しいですが）、日本を差別したり圧迫したりしたことはありません。日本を侵略したことも、日本に赴いて日本人を虐殺したこともありません。唐の時代、日本は多くを中国から学びました。古代中国が日本に送ったのは文化と文明でした。日本は1868年に始まった明治維新を通じて強大になり、1894〜95年の日清戦争で中国を叩きました。1931〜45年では14年間に及ぶ対中侵略戦争を発動し、中国を消滅させようとしました。

振り返ってみてください。2000年という時間の中で、中国は日本よりもよほど強大でしたが、日本は強大な中国の隣で安全だったではないですか。日本に渡っていった有名な中国の文化人で鑑真《がんじん》和上がいますが、彼が日本にもたらしたのは文化と友好でした。中国は日本の側で2000年強大でしたが日本を侵略しませんでした。一方の日本は中国の側で100年も強大になっていない（1868年の明治維新から1945年の敗戦）にも関わらず中国に半世紀に渡る浸透、拡張、侵略政策を取りました。両者の記録は対照的です。したがって、中国人が日本の軍国主義の復活を懸念することには根拠があり、日本人が中国の強大化に恐怖を覚えることは誇大妄想に過ぎません。チャイナドリームは将来的にジャパンドリームを制御し、日本に対して拡張政策を取ろうとするものでは決してないのです。

古代中国が過去において東アジアに朝貢秩序を建設した事実を以って、中国が復興後この地域に朝貢秩序を作ろうとしているのではないかという心配も無用です。東アジアは古来5種の秩序を経験してきました。（1）古代において中国と東アジア国家が共同で建設した、中国が主導した朝貢システム、（2）近代以来英国を代表とする西側国家が東アジアに建設した植民地主義システム、（3）第二次世界大戦期間中日本が大東亜共栄圏の名のもとに行った軍国主義侵略と占領のシステム、（4）半世紀におよんだ冷戦システム、（5）冷戦後現代に至るまでの米国主導の東アジア秩序です。比較してみると、中国が古代において建設した東アジア朝貢秩序が西側植民地主義、日本軍国主義よりも文明的であり、また米ソ冷戦主義、冷戦後の米国による覇権主義よりも文明的であるのは明白であります。付け加えるならば、昨今における米日同盟やアジアを分裂させようとする所謂〝アジアリバランシング〟戦略に比べても文明的だと言えます。

偉大なる復興を遂げた中国が建設するのは前代未聞の新型地域関係、新型国際関係です。同盟を組まない、衝突しない、対抗しない、平和、協力、平等、民主に基づいた関係です。米国は東アジアで覇権的地位を失ったとしても、中国が米国を封じ込めることはありませんし、日本が米国にコントロールされなくなったとしても、東アジアは中国人の東アジアではなく東アジア人にとっての東アジアになります。それは独立自主の東アジアを意味します。そしてその時、世界は初めて〝東アジアの時代〟を迎えることでしょう。

古代における中国を中心とする東アジア朝貢システムは閉鎖的な地域システムでした。未来における東アジアのシステムは、グローバル新型国際関係の中における開放的な構成部分になるでしょう。古代における東アジア朝貢システムは中国一国を中心とする、他の国家が一定程度の依存性を持ったものでした。未来における新型東アジアシステムはすべての国家の地位が平等なものになるでしょう。古代における東アジアの朝貢システムは中心地域と辺境地域、発達した地域と遅れた地域のギャップが大きく、中心国家が辺境国家に対して手を差し伸べるというものでした。未来の東アジアシステムは多くの国家の発達の程度が相対的にバランシングされた、平等、協力、互恵に基づいたウィンウィンを目指すものになるでしょう。

〝一帯一路〟は拡張・浸透戦略でもなければ、米国と世界における覇権的地位を争おうとする戦略でもありません。一帯一路は文明的、有効的な平和の道であり、互恵とウィンウィンの道であり、イノベーションに基づいた開拓の道であります。未来志向で人類社会に貢献しようとする道です。〝一帯一路〟、そして中国の〝一鉄〟と〝一行〟、即ち中国の高速鉄道とアジアインフラ投資銀行は、地域と世界に平和と発展をもたらそうとする、国内需要と対外政策を結合させた戦略的配置なのです。

〝第三の新世界〟を作るという中華民族の夢

加藤　中国が超大国になろうとするのであれば、国際社会に持続的な平和と繁栄をもたらすプロセスに強くコミットしなければなりません。さもなければ、国際社会は中国の台頭を本心から受け入れないでしょう。既存の超大国である米国は自由や民主主義といった価値観、そして軍事、経済、貿易、金融、教育、科学技術、文化芸術などあらゆる要素やパブリックグッズを通じて自らが追求する世界を構築しようとしてきました。それが成功したかどうか、米国自身の目標が達成されたかどうか、他者がそれを受け入れているのかどうかはともかく、現在の世界において米国の烙印が深く刻まれているのは事実でしょう。ひるがえって劉大佐、中国が世界的な大国になるとした場合、中国はどんな世界を創造したいのですか？　またどのような手段を通じてその目標を実現するのですか？

劉　加藤さんが提起した問題を私は拙書『中国夢』にて論じたことがあります。私はそのなかで中国の夢を三つの角度に分けて検証してみました。（1）どのような中国を建設するのか、（2）どのようなアジアを建設するのか、（3）どのような世界を建設するのか、です。

チャイナドリームとは中国にとって国家の夢であるだけでなく、地域、世界を見据えた上での夢なのです。それでは、中国にとってのワールドドリームとは何でしょうか。私は人類の歴史に〝第三の新世界〟を作ることだと考えています。この第三の新世界はそれまでの二つの世界とは根本的に異なる新型の世界であり、主な特徴は〝四つの無〟に基づいた世界であるということです。

大航海時代、そして近代世界という概念が誕生して以来、この世界は三つの発展の段階、三つのタイプ、三つの形態を経験してきました。

人類社会の一番目の世界形態は〝植民地主義世界〟で、これは欧州人が創造したものです。欧州人は大航海を通じて世界を〝発見〟し、鉄砲によって世界を征服・占領し、商業と貿易を通じて世界をつなげ、植民地主義によって世界をコントロール・ガバナンスしようとしました。大英帝国の台頭は植民地主義にとってのピークを意味していました。植民地主義世界の典型的な特徴は征服と殺戮であり、弱肉強食の動物世界の様相を呈していました。

人類社会の二番目の世界形態は〝覇権主義世界〟で、これは第二次世界大戦後米国とソ連が世界を二分し、長期に渡って覇権を争う世界でした。冷戦という名で形容された対峙の世界でした。この覇権世界にカテゴライズされる二つ目の形態は前後二つの段階に分けることが可能でしょう。第一段階は米ソが覇権を争った冷戦時代、第二段階はソ連解体後、米国が一強で世界を支配してきた時代です。我々は今日に至ってもこのような米国による覇権主義の世界で生存し、生活しているのです。私から見て、これは米国の覇権が好き勝手をする専制の世界であり、世界覇権が国家主権を侵食する世界であり、覇権が人権に危害を加える世界であります。

人類社会の三番目の世界形態は〝民主主義世界〟です。これは全世界のすべての国家が米国のような政治制度を採用するという意味ではなく、全世界に米国のような覇権国家がなくなる、この地球で暮らすシティズンに人権があり、国家に主権があり、地域に自治権があり、地球に覇権がない世界です。このような世界は新型の世界であり、良性の競争、友好の協力、互恵のウィンウィンに基づいた世界です。このような新しい世界はまさに習近平主席が提唱する〝人類運命共同体〟そのものです。

この〝民主主義世界〟と〝人類運命共同体〟は〝四つの無〟に基づいた世界になります。

一つ目は覇権の無い世界です。この新しい世界において、最も強大な国家は覇権国家ではなくなります。米国は人類史上最後の覇権国家になることでしょう。中国は人類世界で最初の強大だけれども覇権を求めない国家になります。

二つ目は戦略的同盟の無い世界です。同盟というのは対立と対抗の産物であり、分裂と分化の戦略であります。覇権国家は世界を分裂させ、人類を分化させる国家であり続けました。中国は対外戦略として同盟を結ばない国家ですが、と同時に団結と協力に裏付けされた非同盟世界の建設を推進していきたいと考えています。

三つ目は文明の衝突の無い世界です。私から見て、文明の衝突の根源は文明の専制です。中華文明は歴史的に影響力を持ってきましたが侵略性と拡張性はなく、〝色の革命〟（＊2000年代に入り、旧ソ連・東欧や中東諸国で起きた、アメリカ主導の一連の民主化運動。色や花にまつわるネーミングからそう呼ばれる）を目論むようなこともありませんでした。アジア人の黄色、ヨーロッパ人の白色、アフリカ人の黒色、どれもそれぞれに美しい。文明間の平等、包容、協力が保証されて初めて文明的な世界は構築できるのでしょう。

四つ目に戦争対決の無い世界です。戦争は政治の延長であり、戦争は人類社会にとっては政治定律だと言えるでしょう。新型世界はこの定律を終焉させるものです。国際政治を戦争ではなく平和的手段によって持続させることを目標とする世界です。拳によって国際紛争を解決する時代は終わり、平和的手段によって国際矛盾を解決する時代がやってくるのです。

この四条こそが世界に向けたチャイナドリームの目標であり、と同時に、この四条が保証されていないところに、今日の〝米国問題〟の症状を見出すことが出来るのだと私は考えているのです。

第一部

チャイナドリーム、そして中国という謎

第1章　中国人を鼓舞し、世界を震撼させるチャイナドリーム

世界が中国の台頭に抱く五つのマインド

加藤　習近平氏は2012年秋に総書記に就任して以来〝中国夢〟、即ち中華民族の偉大なる復興を提唱してきました。世界各国、特に米国や日本の〝中国夢〟への感想や反応、そして対策は異なるようですが、国際社会全体で共通している姿勢として、〝中国夢〟が当代中国をどのような地位や局面に押し上げようとしているのかが不透明であることから、〝中国夢〟の提唱者である習近平総書記が一体何を考えていて、これから何をやろうとしているのかに深い関心を持ち、一挙手一投足を注視しているといったところでしょうか。国際社会や海外諸国が複雑かつ繊細なマインドセットで〝中国夢〟を観察しています。『中国夢』の作者として劉大佐はこれらの感想や反応をどのようにご覧になっていますか？

劉　中国共産党結党（1921年）からもうすぐ100年になりますが、中国共産党史のなかで私が最も深い印象を抱いている人物が三人います。一人目は毛沢東。彼は中国革命を指導しました。二人目は鄧小平。彼は改革開放を指導しました。三人目は習近平。彼が提起した〝中国夢〟は中国の復興と世界の進歩を引導するもので、人類社会のフロンティアを切り開くこと

でしょう。

習近平が〝中国夢〟を提起してまもなく、国内だけでなく国際的にも強烈な反響を呼び起こしました。私は国際世論の反応と動向に注目していましたが、それぞれの国家の〝中国夢〟への反応は異なっていて、そこには主に5種の心境が存在していたように思います。それらは中国に対して（1）賛同する国家、（2）猜疑心を抱く国家、（3）嫉妬心を抱く国家、（4）恐怖心を抱く国家、（5）封じ込めようとする国家の5種です。一つひとつ詳しく紹介していきましょう。

1　中国に賛同する国家

劉　中国夢が提起されて以来、世界で多数の国家が理解、支持、賛同、歓迎という態度を示しています。主に発展途上国です。彼らは中国の発展は自らにとってのロールモデルであり、中国の発展が自らに希望を与えてくれていると感じているようです。彼らは中国の発展から自信と利益を享受できると信じており、そう望んでもいる。私から見てこれは健全、正常で、太陽のように輝くマインドセットです。

2　中国に猜疑心を抱く国家

劉　中国は改革開放政策を始めて今年で40年になりますが、富国強軍の足並みは更に早まっています。習近平時代の中国は経済の総量が世界第2位という新しい起点に立って幕を開いたのですからなおさらです。一国が強大になればその後拡張政策を取り、覇権を求めるというのは歴史上しばしば起こってきました。中国もそのような道を歩むのではないか？　習近平時代の中国は30年続いた韜光養晦《とうこうようかい》（＊鄧小平がとった「才能を隠して内に力を蓄える」という中国の外交戦略）を放棄し、偉大なる民族復興という中国夢を高らかに宣言しつつ、米国と覇権的地位を争うのではないか？　世界の権力構造を変えようとするのではないか？　習近平時代の中国をどう認識し、中国夢を掲げる中国にどう適応していくべきなのか？　一部の国家はこのように猜疑心を持って昨今の中国を眺めているようです。これも正常なマインドセットであり、驚くに値しないと言えるでしょう。

3　中国に嫉妬心を抱く国家

劉　中国に嫉妬する典型的な代表が日本だと私は思います。古代において日本は中国の学生で、虚心で中国から多くを学ぼうとしました。近代において日本は中国の主人になろうとし、50年の間に中国に2回の大きな戦争を発動しました。１８９４～９５年の日清戦争と１９３１～４５年の対中侵略戦争です。日本は前後二回の戦争で中国の近代化プロセスを中断したのです。21世紀に入り、中国が急速に台頭し、一部の日本人を震撼させました。２０００年の時点で中国経済の総量は世界第6位で日本の4分の1しかありませんでしたが、２０１０年には日本を超え、米国に次ぐ世界第2の経済体となりました。２０１５年、中国経済の総量は日本の2倍となっています。かの１５０年を振り返ってみると、〝小日本〟は〝大中国〟を見下し、〝小日本〟は〝大中国〟を呑み込もうとしました。第二次世界大戦後、日本はグローバル経済成長時代にとっての優等生であり続けました。ただ今となっては地理的には中国の辺境地区であり、経済的には中国に大分超越されることになり、日本のエリートはそれに対して深い嫉妬心を抱き、心のバランスが崩れてもそれを整える手段を持たず、嫉妬心を発散する場所もないようです。

4　中国に恐怖心を抱く国家

劉　中国に対して恐怖心を抱くという国には主に二つの場合があります。一つ目は中国の周辺国家で、地理的に近く、経済成長という意味で中国と切っても切れない関係にある一方で、心理的な距離や価値観という意味で米国に近く、安全保障的にも米国に依存している国家です。中国が急速に台頭し、迅速に強大化しているために、これらの国家はジレンマを抱えるようになっています。米国と中国どちらに着くかというスタンスと選択の問題です。米中間でどのようにバランスを取るかという問題でもあります。ただ私から見てこの問題の解決は難しくありません。中国の周辺国の一つに韓国がありますが、韓国はなぜ中国に対して恐怖心を抱かないのでしょう？　韓国と中国の関係はなぜ正常で良好に発展しているのでしょう？　〝韓国現象〟が、中国に恐怖心を抱く国家に存在する問題に一つの解を与えてくれるでしょう。

二つ目が中国の周辺にあり、中国と領土や領海紛争の問題を抱えている国家です。特に違法に中国に属する島や礁を侵犯・占領したり、中国の海洋主権に挑戦する周辺国家がこのタイプに入ります。典型的な代表は東南アジアのフィリピンのような国家です。フィリピンの指導者は米国や日本の支持をバックに中国の海洋主権に挑発的な態度を取り、中国の南シナ海でトラブルを製造してきました。中国の迅速な強大化や中国の国家指導者による国家主権を死守する断固とした決心を前に、中国の主権を侵犯した国家は自然に恐怖心を抱き、臆病になり、心配もするのでしょう。〝フィリピン現象〟は弱者が強者を挑発する、違法が合法を侵犯する、傲慢が臆病を隠蔽する奇形な状態であると言えます。

5　中国の台頭を封じ込めようとする国家

劉　昨今の世界において中国を封じ込めようとする国家というのは米国にほかなりません。米国には中国を封じ込めようとする強烈な意図があります。米国には中国を封じ込めるだけの強大な力量もあります。米国の中国に対する封じ込め政策は新中国が設立してから始まりました。それは四つの段階を経て現在に至っています。

第一の段階は朝鮮戦争から1972年の中米関係の〝解凍〟までです。この期間の封じ込めはハードな様相を呈しており、〝戦争による封じ込め〟と修飾できます。突出していたのは朝鮮戦争とベトナム戦争でした。

第二の段階は1972年に両国が上海コミュニケを締結してから1991年のソ連解体、冷戦崩壊までです。この期間は主に〝利用＋封じ込め〟という様相を呈していました。中国を利用してソ連を牽制しつつ、一方で中国に対する封じ込めも諦めず、手を緩めませんでした。中国における〝リベラル勢力〟を支持することを通じて中国に制裁措置を取り、中国を封じ込めようとしました。

第三の段階は1991年から2010年で、この期間米国は中国に対して接触＋封じ込め、協力＋封じ込め、接触と協力の中で中国を封じ込める戦略をとりました。

第四の段階は2010年から始まりました。戦略の重点をアジア太平洋へと移し、中国を米国のグローバル戦略にとっての主要な相手と見なすようになり、中国の〝グローバル・アライアンス〟を囲い込み、封じ込めることを計画し組織するようになりました。

現在、米国の戦略界では中国に対する強硬的な見方や立場が突出してきています。〝ひとつしか無い地球の下での中米間の歴史的な競争〟という局面は益々はっきりしてきているように思えます。〝中米は最終的に一戦を交える〟という議論は決して空論などではありません。21世紀における中米競争を前に、冷戦の再来を防止すると同時に、いやそれ以上に、戦争の危険を警戒しなければならないのです。

〝中華民族の偉大なる復興〟——〝復興〟の二文字が意味すること

1 〝共産主義〟はなぜ〝復興主義〟へと変わったのか?

加藤 劉大佐、2012年に習近平政権がスタートして以来、私がずっと気になっていた問題に関してご教授いただければと思います。習近平総書記は〝中国夢〟を提起し、それに「中華民族の偉大なる復興」という定義をかぶせました。私が個人的に想像するに、習総書記の脳裏に浮かんでいる復興の目的地は1840年よりも前、もっと言えば中国が歴史的に最も栄えていた漢や唐の時代なのではないでしょうか。この二つの王朝が長安、即ち習総書記の故郷である陝西省の首都（現在は〝西安〟）に都を置いていたのであればなおさらそう思えます。

当初は革命党として出発し、その後執政党となった中国共産党の結党は1921年であり、一方で共産主義の誕生は19世紀に遡ります。私が知りたいのは、中国共産党と〝中国夢〟の間に果たしてどのような関係性が見いだせるのか、そして共産主義と中華民族の偉大なる復興の間にどのような関係性が見いだせるのか、という問題です。大きすぎるテーマかもしれませんが、私から見て極めて重要な問題であり、この問題に答えていくプロセスこそが日本を含めた国際社会が中国に対して理解を深めていくことに繋がるのだと思っています。

劉大佐と面と向かってお話しさせていただいた中で、私が強烈に印象に残っている観点の一つが「中国共産党こそが中国を救うことができる」というものです。習近平総書記は当時天下を獲った中国共産党のリーダーたちの直接の子孫であり、そんな彼が〝中国夢〟という民族にとっての夢を提唱している現実は非常に重く、多くを示唆しているように思えるのです。

劉　習近平主席が提起した中華民族の偉大なる復興というのは、実際には共産主義という理想の〝中国化〟と〝時代化〟であると私は考えています。古代をもって現在を語る比喩的な表現であり、古代を以って現在を激励する戦略的思考であると思っています。そして、このような表現や思考は中国のように古代において長期的に世界の主要文明の一つとして君臨し、かつ現在千載一遇の台頭の戦略的機会に直面している、持続的発展のポテンシャルに満ちた国家だけに可能なものだと言えるでしょう。中国だからこそこのような形で戦略的目標を提起できるのです。

『論中国』を著したキッシンジャー氏は過去の2000年において中国は世界で最も発展した国家であり、停滞したのはここ200年くらいのことだと言ったことがあります。中華民族の偉大なる復興を実現するためには、中国人は過去において長期に渡り世界のトップに君臨した歴史的経緯を忘れるべきではなく、と同時にこれからもう一度世界を引っ張る奇跡を創造することに対して自信を持って挑まなければなりません。私から見て、中華民族の偉大なる復興というのは政治の教科書に書いてある〝共産主義〟という目標や概念に比べてより民族的色彩があるものであり、形象性と現実感に富んでいます。祖先が造り上げた輝かしい歴史に誇りを持つという意味でも、民族全体の団結と奮闘を鼓舞するという意味でも有効だと言うべきです。

古代に発達していた中国は強大でしたが覇権を求めない、他者を侵略しない中国でした。高度に文明的になりながらも〝文明の衝突〟、〝文明の対抗〟、〝文明の侵略〟を企まない国家でした。古代中国は陸地と海上という両方のシルクロードを駆使して文明の交流、包容、融合を促進しました。古代中国には植民地主義や覇権主義の歴史的記載はなく、軍国主義の侵略、虐殺、拡張という犯罪行為もありませんでした。偉大なる復興を実現することは今一度世界に対して以下のことを宣言することにほかなりません――今一度台頭した中国は古代中国の偉大なる伝統を継承し、強大だが覇権を求めず、世界のために汗を流すことを目標にするのだと。

世界の市民は、古代から数千年の間強大で平和を愛した中国の文明には、良い印象を持っていることでしょう。仮に〝偉大なる復興〟と言って、人々がこのような印象を思い出してくれるならば素晴らしいことです。国際社会における一部の人々が扇動する〝中国脅威論〟を解消するのにも有利に働くでしょう。古代文明のイメージが、当代中国が台頭する上で国際社会に生じさせている懸念や恐怖感を解消するのに役立つのであれば、それは中国にとってとても重要なポイントです。

中華民族の偉大なる復興の実現に関して、〝復興〟という概念と目標には深い歴史的な意義が含まれていますが、復興は複製ではありません。偉大なる復興が偉大なる複製であってはならないのです。復興の本質は創造であり、肝心なのはイノベーションです。中国古代の優秀な文明や伝統を継承しつつ、創造とイノベーションを試みること。偉大なる復興を実現した後の中華文明は自らを超越し、中華文明の新たなピークを創造するだけでなく、西側文明を超越し、人類という文明に新しい階段を提供することでしょう。

2 偉大なる復興とは〝漢唐盛世〟を再現することにほかならない

加藤 私から見て〝中華民族の偉大なる復興〟という習近平総書記の呼び掛けは、中国国民の愛国主義やナショナリズムを大きく刺激しているように映ります。人々は自らが知らない、輝かしい過去に対して思いを馳せているように見えます。中華民族が遭遇した〝百年恥辱〟(century of humiliation)の歴史を乗り越えるというロジックがその過程で使われ、統治者と被統治者の間でシンクロナイズしているようにも見えるのです。先ほども言及しましたが、劉大佐からご覧になって、〝中国夢〟が目標とする復興とはどの時代でしょうか？　漢ですか唐ですか、それとも他の時代でしょうか？

劉 復興というのは歴史上におけるある特定の、或いはいくつかの特殊な王朝を指すわけではなく、中国で最も輝いていた古代を一つのまとまりと捉えることによって解読が可能になるでしょう。とはいうものの、古代中国で最も強盛で輝いていた時代というのが〝中国夢〟という目標を掲げて奮闘する上で最もシンボリックな時代であることに疑いはなく、その意味で、〝漢唐盛世〟は中国古代におけるピークの時代であり、今を生きる我々が民族復興を掲げる上で参考にできる最も輝いた時代であるといえます。

〝漢唐盛世〟は中華民族が裕福で強大な世の中でした。経済や文化の分野で開放的に交流が進み、包容力を持ちつつ東アジア諸国とも友好的な関係を築いていました。当時中国を中心とした東アジアの朝貢秩序は開放的、包容的に文化経済交流が進んでおり、その文明と平和の程度において、ローマ帝国の境界を拡張し他国を征服していくモデル、その後の大英帝国のグローバル植民地化モデル、米国主導の世界覇権モデルに比べても優れています。そして、中華民族の偉大なる復興という〝中国夢〟を実現するためには、古代中国の朝貢体制を複製することも、大英帝国の植民地主義や日本の〝大東亜共栄圏〟、米国の世界覇権といった歴史上のドリームを複製することもできません。復興というからには過去の輝かしい歴史にノスタルジアを抱くのは自然なことですが、過去への回帰や過去の複製であってはならず、未来志向でイノベーティブに創造していかなければなりません。中国や東アジアだけでなく、人類や世界全体に福や富をもたらすものでなければならないのが〝中国夢〟なのです。

3　偉大なる復興にとっての現実的な標的は米国に追いつき追い越すこと

加藤　劉大佐は2010年1月に出版された『中国夢』のなかで次のように主張されています。「世界一に向かって突き進み、金メダル国家に勝ち上がり、中国の時代を創り出し、覇権のない世界を造り上げる」。ご著書の表紙には「これは米国のオバマ大統領とクリントン国務長官が必読の書である」とも記されていました。ご著書から推察するに、劉大佐から見た〝中国夢〟は明確に米国を標的としているように思えます。単刀直入に伺いますが、中華民族の偉大なる復興という中国夢の現実的な目標は米国に追いつき追い越せという理解で宜しいでしょうか？

習近平総書記は中国夢と同時に〝二つの百年〟目標を掲げておられます。私が勝手にイメージするに、中国共産党結党百周年に当たる2021年に経済レベルで米国を追い抜き、中華人民共和国建国百周年に当たる2049年に軍事レベルで米国を追い抜く、そんな構想を描いているのではないでしょうか？『中国夢』の作者としてどう思われますか？

劉　中国は世界一の位置で数千年の経験があります。西側国家は世界一の位置でたかだか数百年の経験しかありません。米国に至っては百年強の経験値しかないのです。我々にとって、中華民族の偉大なる復興という中国夢を実現する上で、歴史的な指標、即ち中国自らが経験した縦の指標があれば、現実的な指標、即ち昨今の世界における横の指標もあります。

近代以来の中国を振り返ると、中華民族の振興を掲げた偉大な人物は皆、世界で最も富強な国家に成り上がることを目標に掲げて奮起していました。世界一になることは中国にとっての百年の計とも言える夢であると言えます。孫文、毛沢東、鄧小平、習近平、皆世界トップを追い求める〝世界一主義者〟です。

孫文は中国が歴史的に最も貧弱国だった時代において〝諸君立志〟を掲げ、中国を世界一の富強の国にしようと呼び掛けました。孫文は中華民族が世界で最も優秀な民族であることを強調し、英国や米国と並ぶだけでなく、これらの国家を凌駕しなければならないとしました。孫文は1894年李鴻章に上書（＊上官への進言）した際に「中国は欧州をも凌駕できる」と提起し、その後幾度にも渡って欧米を超越した世界一富強な国家になることを主張し、と同時に、中国は一国一民族の利益にとどまらず、全世界全人類の利益に貢献することを目指さなければならないと強調していました。

毛沢東から見て、米国に追いつき、追い越すことは中国の職責でした。毛沢東は1955年の時点に「我々の目標は米国に追いつき、追い越すことである。米国を追い越して初めて中国は人類に大きな貢献をすることができる」と、1956年には「米国を追い越すことは可能であるだけでなく、完全に必要なことであり、そうあるべきなのだ。仮にそうでなければ、我々中華民族は全世界の各民族に顔向けが出来ないのだ。我々の人類への貢献は大きくならないのだ」と主張しました。

鄧小平は改革開放を通じて中国を発展させ、〝韜光養晦〟を通じて中国を壮大にし、世界に適合することで世界をリードし、変えていこうとしました。鄧小平は国際政治新秩序と国際経済新秩序を建設すると提起しましたが、そこには彼なりの世界の大国になるのだという戦略的気概が体現されていました。鄧小平の目標は「世界に影響を与える」という偉大な事業に取り組むことでした。

そして習近平は建国百周年の時期に中華民族の偉大なる復興を実現するという目標を掲げました。孫文から習近平に至るまで、中華民族の偉大なる復興とは世界で最も富強な国家を追い求めることに他ならなかったのです。21世紀の中国夢に関して言えば、それは間違いなく米国を超える夢です。米国を超えるとは経済の総量だけでなく、軍事力での超越、そして総合国力と世界的影響力の超越を意味します。そのためにも、中国は米国よりも世界平和と人類進歩に貢献しなければなりません。加藤さんが私に質問した中国経済総量がいつ米国を超えるかという問題は重要ではありません。大切なのは中国が経済で米国を超えるだけのキャパシティとポテンシャルを備えているということです。中国が軍事力でいつ米国を超えるか、これも何とも言えません。大切なのは、中国が強大になればなるほど世界平和にとって有利であり、中国が最も強大になることで世界平和が最も可能になるということです。中国の軍事力は現在米国より20年遅れています。世界覇権を牽制し、グローバルな平和を守り、中国の役割をしっかり発揮するためにも、強軍への歩みを加速させ、出来る限り早く米国に追いつき追い越す必要があるというのが私の考えです。

中国夢とは〝世界第2位の夢〟では決してない

加藤　習近平主席は米国カリフォルニア州サニーランドで行われたオバマ大統領との会談において「太平洋は中米二大国を収納するのに十分な大きさを持っている」と提起し（＊その後、２０１７年11月にトランプ大統領が初めて中国を公式訪問した際、習近平はトランプに同じ表現で自らの世界観を語りかけている）、「中国夢とアメリカンドリームは相通じている」と述べました。劉大佐は著書『中国夢』で「中国の夢とは世界の金メダル国家になる夢である」と主張されています。仮に金メダル国家という存在があるとして、現在のそれは米国でしょうが、米国は中国が自らに取って代わって金メダル国家にのし上がることを許すと思われますか？　米国は中国夢とアメリカンドリームが平等に君臨する、或いは前者が後者を超越することを受け入れるでしょうか？　この世界に金メダル国家が二つ同時に存在することは可能ですか？　より大胆な問題提起をさせていただければ、習近平時代、中国夢、米中関係という三つのピースの関係とはどのようなものになるのでしょうか？

劉　習近平時代は2012年に始まりました。2010年に中国経済は総量で日本を抜き、世界第二の経済体となりました。2012年に新中国の最高指導者という地位に登りつめた習近平主席は中華民族の偉大なる復興という〝中国夢〟の実現を提唱し、中国共産党結党百周年に当たる2021年に小康社会を全面的に実現する、建国百周年に当たる2049年に中華民族の偉大なる復興という中国夢を実現するという目標を定め、訴えました。この〝中国夢〟とは世界の銀メダル国家に留まることでは決してなく、金メダル国家になることこそが中国夢であります。

中華民族はそもそも歴史的に金メダル国家でした。18世紀末までにおいて、世界製造業の総生産量において中国が占めたシェアは欧州一個分を5％上回っており、英国の8倍、ロシアの6倍、日本の9倍ありました。中国経済の総量は世界の3分の1を占め、1800年において全世界で9億人の人口がいましたが中国だけで3億人にのぼりました。中国の食料生産も世界の3分の1を占めていました。同じく1800年の時点で中国の工業生産量は世界の33・3％を占めており、対する欧州は28・1％でした。18世紀、全世界で50万人を越える大都市は十ありましたが、うち六つが中国の都市でした。北京、南京、揚州、蘇州、杭州、広州です。18世紀フランスの啓蒙思想家であるヴォルテールは中国を「世界で最も美しく、伝統があり、広大で、人口も多く、統治が最良の国家である」と修飾しています。このような歴史的経緯が存在するにも関わらず、21世紀の中国が銀メダルに甘んじ、納得することがどうしてできましょうか？　それは偉大なる復興とは言えないのです。金メダルを取って初めて偉大なる復興なのです。ただ前述したように、中国は決して覇権主義に基づいた、世界各国に対して強権を振るうような金メダル国家は目指しません。

習近平時代とは中国人民が〝中国夢〟に向かってラストスパートをする時代でもあります。中国夢とアメリカンドリームの決勝戦が行われる時代だとも言えるでしょう。その上で、中国という選手が頑なに守ろうとする決勝戦のルールが、米国との間に〝新型大国関係〟を構築するというものです。また、中国が米国と争っているのは追いつけ追い越せの陸上競技の試合であり、勝つか負けるかのボクシングの試合（冷戦）ではありません。どちらかが生き残りどちらかが死んでいく決闘の試合（戦争）ではもっとありません。さて、米国側の選択はどういったものでしょうか？　加藤さん、この問題に関してはトランプ大統領にでも聞いてみてください。

〝中国夢〟が成功裏に実現したときに世界にもたらす四つの貢献

加藤　中国はすでに世界第二の経済大国であり、将来的に世界第一の経済大国になるだけでなく、世界第一の軍事大国になることも時間の問題かもしれません。もちろん、中国で深刻な動乱が発生しないという前提での話ですが。経済的、軍事的に世界一になることが〝中国夢〟にとってまぎれもない目標であることが劉大佐のお話からよく理解できました。それでは、劉大佐からご覧になって、これからの数十年において、〝中国夢〟を実現するプロセスは中国や世界にどのような影響をもたらすとお考えですか？　世界はそのようなプロセスを自然体で受け入れるのか、それとも地域的あるいはグローバルに何らかの摩擦、或いは戦争が発生しうるのか。どうお考えですか？

劉　〝中国夢〟を実現するために奮闘する過程は一種のイノベーションのプロセスといえます。中国夢とアメリカンドリームがぶつかり合う局面も生まれます。そこで中国が提起したのが新型大国関係であり、中米間の矛盾を解決するための正しい進路であると私は考えています。中国夢とアジア太平洋地域および他地域の各国家それぞれのドリームの関係を如何に処理するかという問題を前に、中国は地域、および人類の利益を融合する〝運命共同体〟を構築するという大きな考えを提唱しました。これは国際関係や世界政治にとっての重大なイノベーションでありブレークスルーと言えるでしょう。新型大国関係と運命共同体に立脚した新型国際価値観に基づいて言えば、中国夢とアメリカンドリーム、中国夢のワールドドリームは連合、結合、融合する中で協力、互恵、ウィンウィンを実現します。また、中国夢を実現するプロセスは世界に四大発明、人類に四大成果をもたらすことでしょう。（1）新型中国、即ち金メダル国家中国の出現、（2）新型米国、即ち非覇権国家米国の出現、（3）新型世界、即ち無覇権世界の出現、（4）新型文明、即ち〝人類運命共同体〟の出現です。一つひとつ見ていきましょう。

1　中国夢の成功的実現は〝世界第一〟の新中国を誕生させる

劉　旧中国は半封建半植民地の貧しく、遅れた中国でした。毛沢東をリーダーとする共産党人は新たな境地を切り開き、独立自主の新中国を作りました。鄧小平をリーダーとする共産党人は思想を解放し、改革開放に基づいた第二の新中国を作りました。習近平をリーダーとする共産党人は過去の業績に基づいて未来を切り開き、民族の復興を追求する第三の新中国を作り上げようとしています。２０４９年の新中国は中華民族の偉大なる復興を実現する新中国であり、全面的に米国を超越する世界の金メダル国家です。このような金メダル国家中国は当時の英国や米国よりも良い形で世界をリードし、人類に福をもたらすことでしょう。

2 中国夢の成功的実現は覇権を求めない新米国を誕生させる

劉 米国の独立宣言を米国の建国宣言とするならば、それが世界に貢献したのは君主制とは異なる新型の共和制国家を成立させたことであり、そこには新しさがありました。米国は第二次世界大戦後、世界第一の国家になりましたが、それは大英植民地帝国とは異なる新型覇権国家であり、そこにも新しさがありました。それでは、21世紀における米国は中国と戦略的に競争・駆け引きをしていくなかで正常な〝非覇権国家〟となりますが、これは米国にとって一つの昇華であり、米国の国家生命に三度目の新しさをもたらすことでしょう。覇権を求めない新しい米国が誕生するのです。

3 中国夢の成功的実現は覇権に別れを告げる新世界を構築する

劉 近代の歴史が真の意味で〝世界〟を形成して以来、世界の歴史は新たな三つの段階を経てきました。

第一の段階は世界の〝欧州段階〟です。新世界の新しさは欧州にあり、新世界は欧州に端を発しました。新世界の核心は欧州に位置していました。これは植民地主義にとって連結された新世界であり、分散的、孤立的、閉鎖的な旧世界に取って代わりました。

第二の段階は世界の〝米州段階〟です。新世界の新しさは米州にあり、米国の覇権主義が英国の植民地主義に取って代わりました。米国モデルの覇権主義世界を英国モデルの植民地主義に比べると、それは新型の世界であり、相対的に文明的な新世界と言えました。

第三の段階は世界の〝亜細亜段階〟です。中国が世界の金メダル国家になるに連れて、この世界は徹底的に覇権に別れを告げる、新しい無覇権世界に変わることでしょう。

4 中国夢の成功的実現は〝大国競争〟の新しい文明を創造する

劉 この新しい文明の特徴は、大国競争を生きるか死ぬかの格闘技、勝つか負けるかという冷戦的なボクシングの試合から追いつけ追い越せというルールに基づいた陸上競技に進化する点にあります。大国関係は戦争と冷戦という〝両戦〟に別れを告げ、衝突しない、対抗しない、協力とウィンウィンの軌道の上で終始展開されることになるでしょう。

「〝中国夢〟が東京に侵攻し、30万の日本人を殺すことはない」(劉明福)

加藤 日本には中国の台頭が覇権主義につながる懸念、復興が拡張主義につながる懸念が存在します。また、近代以来の屈辱をはらすべく、国家として強大になった後に日本に対する〝リベンジ〟に動くのではないかといった懸念も潜在的に存在するように思えます。特に戦争を経験した日本の先輩方の中には中国が台頭・復興する過程で、戦前の日本と同じような進路を行き、道を誤るのではないかと心配する方々もおられます。劉大佐からご覧になって、日本の中で少なくない程度で見られるこのような懸念は理にかなっていると思われますか？　どうすれば日本や米国を含めた国際社会は〝中国夢〟に対する懸念を拭えるとお考えですか？

劉　１８９４～９５年の日清戦争から１９３１～４５年の中国侵略戦争に至るまで、日本は中国に対して〝血債〟を負っています。しかし、中国は日本に対して〝血債を血で返してもらう〟政策を取りませんでした。２０４９年に中国夢を実現し、世界で最強の国家になった後も、中国が日本を占領し、東京に侵攻し、30万の日本人を殺すことはありません。

中国の台頭は平和的なものであり、台頭後も世界平和を守ろうとするでしょう。中国には植民地主義の歴史も無ければ軍国主義のDNAもありません。ファシズムの伝統もなければ覇権主義の追求もありません。日本は豊臣秀吉の頃から少し実力が着けば愚かな欲に駆られ、海を出ては侵略し、島を出ては人を殺しました。日本は明治維新以降、周辺諸国の人々を殺し始めましたが、最も殺されたのは中国人です。14年間の抗日戦争の間中国の負傷者・死亡者は３５００万人に及びました。ただ中国は日本への賠償請求を放棄しました。１９７２年に締結した日中共同声明にもその旨が記されています。

中国夢は善良の夢、文明の夢であり、全世界に利益と安心をもたらす夢であります。世界に悪夢をもたらすことはないでしょう。中国夢を知るためには、中国がどんな国家なのかを知る必要があります。

1　中国は第二の日本ではない

劉　近代以来、日本はアジアの例外でした。その例外性には四つの特徴がありました。

一つ目が先制攻撃者という特徴です。日清戦争において日本の軍隊は宣戦布告せず、いきなり突撃してきました。この背信行為は日本の常套手段でした。その後の日露戦争、柳条湖事件、盧溝橋事件、パールハーバー事件などにこの特徴が見いだせます。ちなみに、李鴻章は日清戦争が勃発する５日前、当時朝鮮に駐在していた清の軍人・葉志超に対してこのように言いました。「日本側は全力で戦争への準備を進めているが、我々は自ら開戦に踏み切るべきではない。出来る限り交戦を避け、相互の諒解を優先すべきである。先に手を出したほうが悪いというのは万国共通の掟である。この点を忘れてはならない。決して拙速に動くべきではない」（金衝及著『二十世紀中国史綱』第一巻、社会科学文献出版社、２００９年９月初版、５頁）。中日両国間における性格はこれほどまでに異なるのです。

二つ目が戦争による台頭という特徴です。明治維新以降、日本は東西南北を叩こうとしました。中国、ロシア、米国、東南アジア、全方位です。

三つ目にアジアを公敵に回そうとした特徴です。近代世界が誕生して以来、アジア国家を欺こうとしたアジア国家は日本だけです。アジア国家に最大の損害と破壊をもたらし、最多のアジア人を殺したのは欧米国家ではなく日本というアジアの国家なのです。日本はアジアの公敵でした。

四つ目が世界を公敵に回したという特徴です。日本は東、西双方の国家を叩こうとし、英国、米国、ソ連などとも戦争の記録を持っています。

五つ目が罪を認めようとしないという特徴です。ドイツと日本は共に深刻な戦争の罪を犯した国家ですが、ドイツの罪を認めようとする態度は良好でありますが、日本は戦争の罪に対する反省が欠けており、日本の右翼勢力の言動はアジアの平和と安定にとっての破壊的要素になっているように思えます。

中国は第二の日本にはなりません。中国は戦争による台頭、アジア国家を敵に回すことを目論んでいません。太平洋戦争を発動することも、米国に突然戦争を仕掛けることも考えていません。

2　中国は第二のドイツではない

劉　中国は拡張の野心をもっていません。米国の一部関係者はしばしば台頭後の中国を二回の世界大戦に踏み切ったドイツと比較し、今日の中米関係を二回の世界大戦前の英国とドイツの関係と比較したがるようです。実際に、中国の国家としての性格に関して、明の時代に中国にやってきたイタリアの宣教師であるマテオ・リッチが深い観察と正しい論断を下しています。リッチは言います「広大な領地と人口を持ち、物質的にも恵まれた王国で、その精良な装備に裏打ちされた陸軍と海軍は近隣諸国を簡単に征服できてしまうにもかかわらず、国王も人民も侵略戦争を実行しようと考えたことがないのは驚きだ。彼らは自らが所有しているものに完全に満足しており、征服を渇望しない。この点は欧州人とは相当異なる。欧州人は常に自らの政府に不満であり、他人の所有物を欲しがる。現在、西側諸国は覇権の念頭に駆られる過程に疲弊しているように見えるし、中国人が数千年に渡ってしてきたように、祖先の残した遺産を保持することに終始することができないようである」（『環球時報』、２００８年7月15日11版〝中国憤青是怎麼来的〟）。マテオ・リッチのこの〝中国性格〟へのクラシックな評論は今日に至っても強い説得力を持っているように思います。

3　中国は第二のソ連ではない

劉　ここに四つの意味が含まれています。

一つ目に中国は解体したソ連の後を追わなかったことです。米国人はさぞ失望したことでしょう。中国が崩壊しなかったことに一部日本人も失望したかもしれません。これは中国の特色ある社会主義がソ連式の社会主義とは根本的に異なり、強大な生命力と全世界におよぶ親和性を持っていることと関係しています。

二つ目が中国は覇権を争わず、踏み込まないことです。中米競争と米ソ競争は本質的に異なるということです。

三つ目が中国は米国と冷戦を交えないということです。中国は陣営を組織せず、世界革命もやりません。軍事レースをやるつもりもありません。中国の台頭が米国に新たな冷戦の相手をもたらすことはないでしょう。

四つ目に中国は米国との競争においてソ連が失敗した運命を辿ることはないということです。中国は必然的に米国を超越します。長年、米国はいつも〝中国は第二のソ連〟というマインドで中国を見てきました。例えば、キッシンジャーの著書『論中国』にこのような一説があります。「1992年9月、ビル・クリントンはキャンペーン期間中中国の政治体制に疑問を投げかけ、〝中国は永遠に民主変革のパワーに抵抗することはできない〟と主張し、〝いつの日か中国はソ連や東欧諸国の後を追うであろう。米国はこのプロセスを加速させるべく尽力しなければならない〟と宣言した。1993年に大統領に就任してからというもの、クリントンは〝民主主義の普及〟を外交政策の軸に置き、1993年9月の国連総会にて米国の目標は〝人類社会が相互に協力し、平和的に共存する民主国家で構成される世界になる日まで、自由市場に基づいた民主国家陣営を強固にし、拡大し、自由制度の国家ネットワークを構築していくことだ〟と述べている」（キッシンジャー著『論中国』、中信出版社、2012年10月初版、452頁。邦訳は『キッシンジャー回顧録　中国』岩波書店）。米国が台頭する中国を第二のソ連と見なすのは誤った判断であり、そこには悪意や歪曲が見いだせると私は考えています。

4　中国は第二の米国ではない

劉　中国は当時のソ連のように覇権を争うわけでもなければ、今日の米国のように覇権を求めるわけでもありません。そういう世界を中国は望んでいません。ここには四つの意味を見出すことができます。

①中国は米国が第二次世界大戦後に行ったようにイデオロギーで世界を分裂させることはしない。

②中国は冷戦時代の米国とソ連のように大国関係において冷戦を通じて世界を支配しようとしない。

③中国は冷戦後の米国のように〝一超独覇〟の世界を求めようとしない。

④中国は米国を超越した後、米国のように新興国を自らへの脅威と挑戦だとみなさず、自らを超越する可能性のある国家に対して封じ込め戦略を取らず、他国の台頭を防ごうともし

ない。中国は〝覇権〟ではなく〝仁徳〟によって天下と向き合うことを堅持する。中国の日本人、米国人、インド人への対応から中国人の心の境地を垣間見ることが出来るでしょう。

抗日戦争に勝利してからというもの、中国は日本への賠償請求を放棄し、日本の戦犯に対して教育と改造を行い、最終的に釈放する政策を取りました。また、日本侵略者が残した戦争孤児を育て、徳を以て怨みに報いる懐の深さを示しました。

朝鮮戦争において中国は敵軍の戦争捕虜に対して人道主義政策を取り、敵対国家を含めた国際社会からの評価と称賛を得ました。

インド軍に対する自衛反撃戦において、中国はインドによって違法に占拠された中国の領土を修復する過程で、反撃する能力を完全に持っている状況下において従来の実効支配線まで撤退し、中国として平和への誠意を示しました。またすべての捕虜を釈放し、大量の装備を自らインドへ返還したのです。

これらは歴史的にも先例のないものだと言えるでしょう。

5　中国は30年前の中国ではない

劉　今日の中国は封建的、閉鎖的な中国ではなく、改革開放の中国です。〝世界革命〟を目論む中国ではなく、国内的には小康社会を、国際的には和諧社会（＊調和のとれた社会）を構築しようとする中国です。したがって、米国も日本も旧態依然とした視角ではなく、21世紀の視角から中国を認識すべきです。

以上五つのケースから「中国が何者でないのか」を検証してきましたが、これで中国が何者なのかがより鮮明に理解できることでしょう。中国を恐れる必要はないのです。文明的に進化しようとする中国に対して、米国や日本はどうして懸念を抱く必要がありましょうか。一部国家が〝中国夢〟を前にマインド的にバランスを崩し、感情失調に陥り、奇怪な対策を取ろうとする状況は、彼らの戦略的思考の停滞と価値観念の陰暗を暴露していると言えるでしょう。

中国人は何を夢見るのか——六つの意義

加藤　〝中国夢〟とは、言葉自体は単純明快ですが、その中身に関しては複雑であるようです。我々外国人どころか、中国人自身でさえその意味するところを正確に、全面的に理解できているとは思えませんし、概念自体が主観的な産物であるようにも聞こえます。〝中国夢〟が説得力や影響力を持つためにはそれ相応の、分かりやすい、かつ国際社会が受け入れられるような説明が必要であると私は考えます。習近平氏が総書記就任後に〝中国夢〟を提唱し始める約3年前に著書『中国夢』を上梓された劉大佐からして、〝中国夢〟の中身や意義をどのように説明するのが分かりやすいと思われますか？

劉　チャイナドリームとは社会主義目標の中国化であり、共産主義という理想の中国における段階化であり、中国共産党人にとっての共産主義という理想主義と中国社会主義初期段階という現実主義との統一かつ結合です。それは〝習近平民族復興大戦略〟という体系における核心的戦略だとも言えます。

そもそもチャイナドリームとは何か？　習近平主席は2013年3月23日、モスクワ国際関係大学で講演をした際、「中華民族の偉大なる復興を実現することは近代以来の中国人にとって最も偉大な夢であり、我々はそれをチャイナドリームと呼ぶ。その基本的な中身は国家富強、民族振興、人民幸福を実現することである」と指摘しています。チャイナドリームの具体的中身は豊富ですが、習近平主席による一連の論述に基づいて、一句、三句、四句でそれぞれ表現してみると、「中華民族の偉大なる復興の実現」、「国家富強、民族復興、人民幸福」、「国家富強、民族復興、人民幸福、世界平和」となるでしょう。

では、私なりにチャイナドリームに対してより具体的、全面的に説明作業を行うとすれば、次の六つに集約できます。それらは、「和諧世界の夢」、「興国の夢」、「強軍の夢」、「平和的統一の夢」、「生態文明の夢」、「幸福人生の夢」です。この六つの分野をめぐる具体的な目標と内容がチャイナドリームの体系を基本的に構築し、支えることになります。

加藤　なるほど。それぞれの具体的内容や特徴をお伺いできますか？　具体的であればあるほど、特に国際社会や外国政府・市民にとっては理解できる可能性が高くなると思います。

劉　私のチャイナドリームを巡る六つの分野に対する認識も初歩的なものに過ぎません。それを前提に加藤さんと交流し、今後のより深い思考へとつなげていければと思います。

1　〝和諧世界の夢〟としてのチャイナドリーム

劉　今日、中国はすでに世界第二の経済体になり、その国際的地位と時代的責任からしても、チャイナドリームというものは、中国だけでなく世界にも奉仕するものでなければ成り立ち得ません。「どういう中国を建設するか」だけでなく、「どのように平和で繁栄した世界を構築するか」を追求しなければならないのです。

チャイナドリームは世界平和を夢見るものです。習近平は2013年1月28日に行われた十八回中央政治局第三次集団学習会における談話において「中華民族は平和を愛する民族である。戦争をなくし、平和を実現することは近代以降中国人民が最も切実に、深く抱いてきた願望である」と指摘しています。私から見ても、中国人民が最も恐れているのは動乱であり、最も求めているのは安定であり、最も願っているのは天下太平です。

チャイナドリームと世界各国の市民が追求する夢は相通じていると私は考えています。習近平は2013年5月ラテンアメリカ三国メディアの共同取材を受けた際、「チャイナドリームの実現が世界にもたらすのは平和であり、動乱ではない。機会であり、脅威ではない」と答えています。2013年6月7日、米国のオバマ大統領（当時）と共同記者会見に臨んだ習近平は「私はオバマ大統領にはっきりと伝えた。中国は断固として平和的な発展の道を歩み、改革を深化させ、開放を拡大し、中華民族の偉大なる復興というチャイナドリームを懸命に実現し、人類の平和と発展という崇高な事業を懸命に促進すると。国家富強、民族復興、人民幸福を実現する中国の夢は平和、発展、協力、ウィンウィンの産物であり、それはアメリカンドリームを含めた世界各国人民の素晴らしい夢と相通じるものである」と主張しています。

中華民族の偉大なる復興の実現は中国にとって大事であるだけでなく、世界にとっても良いことなのです。チャイナドリームは覇権を求める夢ではなく、偉大なる民族・国家が追求する進取の夢、全世界に恩恵をもたらす夢なのです。

2 〝興国の夢〟としてのチャイナドリーム

劉　先に紹介したラテンアメリカ三国メディアの共同取材で、習近平は次のようにも発言しています。

「中華民族は多くの困難を経験しながらも、絶えず自らを強くしようともがき、自らの夢を追求することを諦めなかった。中華民族の偉大なる復興を実現することは近代以来の中華民族にとっての悲願であった。新たな歴史の時期において、チャイナドリームの本質は国家富強、民族振興、人民幸福である。我々が奮闘する目標は、２０２０年に国内総生産と都市部農村部における国民平均収入を２０１０年と比べて倍増させ、全面的に小康社会を建設することである。そして、本世紀の中頃に富強・民主・文明・和諧的な社会主義現代化国家を建設することである。それが中華民族の偉大なる復興というチャイナドリームを実現することにつながるのである」

旧中国は半封建、半植民地国家であり、国家の命運は衰退し、生存の危機に直面していました。新中国設立以来、人民は政治的には独立と解放を獲得しましたが、国家は依然として貧しいままで、人民の生活水準や総合国力の面では世界の先進国と比べて大きな差が存在していました。改革開放が始まり、鄧小平は中国の社会主義を初級段階における社会主義と定義しました。それは未熟で不合格な社会主義を意味していました。現在、中国の建設と発展は大きな成果を得て、経済力で世界第二位になりましたが、今日に至っても中国は依然として発展途上国のままです。中国社会の発展と進歩の任務は依然として大きく、全面的に先進国に追いつき追い越すための道はまだまだ長いと言わざるを得ません。我々が今日議論しているチャイナドリーム実現のための奮闘とは、これから更に30年以上の奮闘を経て、新中国建国百周年を迎える頃、中華民族の偉大なる復興を実現し、中国を先進国へと成長させることを意味するのです。

３　〝強軍の夢〟というチャイナドリーム

劉　中国の夢とは強軍の夢と同義語です。習近平は２０１２年12月10日広州戦区を視察した際次のように主張しました。「中華民族の偉大なる復興を実現することは中華民族にとって近代以来の夢のことである。私が言いたいのは、この偉大な夢は強国になるための夢であり、軍隊にとって言えば、強軍の夢ということでもある。従って、我々は積極的に努力をし、富国と強軍の統一を堅持し、国防を強固にし、軍隊を強大にしなければならないのである」

強軍目標に基づいて強軍の夢は遂行されていかなければなりません。習近平が２０１３年３月17日、第十二回全国人民代表大会第一次会議で行った談話が参考になります。

「中国人民解放軍および中国人民武装警察のすべての指令官、軍人は党の指揮に従い、戦争に勝ち、行いが優良であるという強軍の目標に基づき、使命を履行していく能力を向上させ、国家の主権、安全、発展のための利益を断固として死守し、人民の生命、財産、安全を断固として保護しなければならない」

強軍の夢を実現するためには中国が強軍を追求する過程で遭遇してきた歴史的教訓を固く胸に刻みこまなければならない。中国は近代以来の歴史で西側列強に侵略され、百年のなかで主権を失い、国家的屈辱に遭いました。惨めで痛い教訓は中国人に三つの真理を認識させることとなりました。一つは〝弱ければやられる〟、二つに〝政権は銃口から生まれる〟、三つに〝主権は銃口から生まれる〟です。チャイナドリームとは平和の夢でありますが、平和の礎は権力であり、もがき闘う意思と勇気に裏打ちされなければなりません。現在、米国と日本は軍事同盟を組織し、中国を包囲し、封じ込めようとしています。仮に経済的に台頭した中国が軍事的に強大にならなければ、『西遊記』のなかの〝唐僧肉〟と化し、大小あらゆる妖怪たちに食べられてしまうでしょう。

現在中国と米国の軍事力には大きすぎる差があり、中国が保有する航空母艦は米国の10分の1に過ぎません。中国は軍事建設と経済建設の両方を推し進める、すなわち〝卵〟と〝ミサイル〟の両方を手中に収めなければなりません。もっと言えば、高層ビルの建設を減らし、航空母艦の建造を増やさなければならないのです。国際軍事競争における戦略的主導権を掌握してこそ、〝中米軍事闘争〟の時代においてより迅速に強大になることができるのです。

4 〝平和統一の夢〟としてのチャイナドリーム

劉　チャイナドリームにとって一つの重要な目標が〝統一の夢〟です。

如何にして国家の統一を実現するか。アプローチは二つしかありません。一つは〝平和的統一〟、もう一つは〝武力的統一〟です。我々の願望は平和的統一ですが、我々にとって、〝統一〟が〝平和〟よりも重要で、高い位置にあることを忘れてはなりません。仮に平和的手段を用いつつも分裂を阻止できず、統一を実現できない場合に、我々は平和のために統一を放棄するわけにはいきません。平和のために統一を犠牲にするわけにはいきません。そして、平和のために統一を無期限に延期するわけにもいかないのです。

武力統一、戦争による統一は巨大な代償を払うことを我々に要求します。しかし、〝台湾独立〟

勢力が国家の分裂を決心し、他に選択がない状況下において、我々は〝中国統一戦争〟の旗を高らかに掲げ、〝台湾独立〟勢力を蹴散らす決意を以って武力統一、戦争による統一を実行しなければならないのです。

20世紀の中国は偉大なる〝抗日戦争〟を実行しました。抗日戦争勝利後、中国共産党は新中国を建設し、人民を領導しつつ〝解放戦争〟を実行しました。新中国は強大な米国の軍隊を相手に朝鮮戦争（＊中国語で〝抗美援朝戦争〟）を実行しました。21世紀の中国は国家統一、民族復興を実現する過程において〝中国統一戦争〟に打ち勝つ準備を進めなければなりません。21世紀の中国統一戦争とは反分裂・反台独という性質の戦争であり、それは正義の戦い、神聖な戦いになることでしょう。

統一戦争によって分裂勢力を断固として撃ち落とし、国家の統一を守るという問題において、米国は中国に素晴らしいモデルを提供してくれています。米国は台頭する過程において約４年に及ぶ南北戦争に踏み切りました。それは〝米国統一戦争〟でした。米国統一戦争を研究することは、〝中国統一戦争〟の準備、〝中国統一大業〟の実現にとって意義深いのです。

5　〝生態文明の夢〟としてのチャイナドリーム

劉　中国共産党の十八回大会は初めて生態文明建設を、中国の特色ある社会主義事業における〝五位一体〟という全体設計のひとつに書き入れました。大々的に生態環境を守り、生態文明建設を推進し、生態的に美しい中国を建設し、その上で中華民族の永続的発展を実現することを要求したのです。習近平は中国を生態文明の新時代へと導こうとしています。生態的に美しい中国を建設することを中華民族の偉大なる復興というチャイナドリームにとっての重要事項と定義付けたのです。これはチャイナドリームと生態の夢を結びつけた新たな認識であり、生態文明を国家目標と民族追求という戦略的高地へと昇格させたことを意味します。

２０１３年7月18日、習近平が貴州省貴陽で開催された生態文明国際フォーラム２０１３年度総会に寄せた祝辞は参考になるでしょう。

「生態文明の新時代に入っていくなかで、美しい中国を建設することは中華民族の偉大なる復興というチャイナドリームを実現するうえでの重要な内容である。中国は自然を尊重し、自然に順応し、自然を保護するという理念に基づいて、資源を節約し、環境を保護するという基本的国策を貫徹しなければならない。自覚的に緑化、循環、低炭素の発展を推進し、生態文明建設を経済建設、政治建設、文化建設、社会建設など各方面と全過程に導入し、資源の節約と環境の保護に即した空間情勢、産業構造、生産方式、生活方式を形成し、次世代に青い空、緑の地、清い水といった生活環境を残していくのである」

6 〝幸福人生の夢〟としてのチャイナドリーム

劉　習近平は２０１３年3月17日、第十二回全国人民代表大会第一次会議の談話の中で「チャイナドリームとは結局は人民の夢であり、人民に依拠して実現しなければならない。人民に幸福をもたらさなければならない」と主張しています。また、「中国の夢とは民族の夢であり、すべての中国人にとっての夢である。我々が団結し、心をひとつにし、共通の夢を実現するために奮闘しようとすれば、そのための力量はとてつもなく大きくなる。我々一人ひとりが自らの夢を実現するために努力していく空間は広がっている。我々の偉大なる祖国に生活する中国人民一人ひとりが夢を叶える、成長・進歩する機会を持っている。夢、機会、奮闘、すべての素晴らしいものを創造できるのだ」と強調しています。

チャイナドリームとは国家や民族の夢であるだけでなく、人々が幸福な人生を送るための夢であるべきです。13億人の中国人民と4億の中国家庭に成功と幸福をもたらして、チャイナドリームは初めて成功したと言えるでしょう。

チャイナドリーム二百年――六つの段階

加藤　夢とは未来へ向けた構想でありその追求であると言えます。チャイナドリームの核心的定義・概念・中身は中華民族の偉大なる復興であることは劉大佐との交流の中で良く理解できました。私たち日本人はその教育課程において中国史に触れる機会があることもあり、〃中国〃を眺め、考える際にも自然と歴史的視座を持つ傾向が生まれるように思います。だからこそ、そんな歴史的視座を刺激する〃復興〃という言葉は日本人にとってセンシティブに聞こえますし、〃偉大なる復興〃という言い回しを聞いて、壮大さを感じる人間もいれば、恐ろしさを感じる人間もいるように思うのです。日本が中国の隣国であるという事実を考えれば、日本人ほどチャイナドリームに複雑な心境を抱く国民はいないかもしれません。

劉　チャイナドリームにとっての一つの重要な標的は世界の先進国に追いつき、追い越すというものです。近代以前において、中国に学び、追いつき追い越すというのは世界の多くの国家にとっての夢でした。その後中国は堕落し、結果西側世界に学び、偉大なる復興を実現することが中国にとっての夢となったのです。

中国人の〝復興〟への崇拝、〝偉大なる復興〟への追求は中華民族が歴史的に超常的な栄光を擁していた歴史的優勢と無関係ではありません。ここで三つの対比を見出すことが出来ます。

一つは古代中国と古代世界の対比です。中国は千年単位の世界でナンバーワンであり続け、それが中国人に歴史的優越感を抱かせました。

二つに近代中国と近代世界の対比です。近代中国は深刻に堕落し、西側世界が侵略し、消滅させる対象となり、それが中国人に近代的屈辱感を抱かせました。

三つに今日の中国と今日の世界の対比です。中国は発展が最も早く、潜在力が最も大きな新興国であり、それが中国人に台頭の期待感を抱かせました。

この三つの対比は相互に交錯しながら、中国人の〝復興感〟に油を注ぎ、中国が現代化する上での最も強大な後ろ盾となっているのだと言えましょう。

加藤　以前からずっと考えていたことで、単刀直入に伺いますが、劉大佐のお考えによれば、チャイナドリームとはいつに始まり、いつに終わるのでしょう？　チャイナドリームの起点と終点はどこに見出せるのでしょうか？

劉　習近平は中華民族の偉大なる復興とは中華民族にとって近代以来最も偉大な夢であると指摘しています。習近平のこの言葉はクラシックな定義であり、二つの問題に明確に答えるものです。一つは何を以ってチャイナドリームと言えるのかという問題。何度でも繰り返しますが、それは〝中華民族の偉大なる復興を実現すること〟です。と同時にチャイナドリームの起点についても答えています。それは近代以来の夢である。そして中国近代の歴史は１８４０年のアヘン戦争に始まっている。つまり、チャイナドリームの起点は１８４０年ということです。ではチャイナドリームを勝利的に実現する終点はどこか。それは新中国建国百周年に当たる２０４９年です。１８４０年からこれまで１７０年以上奮闘してきましたが、残る30年を奮闘することを通じて円満に夢を実現するというのがチャイナドリームにほかなりません。

加藤　劉大佐はチャイナドリームの起点は１８４０年だとおっしゃいましたが、国家最高指導者による国家目標としての〝中国夢〟という概念は習近平総書記が２０１２年末になってはじめて提起したものです。では、１８４０年から２０１２年の間における中国人の奮闘の歴史とチャイナドリームの関係、および１８４０年から２０４９年にかけての中国人の奮闘の過程をどのように整理したらよいでしょうか？

劉　中国の指導者が明確に〝中国夢〟の概念を提起したのは確かに２０１２年です。ただ中国人民は中華民族の偉大なる復興という実践に１８４０年から着手しています。中国人民にとって１８４０年からの奮闘は民族復興史であり、チャイナドリームの奮闘史であると定義付けることが可能です。習近平主席は〝雄関漫道真如鉄〟（＊毛沢東の詩の一節で、とても突破できないと言われていた難所を遂に乗り越えた体験をうたったもの）という言葉で近代以来における紆余曲折の歴史的過程を形容しています。１８４０年からこれまでの１７０年以上におよぶ〝雄関漫道〟におけるチャイナドリームの思想と実践は大まかに六つの段階を経てきました。

1　中国夢第一段階：アヘン戦争がチャイナドリームを打ち出した

劉　1840年の第一次アヘン戦争以降、中国の少数の人間は先見の明を持って覚醒し、世界を直視し、新たな考えを抱くようになりました。林則徐、魏源、龔自珍などは中国が数千年の歴史のなかで未だかつてない大きな変局と強敵に直面していることに気づき、悟りました。彼らは〝師夷長技以制夷〟（＊外国人を支配するための技術の習得）を提起し、西側のものを学ぶことを通じて中国に富強をもたらそうとしたのです。今から振り返れば、チャイナドリームの思想的萌芽とも言えるでしょう。アヘン戦争は中国の国門をこじ開けましたが、眠る中国の統治者を呼び覚ますまでには至りませんでした。その後の20年、中国清王朝は上は皇帝、下は一般庶民まで、絶対多数の人間は戦争の失敗から中国と西側の間に存在する力量の差を認めることができなかったのです。彼らは中国が戦争に負けた主な原因は〝売国奴が国策を誤った〟ことにあると見なしたのです。従って、アヘン戦争後、中国には一定規模の改革派は出現せず、形成もせず、統治階級は依然として黄昏と盲目のなかに眠り続け、引き続き古い武器と技術で未来への挑戦に向き合おうとしていたのです。20年という貴重な時間を無駄にしたのです。

2　中国夢第二段階：中国で洋務運動が生まれ始めた

劉　チャイナドリームの第二段階は、一部の人間が行動を起こし始めた段階です。1856～60年の第二次アヘン戦争において中国軍は敗北し、最終的に英仏連合軍が首都北京を占領しました。これが多くの中国封建官僚を覚醒させ、一部の人間らが起こした洋務運動につながります。私から見て、そこには〝強軍の夢〟を実現しようという思いが刻まれていました。洋務運動とは強軍運動であり、その代表的人物は曾国藩、李鴻章、張之洞、左宗棠らです。洋務運動とは〝自強運動〟でもあり、1861年から1895年まで30年続きました。洋務運動最大の軍事的成果は北洋艦隊を設立したことですが、そんな北洋艦隊も1894〜95年の日清戦争で全滅しました。中国は1861年に洋務運動を開始し、日本は1868年に明治維新を実行しました。中国の起点は日本よりも早かったですが、速度や質量においては明治維新に及びませんでした。中国の日清戦争での惨敗は中国の近代化運動が速度と質量において日本に劣っていた結果であり、この戦争を通じてのチャイナドリーム、強軍の夢は日本人によって打ち砕かれることになりました。

3　中国夢第三段階：孫文のチャイナドリーム

劉

1840年のアヘン戦争以降、中国で最も早い段階で〝振興中華〟の四文字を叫んだのは孫文です。孫文は1894年11月24日に《興中会章程》にて〝可発奮為雄、無敵于天下〟（＊成功を収めるために奮起すれば、天下に敵などいなくなる）を提起し、その上で〝振興中華〟のスローガンを訴えました。孫文は、中国人は西洋人と東洋人という区別を凌駕する大きな志が必要だと考えていました。西洋人とは主に英国、東洋人とは日本を指していました。中国は〝世界第一の富強国家になれる〟、〝欧米を凌駕して世界一になる〟、〝中華民族は世界で最も優秀な民族〟といった思いを胸に、孫文はチャイナドリームを語り、英国、日本、米国に追いつき、追い越そうとしたのです。孫文が革命という手段を用いてチャイナドリームを奮闘した時代において、康有為や梁啓超を代表とする変法維新派は〝立憲君主の夢〟を掲げ、結果惨敗しました。

4　中国夢第四段階：毛沢東のチャイナドリーム

劉　毛沢東を核心とする中国共産党第一世代の指導者たちは中国人民を率いて長期的な革命的闘争を経て、勝利を収め、国家の独立と人民の解放を勝ち取り、それから社会主義革命と社会主義国家建設に取り掛かりました。毛沢東は1955年3月21日、中国共産党全国代表大会での開幕の挨拶で初めて「大体数十年の間に世界で最も強大な資本主義国家に追いつくか追い越さなければならない」と提起しました。その後、「米国に追いつき、米国を追い越す」、「我々は世界全体でこの職責を負わなければならない」、「米国を追い越さなければ、中華民族は全世界の民族に顔向けできない。我々の人類への貢献も小さいもので終わってしまう。そうであれば、地球から籍を奪われてしまう」などと強調するようになります。要するに、毛沢東は当時50〜60年ほどでこの目標を実現しようと目論んでいたのです。

5　中国夢第五段階：鄧小平のチャイナドリーム

劉　鄧小平は現代化を実現したいという野心や志を隠そうとしたことはありませんでした。1977年5月24日、鄧小平はこのように言いました。「明治維新は新興資産階級の現代化である。我々は無産階級だが、彼らよりも上手くやれるし、やるべきである」。1985年4月15日、今度は「現在我々が行っているのは中国が数千年来一度もやっていないことである。この改革は中国だけでなく、世界にも影響を与えるだろう」とも語っています。1990年4月7日には外国の貴賓の前で「党の第十一回三中全会後、我々は力量を集中させて四つの現代化を推し進め、中華民族の振興に力を注いでいるところだ」と主張しています。鄧小平にとってのチャイナドリームは改革の夢、開放の夢であり、改革開放を通じて中華民族を振興させようというものにほかなりませんでした。

6　中国夢第六段階：習近平のチャイナドリーム

劉

２０１２年11月29日、習近平は初めて〝中国夢〟という概念を提起し、チャイナドリームと中華民族の偉大なる復興の実現を連結させ、中華民族の偉大なる復興こそが近代以来最も偉大なるチャイナドリームであり、チャイナドリームとは中華民族の偉大なる復興なのだと定義付けました。これは内容だけでなく、時間表における定義だとも言えます。チャイナドリームとは１８４０年のアヘン戦争に始まり、新中国建国百周年に向けてのプロセスであり、２０４９年の時点で偉大なる復興を実現する民族の夢ということです。チャイナドリームとは中華民族２０９年の大きな夢であるということなのです。

もちろん、チャイナドリーム実現後も我々は前進しなければなりません。２０１２年12月7日～11日、広東省を視察している際に習近平が口にした次の言葉は〝ポスト・チャイナドリーム〟の時代を示唆しているように思えます。「〝復興之路〟展覧会を見学した際に中華民族の偉大なる復興の実現こそが近代以来の中華民族にとって最も偉大な夢であると私は言った。チャイナドリームとはひとつの理想である。もちろん、共産党人はより高い理想を持つべきだ。それは共産主義である」

チャイナドリームの歴史的定義と未来展望

1　チャイナドリームは〝戦略的ラストスパート期〟に入った

加藤　ここまで劉大佐は、チャイナドリームにとっての六つの段階を詳細に説明されていました。その段階論から見ると、現在は6番目の習近平時代に入っており、チャイナドリームはこれから30年強という奮闘の時期に差し掛かるとのことですが、これまでの170年強と今後の30年強のあいだに本質的な差異はありますか？　私の初歩的な感想として、1840年から2049年の間で起こるチャイナドリームはつながっているようで途切れている、途切れているようでつながっているプロセスに思えます。

劉　習近平時代とそれ以前の時代との最も大きな違いは、これからの30年はチャイナドリームが終点に向けて成功的にたどり着くためのラストスパートの時期に当たるという点です。言い換えれば、習近平時代において、チャイナドリームを実現するための〝戦略的ラストスパート期〟、そして〝戦略的決勝期〟に当たるということです。

２０１２年11月29日、習近平は《復興之路》展覧会を見学した際にチャイナドリームを提起しましたが、「現在、我々は歴史上の如何なる時期よりも中華民族の偉大なる復興という目標に近づいている。歴史上の如何なる時期よりも自信と能力を持ってこの目標を実現しなければならない」と主張しました。習近平のこの言葉はチャイナドリームが歴史的にどのように位置づけられているのかを明確に物語っていると言えるでしょう。近代以来、中国の国家としての命運、および中国と世界との関係は激動の四つの〝世紀初期〟に凝縮されます。
19世紀初期の中国→末期の栄光
20世紀初期の中国→生存の追求と滅亡の救済
21世紀初期の中国→台頭のラストスパート
22世紀初期の中国→世界をリードする
中国人民は激動の低迷期を経て、現在は世界の金メダル国家を争うラストスパートの時期に突入しました。私から見て、この世紀の決勝戦において、中国の21世紀におけるラストスパートを阻める国家は存在しません。
昨今の時代は一筋縄には進まず、故に大きなアクションが求められ、かつそれが可能な時代だというのが私の考えです。1840年のアヘン戦争以来、中華民族が直面してきた戦略的挑戦は究極的に二つあります。一つは民族生存という問題。もう一つは民族振興という問題です。この二つは密接につながっており、〝救亡図存〟と〝振興中華〟は近代中国を通じて最も力強い呼び声で有り続けました。

2　チャイナドリームの実現は〝中国規律〟に従わなければならない

加藤　人類の歴史の中で、普遍的価値という意味で最も成功した国家あるいは民族の夢はアメリカンドリームであることは論をまたないでしょう。私がずっと考えているテーマをお伺いしたいと思います。中国がチャイナドリームを実現するためには、アメリカンドリームに凝縮・代表されるような道を究極的に歩むのでしょうか？　中国が現代化を推し進める上で〝アメリカナイゼーション〟という要素にどのように向き合い、処理していくかと伺ってもいいかもしれません。劉大佐からご覧になって、チャイナドリームとアメリカンドリームにはどのような相違点が見出せるでしょうか？　異なる規律は存在するのでしょうか？

劉　チャイナドリームの奮闘というプロセスには客観的な規律が存在します。それは中国の国情に基づき、中国の特徴を掌握し、中国の規律に従わなければなりません。チャイナドリームには主に三つの規律を見出すことが出来ます。

一つ目は〝中国夢〟と〝中国魂〟です。中国の魂とはマルクス主義にほかなりません。マルクス主義は中国で〝中国化〟し、時代の変化とともに発展してきました。それは中国の大地に根付き、時代の特徴と相まって、数億人の中国人が自らの夢を実現する上での理論的武器と精神的支柱となりました。私は、現在と将来、中国の現代的・先進的文化体系をめぐる基本的内容は一つの主旋律と二つの大舞台に裏打ちされると考えています。それは、マルクス主義、毛沢東思想、鄧小平理論、習近平民族復興思想を主旋律とし、中国古代の優秀な伝統文化と西側文明の進歩的文化を二つの大舞台とするものです。

二つ目は〝中国夢〟と〝中国路〟です。チャイナドリームを実現するためにはチャイナロードを歩まなければなりません。進路は運命を決定する。正しい進路を見つけなければ夢は成功しえないのです。中華民族が幸運なのは、我々は挫折を経験してきましたが最終的に民族の運命を徹底的に変える正しい進路を見つけられたからです。中国共産党は新中国が設立してから改革開放が始まる1978年の約30年間、曲折や挫折を経験しながら、多くの代償を払いながらも探索を続け、その後やっと中国の特色ある社会主義という正しい進路を見つけたのです。

と同時に、最近の30年の成功的実践を通じてこの進路が正しいことを証明してきました。この正しい進路を継続的に堅持し、不断に開拓していくことによってのみ、チャイナドリームの実現という道のりの上で成功を収め続けることができるのです。中国の特色ある社会主義は〝米国の特色ある資本主義〟を超越する。これが、我々が自らの進路に対して抱く自信なのです。

三つ目が〝中国夢〟と〝中国党〟です。チャイナドリームを実現するためには共産党に依拠しなければなりません。現在の世界政治は政党政治です。執政党こそが国家の核心なのです。チャイナドリームを実現するためには中国共産党の領導地位と執政地位を堅持しなければなりません。これは中国人が百年の奮闘を通じて下した歴史的結論であり、今後チャイナドリームを推進していく上での根本的保証にほかなりません。中国共産党の卓越したリーダーシップは昨今の世界においても屈指の執政力を持っており、それは中国にとっての核心的競争力であり、中国共産党のガバナンス力は世界一であると私は考えています。ジェームズ・ウォルフェンソン元世界銀行総裁は10年以上前にこのように語ったことがあります。「如何なる国家指導部の優秀さも中国には及ばない」。中国の奇跡とは中国共産党のリーダーシップの奇跡であり、中国の台頭とは中国共産党の指導力と執政力の台頭なのです。中華民族は共産党による領導の下初めて偉大なる復興を実現できる。これこそが一種の〝中国定律〟であり、中華民族の偉大なる復興という夢を実現するための根本的保証なのです。

3　2021年と2049年の中国はどうなっているか？

加藤　習近平総書記はチャイナドリームに関連付けて〝二つの百年〟目標を提起しました。第一歩として2021年、すなわち中国共産党結党百周年に際して全面的に小康社会を建設すること。第二歩として2049年、すなわち新中国建国百周年に際して中国を社会主義現代化国家にし、中華民族の偉大なる復興を実現することです。この二つの年月はチャイナドリームにとって核心的な時間軸と言えます。そこで劉大佐にお伺いします。一人の中国国民、そして中国軍人としてご想像ください。2021年という相対的に近い未来と2049年という多くの人にとってはるか遠い未来で、中国の国内的状況と国際的地位はそれぞれどうなっていると思われますか？ その頃の中国は一体どれほど強くなっていると予想されますか？『中国夢』の著者として、劉大佐もこの時間軸を一つの指標に中国の将来を思い描いていることと察します。

劉　一つ目の百年、すなわち2021年に全面的に小康社会を建設するという目標に関して、小康社会とはどのような状態を言うのでしょうか。それは大体第十三期五カ年計画が企画・設定した状況だと言えるでしょう。ただそれを実現するために、私は四つの蓄えと準備が重要であると考えています。

一つ目はどんな国家にも負けないリーダーシップの蓄えと準備です。

中国共産党は1921年から2021年という100年の領導実践の中で、自らが革命を指導できる〝革命党〟であるだけでなく、建設と発展を指導できる〝執政党〟であることを充分に証明してきました。中国共産党のガバナンス力は世界一だと言っても過言ではないでしょう。ガバナンス力という観点からすれば、日本の多党競争による政党、米国の二大政党も中国共産党とは根本的に比較になりません。このような世界一の執政党を持っているという事実は、チャイナドリームを成功的に実現するうえで強烈な保障となることでしょう。

二つ目に不滅の群衆基礎の蓄えと準備です。

全面的に小康社会を建設する上で、最も根本的な指標は貧困を全面的に除去することです。貧困撲滅という戦いは社会の公平、正義、そして共に豊かな社会を実現する上での肝心な事項です。貧困が消滅した後の中国大衆はより大きな志を持ち、全面的に小康を実現した後の中国社会はより強靭な団結力を持ち、共産党と社会主義に対してもより強い向上心を抱くことでしょう。全面的に小康社会を実現するとは全面的に天下の人々の心を勝ち取るということなのです。

三つ目に誰にも負けない軍事力の蓄えと準備です。

強軍の夢こそがチャイナドリームを引導します。全面的に小康社会を建設することとは全面的に国防と軍事建設を推し進めるプロセスでもあります。強軍目標綱領と軍事戦略方針の指導の下、解放軍は各方向、各分野における軍事闘争の準備を強化し、新たな戦闘力を身に着け、国防と軍隊改革を加速的に推し進めていきます。２０２０年までに、国防と軍隊改革の目標任務は基本的に完結し、情報戦争に勝ち、有効的に使命を全うできる中国の特色ある現代軍事力システムを構築できることでしょう。これによって中国は世界覇権国家が戦争で中国を封じ込めようとするのに対応出来る軍事力を身に付けられるのです。

四つ目に持続可能な法治およびイノベーション体制の蓄えと準備です。

中国が長期的に発展していくための根本的保障は社会主義法治国家の建設であり、中国が持続的に台頭していくための最大のインセンティブは改革を推し進められるイノベーション国家の建設にほかなりません。2021年、中国は全面的に改革を深化する任務を基本的に完結させ、そこからイノベーション型国家および人材強国のグループに入っていくことでしょう。法治国家とイノベーション国家の体制・メカニズムとしてのアドバンテージは中国の現代化ガバナンス力を飛躍的に進化させるにちがいありません。

2021年、〝三つのノー〟を叩きつける中国が世界の東方に立ちはだかります。

2021年時の中国は全面的に小康社会を建設した中国であり、あらゆる内部の矛盾やあらゆる外部の挑戦に直面する中国であることでしょう。そんな中国に対して、米国が〝和平演変〟（＊平和的手段によって社会主義体制を崩壊させること）をできるかどうか。答えはノーです。米国は中国を包囲し、封じ込めることができるかどうか。答えはノーです。米国は戦争によって中国を征服できるかどうか。答えはノーです。

2049年、〝金メダル国家・中国〟は〝無覇権世界〟を引率します。

加藤さんが提起した2049年の中国は国内的・国際的にどうなっているかという問題ですが、それらに対して私は2010年1月に出版した『中国夢』のなかで次のように回答しています。〝世界一に向けてラストスパートし、金メダル国家を勝ち取るための決勝戦に挑み、中国の時代を創造し、無覇権世界を建設すること〟。私が理想とする2049年の中国は世界一の金メダル国家であり、世界の進歩と発展を引率できる模範国家であり、世界を団結させ、世界に幸福をもたらせる文明国家です。その頃の世界は世界覇権に別れを告げた〝民主世界〟になることでしょう。米国は人類社会最後の覇権国家になり、中国は人類史上初めて非覇権国家としての金メダル国家になることでしょう。2049年の中国は経済力と軍事力などハードパワーで米国を超越し、外交や文化といったソフトパワーでも米国を超越しているでしょう。中国の米国に対する全面的超越はチャイナドリームを実現したという目印になります。仮にそれが達成できないのだとしたら、毛沢東が早期に語ったように、中国がこの地球上に存在する資格など到底ありません！

第3章 チャイナドリームとアメリカンドリーム

一つの地球と二つの夢をめぐる協力と競争

チャイナドリームとアメリカンドリームの相違点、衝突点、共通点

加藤　劉大佐からご覧になって、これまで最も影響力を誇示してきたブランドであるアメリカンドリームが、チャイナドリームという新たなブランドの台頭に遭遇したことはラッキーなことなのでしょうか？　或いは不遇と言えるような状況なのでしょうか？　また、チャイナドリームとアメリカンドリームという、昨今の世界に〝国家〟或いは〝文明〟レベルで存在し、国家指導者や国民たちも自ら主体的に語っている二つの夢を比較した場合に、どのような相違点や共通点を見出すことができるでしょうか？　私がこの問題をお聞きするのは、アメリカンドリームという一つの鏡を通じて、チャイナドリームの特徴を明らかにしてみたいという動機によるものです。習近平氏は国家主席に就任して間もない2013年上半期の時点ですでに「チャイナドリームとアメリカンドリームは相通じている」と主張しましたが、どこに相通じるものがあるのでしょうか？　或いは、如何にして両者が相通じるという状況を実現していくのでしょうか？　私から見て若干理想主義的に聞こえますし、現実問題両者が平和的に共存できるのか、正直懐疑的にならざるを得ません。また、米国側が、中国側がそのようなアプロー

チを取ることを許すかどうかという問題も軽視できないでしょう。二つの夢が相通じるというのは、聞こえはいいですが、中国が米国と平等、対等にこの世界に君臨するという民族的野心を示しているようにも映ります。

劉　チャイナドリームとアメリカンドリームの関係性はとても重要な問題です。19世紀から20世紀にかけて世界で最も魅力的な国家の夢はアメリカンドリームでした。21世紀に入り、世界で最も輝かしい国家の夢はチャイナドリームです。二つの夢は21世紀において平和的に共存できるのか、それとも対立、対抗していくのか？　チャイナドリームがアメリカンドリームに打ち勝つのか、或いはアメリカンドリームがチャイナドリームを抹殺するのか？　二つの夢は戦いの末、両成敗という結果に陥るのか？　興味は付きないでしょう。

実際に、米国と中国は共に偉大な国家であり、アメリカンドリームとチャイナドリームは双方に魅力があるといえるでしょう。二つの夢を偉大たらしめる共通点を見出すとしたら、それは平和、公平、成功、幸福を追求することを最大の目的とする部分にあるのでしょう。アメリカンドリームは建国から現在まで２００年強の時間を用いて世界で最も裕福で強大な米国を創り上げました。一方のチャイナドリームは１８４０年のアヘン戦争に始まり、２０４９年の新中国建国百周年までの約２００年の時間を用いて中華民族の偉大なる復興を実現しようとしています。

1　チャイナドリームとアメリカンドリームをめぐる四つの相違点

劉　まず、チャイナドリームの実現はアメリカンドリームよりも難しいです。後者の夢が3

億人の夢なのに対しチャイナドリームは13億人の夢になります。とりわけ、中国の資源条件と安全環境の厳しさは米国とは比較になりません。

次に、チャイナドリームの性質はアメリカンドリームよりも先進的です。アメリカンドリームには国内部分と海外部分がありますが、前者のほうが後者よりも優れています。この問題は1945年以降、特に冷戦以降に表面化し、突出してきています。今日の米国は国内的には西側モデルの民主国家でありますが、国際関係という観点から見ればグローバル覇権国家です。従って、今日の米国は全体的な国家の性質からすれば半民主、半覇権国家であると位置づけることができるでしょう。一方のチャイナドリームには覇権を追求する目標や内容はありません。中国は永遠に覇権を争わず、覇権を求めないでしょう。

三つ目に、チャイナドリームの実現はその影響や意義からもアメリカンドリームを上回ることでしょう。なぜなら、チャイナドリームは発展途上国の夢であり、チャイナドリームの存在意義と実現プロセスは世界で絶対多数を占める発展途上国を勇気づけると同時に、模範的作用をもたらすからです。

四つ目に、チャイナドリームの伝統はその歴史的DNAから見て米国のそれよりも悠久です。200年強のアメリカンドリームは世界で最も若い大国の栄光であり、チャイナドリームは中国が2000年に及んで世界をリードしてきた基礎の上で今一度花開き、中華民族の更なる栄光を実現するという性質のものです。言い換えれば、中華民族は200年強のアメリカンドリームの前にすでに2000年世界をリードした輝かしい歴史を持つのです。落ちぶれて一定の時間が経った後、今一度輝きを創造しようという取り組みなのです。

チャイナドリームにとって170年強の低迷の六つの段階について、先に述べましたが、ここで改めて四つの段階で表現してみたいと思います。

第一段階は1840年から1949年で、百年の奮闘を経て、新中国を創り上げました。

第二段階は1949年から1978年で、この30年で中国は政治的に台頭し、世界の舞台で重要な戦略的パワーとなり、最終的に大三角情勢の一角を担うまでになりました。

第三段階は1978年から現在までで、中国は経済的に台頭し、世界第二の経済大国、銀メダル国家になり、金メダル国家まであと一試合を残すのみとなりました。

第四段階は現在から建国百周年までで、ここからの30年で中国は偉大なる復興を実現するのです。

チャイナドリームはアメリカンドリームに啓発されたこともあり、アメリカンドリームもチャイナドリームから刺激を受けることでしょう。両者の相互比較、奨励、競争、協力は21世紀、とりわけこれからの30年において、中国と米国という偉大なる国家、および世界全体が発展・進歩するうえで最大のインセンティブとなることでしょう。

2　チャイナドリームとアメリカンドリームが対立する〝衝突点〟

劉　アメリカンドリームは段階的に変遷してきました。植民地から独立を勝ち取る〝建国の夢〟。建国後急速に発展した〝興国の夢〟。第二次世界大戦勝利の前夜、フランクリン・ルーズベルト大統領が戦後世界新秩序を国際連合の設立のもとに追求し、世界に投げかけた〝連合の夢〟。これらの異なる時期におけるアメリカンドリームは全体的に米国を繁栄させるもので、世界の発展を推進する進歩の夢、文明の夢、善良の夢、光明の夢でした。

第二次世界大戦の勝利はアメリカンドリームにとってのピークだったと私は総括しています。遺憾なのは、第二次世界大戦勝利からまもなく、米国とソ連が二つの陣営を作り、世界覇権の獲得を主な目標とする冷戦を半世紀に渡って展開したことです。これによって、アメリカンドリームは国際政治という次元において〝覇権追求の夢〟と化しました。冷戦終結以降、アメリカンドリームは〝独断的覇権追求の夢〟となり、米国一国が世界全体を統治しようとする〝一超独覇〟の局面が形成されたのです。

中国の21世紀における急速な台頭、中華民族の偉大なる復興というチャイナドリームの実現という提起は国際社会からアメリカンドリームへの挑戦と見られているようです。チャイナドリームの台頭はすなわちアメリカンドリームの衰退と終結をもたらすという見方です。私から見て、チャイナドリームとアメリカンドリームの関係性は対立的統一の関係です。対立の側面は中国が覇権を争わない、求めない一方、米国は覇権を求め、守ろうとする点に反映されています。これは21世紀における二つの夢をめぐる根本的かつ最大の相違点です。ただ一方で、この二つの夢の間には統一の側面、すなわち共通点も見いだせるのです。共通点は四つの分野に分かれます。加藤さん、私の話が長くなっていますが辛抱強くお付き合いください。

3　チャイナドリームとアメリカンドリームをめぐる四つの共通点

劉　チャイナドリームとアメリカンドリームの衝突は不可避でありますが、だからこそ両者の共通点には根本的な価値と長期的な意義があり、これらこそが中米関係の前途を最終的に決定づけると私は考えています。共通点は主に以下四つの肝心な点に表現されるでしょう。

一つ目は国家独立、民族解放、外交自主という意味において両者は相通じているという点です。

アメリカンドリームとはまずは独立建国の夢であり、北米植民地は大英帝国の植民統治と収奪から独立し、新生国家となり、人類史上最初の先進的な民主共和制国家となりました。これはアメリカンドリームにとっての最初の偉大なる勝利と言えます。1775年4月19日に独立戦争をめぐる最初の銃砲が鳴り、1783年9月3日のパリ条約にてアメリカンドリームのうちの建国の夢は8年間の独立戦争を経て実現しました。また、独立後の米国は自主外交を実現するために、更に3年間の英米戦争を闘ったのです。

チャイナドリームもまずは国家独立の夢であり、外交自主の夢でありました。近代中国はアヘン戦争以降西側列強の侵略と圧迫の下で半封建半植民地社会と化しました。日本の全面的中国侵略戦争は中国を亡国の危機へと押しやりました。チャイナドリームの最初の目標は中国を半封建半植民地の状態から解放し、日本の侵略と占領から解放することにほかなりませんでした。中国人民は14年間の抗日戦争を経てついに国家の独立と民族の解放を実現しました。新中国設立以来、国家の独立自主を死守するために、米国とソ連という二大覇権国家と長期的な闘争を繰り広げました。そこには米国と闘った約3年に及ぶ朝鮮戦争も含まれます。ソ連とは長期的に政治、外交、軍事闘争を行いました。

二つ目は国家の進歩、富強、人民の幸福を追求するという意味でチャイナドリームとアメリカンドリームは相通じているという点です。

米国という国家がこの地球に出現したことはそもそも奇跡だと私は思ってきました。米国は世界中が君主制だった時代に君主制を採用しなかった国家です。米国の開国は無君主、無皇帝、無封建主義にもとづいており、あの時代においては本当に人類制度の先進性を象徴する明るい灯火のような存在でした。

アメリカンドリームは国家の進歩と富強、人民の幸福を追求し続け、建国百年あまりで、世界で最も経済力のある国家になり、その後の百年あまりの時間その地位に君臨し続けました。米国国民の生活水準や幸福指数は瞬く間に向上し、世界の大国の中でも終始前の方に位置してきました。

チャイナドリームが社会の進歩、国家の富強、人民の幸福を追求するうえでのスタンスもアメリカンドリームと相通じています。新中国は半封建半植民地という苦難の時代に別れを告げ、資本主義制度を採用することなく、先進的な社会主義制度を採用しました。毛沢東時代の厳しい奮闘、鄧小平時代の改革開放を経て、習近平時代は全面的に小康社会を建設しようとしています。経済の総量で米国を真っ直ぐ追いかけ、国家の富強と人民の幸福を追求する道のりで急速に前進しているのが現状です。

米国が歩んだ240年は世界にとってひとつの奇跡でありますが、新中国が歩んだ70年は更に奇跡と言うべきでしょう。中国は5000年という文明的蓄積の上、たったの70年という時間で弱肉強食の世界で台頭し、世界の〝金メダル国家〟になろうとしているのです。これを偉大なる奇跡と言わずしてなんと表現したら良いでしょう。21世紀、中国の奇跡と米国の奇跡が共に戦い、追いつけ追い越せという局面を形成している。これは世界史においてより大きな奇跡であり、人類に貴重な文明的成果をもたらす過程になることでしょう。

三つ目が国家の分裂を阻止し、国家の統一を死守するという意味においてチャイナドリームとアメリカンドリームが相通じているという点です。

アメリカンドリームは断固として国家の統一を維持し、死守する夢で有り続けました。南北戦争は〝米国統一戦争〟でありましたが、当時の英国は米国を封じ込めるために米国の分裂勢力を積極的に支持していました。英国は南側に金銭、武器ほかの物資の援助を与え、英国の海軍艦隊を米国海域に派遣し、米国政府に圧力をかけました。

国家の統一はすべてに勝ります。分裂に反対するのは断固たるべきです。その後11の州が分裂していくなか、米国は1861～65年まで空前の統一戦争を行いました。北側で死亡した軍人が36・4万人、負傷した軍人が28万人、死傷者は計64・6万人でした。南側で死亡した軍人は26万人、負傷者は20万人、死傷者は計46万人でした。死亡軍人は南北合計で62・4万人です。ちなみに、米国が2回の世界大戦、朝鮮戦争、ベトナム戦争の四つの戦争で死亡した人数は計61万6698人ですから、南北戦争の死亡軍人の数は四つの戦争の合計よりも約1万人多いということになります。また南北戦争において南側で死亡した一般市民が10万人いました。当時米国全体の人口が3100万人ですから、43人に一人が死亡し、53人に一人が負傷した計算になります。この戦争の代償はワーテルローの戦い（1815年）から1914年までのすべての欧州戦争を大きく越えるものでした。米国統一戦争の重い代償は国家の大統領が烈士となり、国務長官が負傷者となった事実にも表れています。1865年4月14日、南部連合が降伏した5日目、リンカーンが暗殺され、スワード国務長官も刺傷を負いました。アメリカンドリームとは一切の代償を惜しむことなく分裂勢力を叩きのめし、国家の統一を死守する夢だったのです。

チャイナドリームも分裂勢力からの厳しい挑戦に直面しています。中華民族の〝復興大業〟を実現するためにはまず〝統一大業〟を達成しなければなりません。中華民族には〝不戦而屈人之兵〟（＊戦わずして相手を屈服させるのが最善の兵法）という伝統があり、国家統一を実現する上で最高の境地を追求しようとしています。〝不戦而統〟、すなわち平和的統一です。ここに中華民族にとっての福祉が存在します。しかし、我々は〝中国統一戦争〟に打ち勝つ意志と能力を持たなければなりません。チャイナドリームとアメリカンドリームは共に国家の分裂に断固として反対し、国家統一の夢を死に物狂いで守る夢でありました。〝反分裂、衛統一〟という目標においてチャイナドリームとアメリカンドリームは相通じているのです。

四つ目に〝アジア太平洋運命共同体〟と〝人類運命共同体〟を建設するという意味においてチャイナドリームとアメリカンドリームは相通じているという点です。

中国の指導者は国際戦略における新思考を提起しました。それは中国と米国が〝新型大国関係〟を構築しなければならないというものです。私の解釈からすれば、それはチャイナドリームとアメリカンドリームが〝新型大夢関係〟を構築せよというものにほかなりません。中国の指導者はまた〝アジア太平洋運命共同体〟、〝人類運命共同体〟の建設を提起しました。それを建設してアジア太平洋や世界には初めて未来が生まれるという考え方です。

そこには太平洋は中米という大国を収納するのに十分な大きさを持っている、世界は200以上の国家と地域を収納するのに十分な大きさを持っているという意味が込められています。しかしながら、もう一つの角度から見れば、仮に中米が冷戦状態、もっと言えば戦争状態に突入し、争い始め、戦い始めたとしたら、太平洋はどれだけ大きくても中米両国を収納することはできず、地球はどれだけ大きくても中米両国を収納することもできません。

チャイナドリームとアメリカンドリームの間に矛盾は存在しますが、衝突、対抗、戦争するわけにはいかないのです。21世紀の中米両国は熱戦を行うことも、冷戦を争うことも許されず、現状を先送りすることもあってはならないのです。熱戦、冷戦どちらを争い闘ったとしても勝者は生まれず、必然的に喧嘩両成敗という結果に終わるでしょう。気候変動や核兵器拡散といったグローバルな問題に人類がぶつかっている状況下で、中米両国が国際関係において新しい思考と行動を持たなければ、中米両国は以前の大国関係のようにゼロサム的な関係を形成し、喧嘩両成敗というジレンマへ陥ってしまうでしょう。

中米両国は〝運命共同体〟と〝夢の共同体〟を構築することで初めて未来を構築できます。アジア太平洋と世界の未来はそこから生まれるのです。チャイナドリームとアメリカンドリームは最終的にこの点で相通じるべきなのです。

チャイナドリームとアメリカンドリームの勝負

1　米国にとって最大の〝挑戦者〟は米国である

加藤　政府でも要職を務めた経験のあるハーバード大学のジョセフ・ナイ教授がニューヨーク・タイムズに寄せた原稿（By JOSEPH S. NYE Jr., Work With China, Don't Contain It, JAN. 25, 2013）にて「中国を封じ込めることができるのは中国だけである」という主張をし、私自身深い印象を持ちました。ナイ教授の文章からは、中国の台頭は米国が封じ込める必要はない、封じ込めるために米国が大量のエネルギーや財力を投じる必要はない、中国の将来的発展は米国が封じ込めるか否かによって決まるわけではなく、中国自身が自らの国内問題を解決できるか否かにかかっているという考え方が見て取れます。劉大佐はナイ教授のような考え方をどう解釈しますか？　私自身、米国の戦略家たちを取材する過程で、このような考え方は決してめずらしくないと感じてきました。

劉　現在、中米両国で最もインパクトのある理論は二つです。

一つ目は中国で流行っている〝封じ込め〟理論。米国は現在、そしてこれからも長期的に中国を包囲し、封じ込めようとするというものです。これは流行的な理論であるだけでなく、一つの客観的事実でしょう。

二つ目は米国で流行っている〝挑戦〟理論。台頭する中国は現在、そしてこれからますます米国の世界的リーダーシップの地位に挑戦するというものです。これは大いに扇動的な理論であり、米国の政治家たちを不安で夜も眠れなくする理論です。しかし、この理論はフィクション的な定説であり、悪意に満ちた政治的策謀であると私は考えています。

ナイ教授が語った〝中国を封じ込めることができるのは中国だけである〟は半分の問題にしか答えていません。もう半分は、米国は確かに中国を密接に観察し、包囲し、封じ込めようとしているというもので、現実問題として決して否定できない事実であります。台頭する中国は内憂外患の状況にあります。内憂は中国自身に存在する矛盾と問題であり、外患は米国、日本などが中国に対して起こそうとするトラブルと問題です。しかも、中国が抱える内憂のなかにも米国による浸透や干渉が見受けられます。

ここで表現したい思想が私にはあります。それは、「米国に挑戦できるのは米国だけである！」というものです。米国は世界のリーダーと言われ、米国の大統領は、米国はこの世界をあと100年リードすると言っています。しかし、冷戦後米国が世界をリードしてきた成績表を見てください。世界のリーダーとしての米国は顔を赤らめ、恥ずかしくなるのではないでしょうか。ここ25年間、米国は世界のためにどんな矛盾や問題を解決したでしょうか。米国は世界のためにどんな幸福や福祉をもたらしたでしょうか。私から見て、米国の成績表に記載されているのは金融危機、〝色の革命〟、戦争などの災難、地域の動乱、難民の大量流出、アジア太平洋地域の緊張といったものです。私は以前〝米国を弾劾する〟と題した文章を書きました。21世紀の米国はワシントン時代の米国、ルーズベルト時代の米国と比べてとっくに〝和平演変〟してしまっています。唯我独尊の覇権主義は米国の偉大さを埋没させ、自己中心的な衰退は米国のリーダーとしての地位を淘汰しました。仮にワシントン大統領やルーズベルト大統領が再びこの世界に舞い降りてきたとしたら、彼らは必ずや革命を起こし、ニューディール政策を行い、21世紀の新しい米国を築き上げようとするにちがいありません。

従って、米国の世界のリーダーとしての地位に挑戦出来る国家は中国ではなく米国自身なのです。衰退するも再起するもすべては米国自身にかかっているということです。

私はここで提案したい。米国の大統領は中国の習近平主席に学ぶべきです。新しい境地や立場からアメリカ人の偉大なる復興を実現するための〝アメリカンドリーム〟を提起するのです。ワシントン、リンカーン、ルーズベルトといった英雄的な大統領を模範とし、米国の劣化や衰退に挑戦状を投げつけ、再び米国を復興させるのです。

2 米国は如何にして米国に挑戦し、中国は如何にして中国を超越したか？

加藤 米国だけが米国に挑戦できるというご指摘、興味深く聞き入りました。中国を始めとする新興国の台頭もあり、今日の米国が相対的に衰退しているように見えるのは現実問題としてそのとおりでしょう。劉大佐からご覧になって、米国の相対的衰退は米国が自らへ挑戦する過程を経て生じた結果と言えるでしょうか？　米国はどういうモチベーションを持って自らに挑戦するのでしょう？　翻って、中国は自らに挑戦しないのですか？　昨今の発展や台頭のプロセスは劉大佐からご覧になって自らへの挑戦とカテゴライズできる性質のものでしょうか？〝挑戦〟という産物は中国の台頭を加速させるものなのでしょうか？　細かい質問で恐縮ですが、この辺の概念を整理することは、中国の台頭や米中関係の今後を考える上でも極めて重要だと考えるため、お聞きしたいと思います。

劉 米国の自己挑戦に関して、間違った理論が間違った実践を引導しているというのが、私の持っている印象です。米国が自己衰退に向かっていく理論的起点が〝歴史の終焉〟という理論です。米国はソ連モデルの社会主義という歴史が終焉したことを以って米国モデルの資本主義が世界でナンバーワンであるだけでなくオンリーワンである、それこそが人類文明のピークであり終点であると考えました。そこで、米国は世界を蔑視し、誇大妄想になりました。これこそが米国精神の堕落、米国歴史の停滞、米国国運の衰退をもたらすことになったのです。結果的に、この20年を振り返ってみると、米国が世界にもたらした戦争は平和よりも多く、トラブルは解決した問題よりも多いではありませんか。米国の偉大なる歴史は終焉し、米国の衰退という歴史が始まったのです。

中国の自己挑戦は思想を解放した自己突破であり、現状を超越した自己超越と言えます。中国は1978年にソ連モデルの閉鎖的で旧態依然とした社会主義に別れを告げ、改革開放を実践する新型社会主義の道を歩み始めました。ソ連が1991年に解体して間もなく、1992年には新たなラウンドの改革開放の道を切り開き始めました。そして2012年、習近平はチャイナドリームを提起し、中国はより大きな前進を目指しているのです。ソ連の〝歴史の終焉〟、米国の〝歴史の停滞〟を経て、中国は空前の〝歴史の創新〟を始め、〝歴史の復興〟という使命に全面的に取り組むようになりました。ソ連モデルの社会主義、米国モデルの資本主義に対する〝歴史の超越〟という大事業です。従って、中国が米国に挑戦しているのではなく、中国が中国に挑戦したと私は主張します。中国自身が〝自らを創新しなければ衰退する〟という大国の盛衰をめぐる歴史的規律に挑戦したのです。

3　なぜ〝米国軍国主義〟を警戒する必要があるのか？

加藤　米国は、中国が世界のリーダーの地位獲得に挑戦することを恐れているからこそ中国を包囲し、封じ込めようとしている。劉大佐はこのようにお考えのようです。それでは、米国の中国に対する封じ込めは成功すると思われますか？　中米両国は競争の結果陥りうる戦争というリスクを防止すべきだと劉大佐はおっしゃいました。米国による軍事的封じ込め、とくに戦争という手段を用いた封じ込めを防止すべきだともおっしゃいました。中国の台頭にとって米国の存在や戦略とはそんなに恐ろしい、リスクを伴ったものなのでしょうか？　私から見て、中国自身が米国という存在を過剰に意識し、米国の戦略に過剰に反応しているような気がしてなりません。

劉　米国の覇権的地位やリーダーとしての地位は中国を包囲し、封じ込めることによって保持されてはならないのです。マラソン競技において、先頭を走っている選手は自らの能力と実力に依拠してそのポジションを守らなければならないのと同じです。他選手の走りを妨害することによって先頭のポジションを保持するものであってはなりません。

どうすれば中国の封じ込めに成功するのか？　これは米国が21世紀に直面する最大の難題と言えるでしょう。中国の成功的台頭を前に、米国の戦略的智慧は力及ばずのように見えます。米国の戦略的智慧は現状では熱戦と冷戦という二つに停留しているようです。前者は戦争に依って中国を叩きのめすこと。後者は時間をかけた冷戦によって中国の台頭を遅らせる、あるいは崩壊させることです。この二つの戦いはいずれも中国に対しては役に立ちません。中国に戦争をしかけて米国は勝てるでしょうか？　中国は米国と地の果てまで戦い尽くす能力を持っています。これこそが米国に戦争を発動させないために中国側が持つ最大の抑止力です。或いは、今一度50年にもおよぶ冷戦をやりますか？　あと30年もすればチャイナドリームは実現してしまいますよ。中国を封じ込めるのであれば、この10年が米国にとって最も有利なタイミングということです。なぜなら、現在であれば中国と米国の間には比較的大きな国力の差が存在するからです。しかし一方で考えてみましょう。習近平時代において、米国は中国に勝てるでしょうか？　10年後、米国が中国を封じ込めようという議論は食卓の席における談笑に過ぎなくなるにちがいありません。実際に、米国と中国が共存するための最良の戦略は〝平和的共存・良性的競争・協力的ウィンウィン〟であるというのが私の考えです。もちろん、そのためには米国側が思想を解放し、自らを改革し、〝覇権国家〟から〝正常国家〟への転換を実現する必要があります。

私は新型中米関係の建設に自信を持っています。なぜならそれしか道がないからです。他の道はすべて死に続くでしょう。ここでひとつだけ特筆・称賛に値するのは、米国という国家が世界大戦を発動したことのない国家だという歴史的事実です。21世紀を通じても米国にはこの〝世界大戦を発動しない〟という良い伝統を貫いて欲しいものです。しかしながら、米国国内において軍人が政治に干渉するという傾向は深刻であり、対中開戦という風潮の存在はリスクであるように映ります。特に、数名の高級将軍が政治の前面に出てきて戦争を主張するようになればそれは危険信号と言えるでしょう。昨今における私の心境を正直に申し上げましょう。私は日本が軍国主義という以前通った道を再び行くことを懸念していますが、より懸念しているのは米国が軍国主義という邪悪な道へと一歩を踏み出すことです。米国における対中開戦を主張するハイクラスな軍人たちは危険な存在であり、仮に彼らの戦争をめぐる主張が米国の政策決定者たちの考えに影響すれば危険度は更に高まると言えるでしょう。

中国は米国と日本による〝全面的封じ込め〟、〝軍事的封じ込め〟、〝戦略的封じ込め〟という3種の封じ込めに対応していかなければならないのです。

4　米国はなぜ中国に勝てないか？

加藤　習近平氏が国家主席に就任してまもない頃、私が劉大佐に「米国が直面している最大の問題は何だと思いますか？」と伺ったのを覚えていますか？　劉大佐は単刀直入に「それは〝戦略的危機〟だ」とお答えになり、「中米関係をめぐって、中国側は〝新型大国関係〟を提起したが、米国は何も提起してこない。仮に私が米国の大統領であれば、少なくとも〝平和的封じ込め論〟くらいは提起し、米国は少なくとも戦争によって中国を封じ込めないことを保証するだろう」と説明されました。〝平和的封じ込め論〟。非常に印象に残っています。あれから少し時間が経ちましたが、現在、そして将来の一定期間において、米国最大の危機は何だとお考えですか？　また、米国の戦略的危機はどのようにして発生し、どこへ向かっていくのか？　米国には劉大佐が指摘する最大の危機を克服する意志と能力があるのかどうか？　どうお考えですか？　また、差し支えなければ、中国の最大の危機についてもお聞かせください。劉大佐からご覧になって、中国と米国のような大国にとって、ドリーム（夢）とクライシス（危機）の関係性はどのように形成されるのでしょうか？

劉　米国の危機はまずは〝戦略的危機〟に反映されているという考えに全く変わりはありません。加藤さんもご覧になったでしょう。習近平時代の中国は地域関係、国際関係、中米関係を問わずパッケージとしての戦略的思想を提起してきており、中国の特色ある戦略的体系を形成しています。これらの体系の根本的な特徴は何かと言えば、冷戦的思考に別れを告げ、戦略的思考という次元においてイノベーションを図ることです。一方の米国はどうでしょうか？　依然として同盟戦略、軍事戦略、そして中国に対する封じ込め戦略、当時ソ連と覇権を争っていた頃の冷戦的思考・戦略となんら変わりはありません。冷戦後、米国はシリコンバレーのハイテク分野でブレークスルーを達成しましたが、ワシントンDCのホワイトハウスでは如何なる戦略的イノベーションも実現していません。新しいものを出せないということです。私から見て、〝イノベーション型国家〟にとって最も主要なイノベーションはナショナルグランドストラテジー（国家大戦略）という次元において成されるべきです。米国はこの大戦略において旧態依然とした停滞状況にあり、米国の戦略的危機を形成している。これが私の理解であり解釈です。

米国の戦略的危機は米国人の〝戦略的智慧〟が遅れているという現状を暴露するものです。米国は物質的には先進国でありますが、戦略的智慧の生産という意味でも過去には栄光といえるものを創造してきました。米国には世界で最も先進的な〝シンクタンク産業〟があり、〝シンクタンク大国〟・〝シンクタンク強国〟とも呼ばれています。しかしながら、冷戦終結後、米国のシンクタンクは米国や世界にどのような戦略的商品をもたらしたといえるでしょう？　最も突出した商品は〝歴史の終焉論〟であり〝文明の衝突論〟であり、〝中国封じ込め論〟です。この三つの理論は本質的にすべて新旧〝冷戦論〟の範疇にあると言えます。

米国の戦略的智慧はなぜ旧冷戦・新冷戦の範疇から飛び出ることができないのでしょう？　私から見て、根本的な理由は米国の〝世界覇権〟に対する固執であり追求にあります。米国は長期的に世界覇権という特殊な地位と利益を享受してきており、世界覇権の地位を自らの国家の核心的利益として守ろうとしてきました。世界覇権は米国にとっての最高レベルの国益であり、最高レベルのスタンダードになっているのです。

従って、米国の戦略危機、智慧の危機を含め、結局は米国の〝覇権危機〟に端を発するということです。

米国の覇権危機が直面し、回答しなければならない問題は「21世紀、米国はどのような米国を建設し、米国はどのような世界を建設するか」、「21世紀、世界はどんな米国が必要で、人類はどんな世界が必要か」というものです。21世紀の世界に覇権の米国は必要ありません。21世紀の人類に覇権の世界も必要ありません。

しかし、現状として、米国の政治家の言動は、21世紀の米国は引き続き覇権国家として君臨し、21世紀の世界は米国の言ったように動く覇権世界でなければならないと示唆しています。〝覇権の危機〟はこうして起こるのです。

21世紀の中国と米国の競争の実質は世界覇権の継承ではなく、世界覇権の終結なのです。〝地球は米国について回る〟という時代は終結し、〝米国が地球について回る〟時代が始まるのです。20世紀ソ連に勝利した米国はなぜ21世紀において中国に勝てないことを宿命付けられているのでしょうか？　原因はとてもシンプルです。時代が変わったからです。21世紀は世界覇権の世紀を終結させる世紀なのです！

中国は21世紀にとって〝希望の国〟にならなければなりませんが、そんな中国にも危機は存在します。中国最大の危機は〝軍事的危機〟です。中米両国は現在〝戦略的決勝戦〟というレースの真っ只中にいます。中国自身について言えば、現在は〝戦略的機会〟、〝戦略的ラストスパート〟の時期に身を置いています。一方の米国は〝戦略的焦燥〟、〝戦略的リスク〟といった時期に身を置いています。中米両国は〝競争〟が〝戦争〟に変わるのを防ぎ、〝決勝〟が〝決戦〟

になることを防がなければなりません。これからの30年、特に今後10年において、中国は如何にして米国からの〝軍事的封じ込め〟に対応し、〝戦争による封じ込め〟を防止するか、これこそが中国が直面している最も切迫した戦略的課題なのです。

中国がチャイナドリームを実現する上で最大の危機である軍事危機にどう対応していくか。習近平主席は〝中国軍事大革命〟を発動するという形で答えています。一方の米国は如何にして米国の最大の危機である覇権危機を徹底的に克服するのか。米国はこの問題に対していまだ答えを出していないようです。

5　社会主義を中国より上手に行えて米国には初めて競争力が生まれる

加藤　昨今の米国と中国の世紀の競争は資本主義と社会主義の競争とも言えます。両者の比較や競争は十月革命から今日まで100年以上続いてきました。両者は互いに警戒、対抗する場合もあれば、それぞれから智慧や教訓を汲み取ろうとする時期も存在してきたと言えます。この意味で、私は個人的に中国の改革開放が中国の運命を変え、中国を発展させてこられた非常に重要な要因が、虚心坦懐に西側の資本主義国家の長所に学び、自らを充実させようとした点にあると思っています。一方で、米国が自らを発展させようとするプロセスを俯瞰してみたとき、「社会主義国家に学べ」というような掛け声や姿勢は見られないようです。社会主義国家が資本主義国家から学ぶものはあるが、その逆はない、或いはあり得ないということなのでしょうか。一方で、中国は依然として社会主義とは資本主義が高度に発展した行き先であり、社会主義のほうが資本主義よりも〝先進的〟であるという立場をイデオロギー的に保持しているようです。劉大佐はこのテーマをどうご覧になっていますか？

劉　一部米国人は〝中国の特色ある社会主義〟とは、実際には〝中国の特色ある資本主義〟であると理解しているようです。彼らは〝米国よりも資本主義的な国家こそが中国〟であると認識し、中国のほうが米国よりも上手に資本主義を行えるが故に米国を超えると懸念しているようです。もちろん、これは一種の誤解ですが、中国の特色ある社会主義には人類文明におけるすべての成果から教訓や果実を汲み取るという特徴があります。そこには資本主義文明の成果も含まれます。一方で米国の特色ある資本主義の危機は一つのイズム、すなわち資本主義だけに依存し、他のイズム、特に社会主義を排斥する点に見いだせます。

資本主義という分野内においても米国には包容力が欠けていると私は思っています。資本主義における自由放任主義や絶対的な自由を求める自由至上主義のみを追求・実行しようとし、節制、管理、計画のある資本主義を排斥しようとしているようです。結果は必然的に自分の中だけにこもった、活力と競争力を失ったものになるでしょう。〝イズム〟に頼るだけで米国を再生することはできません。

世界史において、資本主義と資産階級の出現はイノベーションであり、人類社会に巨大な発展と進歩をもたらしてくれました。しかし、原始的な資本主義から独占的な資本主義に移行するに連れて、資産階級は無産階級を残酷に圧迫・略奪し、結果、社会矛盾が激化し、社会的危機を招きました。どうすればいいかと人類が悩んでいる矢先、新たなイノベーションが生まれたのです。マルクスとエンゲルスが社会主義と共産主義を創造し、パリ・コミューン、十月革命、そして中国革命、国際共産主義運動、世界革命などが生まれる過程で多くの社会主義国家が出現するのです。私から見てマルクスのイノベーションとは社会主義の攻勢の下資本主義を衰退に追い込み、資産階級に対して自己革新しなければ革命の波に襲われるというショックを植え付けたことです。革新しなければ滅亡するということです。どうすればいいか？　答えは一つ、自らを革新し、時代に沿った資本主義の発展を追求することです。

そこで、世界の資本主義者たちは自己革新に取り組み始めました。ドイツのビスマルクは改革に着手し、労働者の生活保障や保険制度を構築しました。ビスマルクは自らの改革を〝白色革命〟と見なし、〝紅色革命〟に対抗しようとしました。結果、マルクスの生まれ故郷においてプロレタリアート革命は起こらず、ビスマルクによる〝福祉革命〟が起こりました。その後〝福祉国家〟や〝福祉資本主義〟は欧州で普及することになります。米国は1930年代からルーズベルトによるニューディールを行いましたが、あれは米国資本主義が大きな危機を前にして取り組んだ大革新だったと振り返ることができるでしょう。

米国とソ連の両極対抗情勢において、世界資本主義は依然として比較的謙虚な姿勢を保ち、不断に自己革新をしていったように思います。一方のソ連モデルの社会主義は自らの中に閉じこもり、傲慢自大になり、腐りきった資本主義はそのうち滅びる、先進的な社会主義は勝利を手にするのを待てばいいと思い込むようになります。ソ連社会主義は後半の数十年間自己革新をすることなく、結果団結力や競争力を失い、米国資本主義に先んじて失敗するに至ったのです。

ソ連モデル社会主義の失敗は米国に冷戦の勝利をもたらしました。ただ勝利後の米国は当時のソ連のように傲慢自大に陥り、自らの中に閉じこもるようになります。米国の専門家は《歴史の終焉》を書き、世界史に終焉が来た、米国の制度こそが人類史の頂点であるから、更なる革新は必要ないと思い込むようになります。この過程で、本来は比較的謙虚で新しい事象を吸収することに長けていた米国資本主義が傲慢になり、以前のイノベーション精神を使って金融腐敗などの邪悪な道を歩むようになり、結果衰退し、ジレンマや危機に陥るようになります。

そんな時に台頭してきたのが中国です。中国の特色ある社会主義はソ連モデルが荒廃する状況下で急速に台頭しますが、米国の特色ある資本主義は第二次世界大戦以来最大のジレンマに陥ります。米国が中国の特色ある社会主義をいわゆる〝縁故資本主義〟だと攻撃するなか、世界世論は米国の資本主義を〝ヤクザ資本主義〟、〝詐欺資本主義〟、〝ワガママ資本主義〟などと声を上げて非難するという構図が生まれます。

私が言いたいことは、社会主義の未来はイノベーションにかかっており、資本主義の未来もイノベーションにかかっているということです。イノベーションのためには自らを超越し、相手に学ばなければなりません。中国改革開放の最大の特徴は米国に学び、資本主義に学んだことです。米国が競争力を増強するためには中国に学び、社会主義に学ばなければならないということです。中国よりも社会主義を上手に行えるようになって、米国は初めて競争力を手にすることになるでしょう。

6　中国は〝三つのシナリオ〟を想定して米国に挑まなければならない

加藤　中国共産党が米中関係をマネージしていく上で〝新型大国関係〟というアイデアを提起したことは、その内容や動機はともかく、意義深いことだと私も思います。中国は米国を追っていく身ですから、自分からどんどんボールを投げていかなくては勝負にならないという立場も影響しているでしょうし、極端な言い方をすれば、失うものはなにもないという割り切り感も持っているような気がします。そんな中国を受けて立つ米国は〝新型大国関係〟に対して、首を縦に振って同意することもなければ、首を横に振って反対することもありません。賛成もせず、拒否もせずという立場を静かに保持しながら、中国の出方や状況を見守っているように私には見えます。劉大佐から見て、米国の米中関係に対するボトムラインはどこにあるとお考えですか？　また大きな質問になりますが、米中関係の将来の方向性をどのようにご覧になっていますか？　中国が米国に挑んでいく上でどのような選択肢が用意されているのでしょうか？

劉　21世紀の中米関係にはいろんな不確定要素が存在するものの、究極的には3種類の関係がシナリオとして予測されます。中国はそこに対してそれぞれ準備をしなければなりません。

一つ目は〝新型大国関係〟です。米国が遅かれ早かれ、主体的あるいは受動的に中国と新型大国関係を構築しようとするシナリオです。ただこのシナリオは米国に覇権国家から非覇権国家になることを要求します。このシナリオでは世界が覇権世界から非覇権世界になる希望が生まれてきます。

二つ目が〝新型冷戦関係〟です。〝半冷戦関係〟とも言えるでしょう。このシナリオにおいて、中国は終始米国と新型大国関係を構築すべく堅持しますが、米国は冷戦的思考に固執し、冷戦的な戦略で中国を封じ込めようとします。この新型冷戦モデルが旧型冷戦モデルと異なるのは、一方は冷戦を堅持し、もう一方は冷戦しようとしない、つまり〝半冷戦〟の局面が形成されるということです。２０１０年に中国が経済総量で日本を追い抜き世界の銀メダル国家になってからというもの、米国は中国を第二のソ連と見なし、中国に冷戦を仕掛け始めました。冷戦的思考を防止し、中米関係が第二の冷戦になるのを防止すべきだという意見がありますが、実際のところ、米国はすでに中国に第二の冷戦を仕掛け始め、5年以上が経っています。しかも、米国の中国に対する温度はソ連時代の冷戦よりも低いようです。米国は当時のソ連を相手に慎重な冷戦を展開していましたが、今日の中国には大鉈を振るっています。例えば米国の軍艦や戦闘機を南シナ海へ派遣し中国を挑発したりしています。これはもはや冷戦ではなく熱戦をも彷彿とさせる衝動を内包していると言えます。一方の中国は終始新型大国関係を運用しつつ米国の冷戦思考・戦略に対応しようとしています。従って、21世紀以来、特に最近5年の中米関係は実際のところ〝半冷戦関係＋貿易関係〟だと総括できます。今日の中米関係と当時の米ソ関係は二つの点で異なります。一つは米ソ双方が冷戦思考・戦略を持っていましたが、今日の米中関係は一方が新型大国関係の思考を、もう一方が冷戦思考を堅持しているという状況です。もう一つは当時の米ソは政治、軍事、経済いずれも二つの陣営に分かれて進行しており、真の貿易関係は存在しませんでした。一方今日の中米両国は経済グローバリゼーションのなかで経済協力や貿易交流を行っているという状況です。

三つ目が〝軍事決戦関係〟です。米国のアジア太平洋リバランス戦略とは米国が設計・推進する中国を封じ込めるための軍事戦略にほかならず、中国に〝決戦〟を挑む戦略だと私は言い切ります。米国の戦略家たちが最も焦っているのは米国の世界的覇権地位を死守することであり、彼らの脳裏に生じる最も危険な戦略的衝動が中国と一戦を交えることです。米国の高級軍人の中には中国を石器時代へと打ち返してやろうということを発言する人間もいます。私自身は中米が新型大国関係を構築できることを期待しています。中国の台頭を前に、米国でかつてのドイツファシズムや日本軍国主義が生まれないことを祈るばかりです。とはいうものの、米国で中国に対する戦争主義的風潮が出現している状況に対して、高度に警戒し、断固として食い止める準備と覚悟が中国には求められています。私は、政府や国会で対中国開戦を主張するような人間はすぐにでも解任せよと米国の大統領に提言する次第です。

要するに、米国に挑むために、中国は（1）新型大国関係の推進に尽力すること、（2）冷戦関係に断固として反対すること、（3）戦争関係を効果的に防止し、対応することの三手を準備する必要があるのです。

中国人民解放軍の夢とチャイナドリーム

1　習近平が〝第三代解放軍〟を形作る

加藤　劉大佐は以前私に中国には〝エリート危機〟が存在するとおっしゃっていました。中国が世界の大国になり、国際社会で然るべき役割を担っていくという観点からすれば、中国国内におけるエリートの状態は問題であり、資格に欠ける、多くを改善しなければならない。私はそのように理解しましたが正しいでしょうか？　私はチャイナドリームの実現とエリートの役割というテーマに非常に関心を持っています。前回よりも具体的に中国エリートのどこがどのように問題なのか説明していただけますか？

劉　人類の歴史を俯瞰してみると、偉大な時代、偉大な事業にはかならず偉大なる人物が関わっていることがわかります。米国の偉大性はワシントン、リンカーン、ルーズベルトといった偉大なる人物と連携しているのです。偉大なる人物なき民族は偉大なる民族にはなりえません。中国古代に秦の始皇帝や漢の武帝といった偉大なる政治家がいなければ当時の栄光は達成しえませんでした。20世紀以来、仮に中国に毛沢東、鄧小平、習近平といった偉大なる人物が出現しなければ、今日のような奇跡、およびチャイナドリームの実現に向かう未来は存在し得なかったでしょう。

私は2010年1月に出版した『中国夢』において、「大国の台頭にとっての肝心はエリートの台頭である。とりわけ政治エリートこそが国家の命運を左右する」と主張しました。政治エリートの危機こそが最も致命的な危機だと言えます。私から見て、中国の政治エリートの危機は大きく三つの分野に突出しています。一つ目は政治エリートが〝信念上の異端階級〟になってしまっていること。二つ目は政治エリートが〝能力上の凡庸階級〟になってしまっていること。三つ目は政治エリートが〝利益上の特権階級〟になってしまっていることです。この三つは実際にソ連エリートが党や国を滅ぼした原因として中国にとっては深い教訓とすべきものです。中国の一部政治エリートが高度に腐敗している現状に対する警告でもあります。

中国の軍人として言わせてください。改革開放から30年以上の月日が経ちましたが、軍事エリートの危機は驚くほどに深刻であると私は断言します。病状は主に三つあります。一つは〝平和病〟、彼らは闘うための思想に欠けています。二つに〝腐敗病〟、二人の中央軍事委員会副主席が腐敗を誘発・リードし、カネの力で将軍を生ませてきました。軍隊の中における〝人身売買〟という現象は極めて深刻です。三つに〝凡庸病〟、部下を引き連れ闘う能力に欠けているにも関わらず、コネを作り、賄賂や腐敗で自らを昇進させる能力だけには長けている。一連の腐敗分子・投機分子らが軍隊のなかで好き勝手やっている。こんな状況が許されるわけがないでしょう。このような危機的状況を前に、習近平主席は全党・全軍反腐敗を徹底し、戦い方を知っていて、戦う意志のある優秀な軍事人材を重用するシステムを構築しようとしています。軍隊は人民に信頼される組織でなければならない。我が人民解放軍は〝構造病〟をガバナンスし始め、軍事大革命を推進しようとしているのが現状です。

習近平時代は〝第三代解放軍〟を形作らなければなりません。つまり、解放軍を戦争の時代に政権を獲得した〝革命軍〟、新中国建国以降領土や辺境を守るための〝国防軍〟からチャイナドリームをリードする世界の〝首強軍〟に進化させるのです。世界で最も強靭なこの軍隊は、中国の国家安全を有効に守ると同時に、地域や世界の平和を有力に守る能力をもたなければならないのです。

2　中国の軍事力が米国を超越することは世界平和にとって有利である

加藤　劉大佐はご著書のなかでも私との議論のなかでも一貫して「中国が強大になって、世界は初めて平和になる。中国の台頭は中国、米国、世界いずれにとっても良いことだ」という主張をなされてきました。一方で世界史を振り返ってみると、既存の大国と台頭する大国の関係は複雑であり、武力衝突にまで発展することもあります。特に、国益の衝突以外に、イデオロギー上の対抗が重なるとそれは厄介であり、ある程度の衝突や摩擦は避けられないようにも思いますし、実際に、国際社会でそういう視角からポスト冷戦時代における米中間の攻防を眺めている世界市民は少なくないように思います。事実、米国は自由民主主義という価値観に基づいた資本主義国家であり、中国はマルクス・レーニン主義というイデオロギーに基づいた社会主義国家です。この違いは米国の中国に対する根本的な不信感と無関係でないどころか、不信を増強させる核心的要素であるというのは否定できないところでしょう。米国人、特に戦略家たちのなかで「中国の軍事力が米国を超越して、世界平和は初めて保証される」という劉大佐の主張に賛同する人間は皆無に近いのではないかと私は思います。日本でもほとんどいないでしょう。あのキッシンジャー博士から〝必勝主義者〟(triumphalist)と呼ばれた劉大佐はこれらの人間をどう説得しますか？　何を根拠に劉大佐の主張こそが真実的展望であると納得させるのでしょうか？

劉　既存の大国と台頭する大国の間で衝突や戦争は避けられないとする理論があります。それは一種の鉄の規律のようにさえ認識されることもあるようです。習近平主席が新型大国関係を提唱する動機は、まさにこの鉄の規律を打破することにあるのです。

20世紀前半に発生した二つの世界大戦はまさに台頭する大国の既存の大国への挑戦であり、鉄の規律を演出するものでした。しかし、国際関係におけるこの鉄の規律には鉄ではない部分も存在しますし、規律そのものも変化しうるのです。国際関係において鉄の規律を変える二つの大きな奇跡がすでに起こっています。一つの奇跡は英国と米国の間における世界覇権の地位の平和的更迭です。もう一つの奇跡が米国とソ連の間における半世紀におよぶ冷戦です。今日の人々は冷戦的思考を批判し、未来の世界は冷戦の再現を防止すべきだと主張しますが、国際関係が進化するプロセスから見れば、米国とソ連の間で発生した冷戦は、既存の大国と台頭する大国の関係処理という点でまぎれもなく一つの奇跡だったと振り返ることができます。終始対抗と衝突の側面を〝冷戦〟という次元に制限し、〝熱戦〟を回避し、〝大戦〟は絶対にやらないというものです。冷戦期間中の世界は冷戦が終わってから現在に至るまでの世界よりもかなり平和であったと私は考えています。

21世紀における〝既存の大国〟と〝台頭する大国〟は国際関係での3回目の奇跡を創造するための条件を十分擁していると言えます。それこそが中国と米国が新型大国関係を構築することにほかなりません。英国と米国よりも平和的に国家的地位の変化・転換・過渡を実現することです。世界大戦や米ソ冷戦といった歴史的教訓の上に立って中米協力ウィンウィンの新型大国関係を創造するのです。生きるか死ぬかの〝殺し合い型〟（世界大戦モデル）でもなく、勝つか負けるかの〝ボクシング型〟（冷戦モデル）でもない、競争の中でウィンウィンを追求する〝陸上競技型〟のモデルを創造するのです。これは既存の大国と台頭する大国が共同で進化するプロセスであり、国際社会にとっての福音になるでしょう。

〝軍事レース〟という理論があります。中国が強軍の夢を語ると、すぐに〝世界的軍事レースを加速させる動き〟という具合に捉えられます。ただ実際は、米国こそが世界軍事レースの企画者、設計者、推進者であり、レースを引っ張ってきた選手であり、金メダル獲得者であり続けました。冷戦後、戦争を発動したのが最も多い国家は米国です。軍事力が最も強大なのは米国です。世界各国に最も多くの武器を売却しているのは米国です。軍事技術の発展が最も早いのは米国です。軍事費が最も多いのも米国です。米国は冷戦時代にソ連と軍事レースを競いましたが、冷戦後になると自分自身とそのレースを競っているように見えます。米国は最大の軍事力を持って中国を包囲し、封じ込めようとしています。この状況下で中国が安全と平和を必要とするのであれば、国際軍事競争の戦略的主導権を手中に収めなければならないということです。

中国が平和的に台頭するためには、軍事的に台頭しなければなりません。中華民族が偉大なる復興を実現するためには、軍事的復興を実現しなければなりません。中国の軍事力が一刻も早く米国に追いつき、追い越さなければ、中国の安全に保障はなく、世界の平和にも保障はありません。世界最強の国家になる資格がどうして米国だけにありましょうか。現在、中国が経済の総量で米国を超えると言ってもだれも驚かなくなっています。しかし中国が軍事力で米国を超えると言うとみな唖然とするようです。実際のところ、中国が軍事力で米国を超えることは正常なことです。超えなければならないだけでなく、スピードを上げて、自らにムチを打ちながら、絶対に超えなければならないのです。

中国の軍事力はなぜ米国に追いつき、追い越さなければならないのでしょう。それは、米国は政治、経済、外交、文化などで中国と争っても特にアドバンテージを得られないからです。米国最大のアドバンテージは軍事であり、米国は軍事力においてこそ中国を圧倒しようとするのです。相手がそう来ている状況下で、中国が米国に追いつき追い越すことを目標としないわけにいくでしょうか？　また、米国が中国を封じ込めようとする際、依拠するのは米国の国力だけでなく、軍事同盟を活用します。集団的同盟の総力をかけて中国という個別国家を包囲し封じ込めようとしているのです。中国が軍事力で米国を超えなければならないのは、米国を攻撃するためではなく、米国に攻撃されないためなのです。中国が強大になればなるほど、米国は手を出しにくくなります。競争は生まれても戦争にはなりにくくなるのです。中国が強大になればなるほど米国は規律を守り、文明を重んじ、中国と友好的になるということです。

皆さんは「米国は民主主義国家である」という概念を聞いてそれは素晴らしいと喝采を送ります。しかし、「米国は覇権主義国家であり、戦争主義国家である」という事実には目を向けようとしません。実際に、冷戦後世界各地で起こった戦争をご覧になってください。どの戦争が中国によって発動されたものでしょうか。どの戦争が米国と全く無関係でしょうか？　米国は、戦争は打ち出せるかもしれませんが平和は打ち出せていません。一部地域の戦争や動乱を見れば、米国という国家は戦争を発動することはできても終結させることはできていません。米国は戦場における勝利は得られても、地域における平和は得られません。軍事手段によって地域の現状を変えることはできても、平和的方法によって地域に未来を創造することはできません。これが現状なのです。

中国の経済総量が米国に追いつき、追い越すことによって世界に繁栄がもたらされることはすでに証明済みですし、これからもそうあり続けるでしょう。そして、私がここで言いたいのは、中国の軍事力が米国に追いつき追い越すことで世界に平和がもたらされるということです。

鄧小平は「中国は世界平和を守る重要なパワーである」と言いました。中国が強大になればなるほど世界平和に有利に働くという意味です。鄧小平のこの戦略的思考に基づいて私の考えを述べれば、「中国が最も強大である状況は世界平和に最も有利な局面である」となります。

3 〝台湾独立〟という暴挙は〝中国統一戦争〟を必然的に誘発する

加藤 私は日頃中国の党・政府・軍の関係者や、知識人などと議論をする際に「チャイナドリームを実現するには台湾問題を解決しなければならない。この時代、どこの世界に国家が分裂状態にある大国がいるだろうか」という類の主張をしばしば耳にします。2016年1月の台湾総統・立法委員ダブル選挙では国民党が大敗し、民進党が完全執政を担うようになりました。劉大佐は台湾問題の今後の展開をどのようにご覧になっていますか？　民進党による完全執政という新たな局面は中国がチャイナドリームを実現するプロセスにどのように影響するとお考えですか？

劉 チャイナドリームとは統一の夢であり、台湾独立の夢とは分裂の夢です。このような〝一国両夢〟の対峙状況が続いていけば、最終結果は〝統一の夢〟が〝台湾独立の夢〟を粉砕することになるのは火を見るより明らかです。

チャイナドリーム、強軍の夢にとってとても重要な任務は統一の夢を実現することです。ここで一つ問題を考えてみましょう。中国は先ず台頭してその後統一するか、それとも先ず統一してその後台頭するのか。この問題は研究するに値しますが、現段階で肯定できることが二つあります。一つ目は、中国台頭の過程において台湾独立勢力が国家を分裂させ、台湾を中国から分裂させるようなことになれば、中国人民解放軍は断固として武力で分裂を制止しなければならず、軍事的手段を用いて国家の統一を守り、実現しなければならないということ。二つ目はチャイナドリームを実現する上での重要な指標が中国統一の夢の実現であり、統一の夢が実現していない状況下でチャイナドリームは実現し得ないということです。私はここで断言します。２０４９年、つまり新中国建国百周年がチャイナドリームを実現する上での最終年度であるということは、その年がすなわち統一の夢を実現する最終年度であるということです。中華民族の〝偉大なる復興〟の実現のためには、まずは中国の〝偉大なる統一〟を実現することが絶対不可欠なのだということです。

私は自身が編集長を務める、２０１６年に創刊した刊行物『中国夢』第四期において「米国統一戦争の中国へのインプリケーション：台湾独立は必然的に中国統一戦争を誘発する」を発表し、〝中国統一戦争〟という概念を提起しました。同文において、中国人民は20世紀に〝抗日戦争〟、〝解放戦争〟、〝朝鮮戦争〟を行ったが、21世紀に統一の夢を実現する過程で〝中国統一戦争〟を闘うための準備をしなければならないと強調しました。19世紀の米国は南北分裂を制止するため、米国の統一を守るために4年間におよぶ〝米国統一戦争〟を闘いました。米国が分裂勢力を制止し、国家の統一を守るためにとった行動は中国にとっても教訓に富んでいると言えます。中国は米国に学ぶべきです。

先にも提起しましたが、台湾問題を解決し、国家統一を実現するためには二つの方法しかありません。一つは平和的統一、もう一つは武力的統一です。我々の願望は平和的統一でありますが、統一は平和よりも高尚であり、平和的手段を用いて分裂を制止出来ず、統一を実現できない場合、我々は平和のために統一を放棄することはできません。平和のために統一を犠牲にすることもできません。平和のために統一を無期限延期することもできません。

武力による統一、戦争による統一は巨大な代償を払わなければならないでしょう。しかし、台湾独立勢力が国家からの分裂を決心し、どうしようもない、他に選択肢がない状況下において、中国は〝中国統一戦争〟の旗を高らかに掲げ、断固たる決意と気概を持って武力による統一、戦争による統一を行わなければならないのです。

従って、中国人民解放軍は〝中国統一戦争〟を闘うための準備をしなければならないのです。

第4章　世界一の政党を目指す中国共産党

中国共産党最大のアドバンテージは問題解決能力である（劉明福）

加藤　改革開放以来、中国の発展は確かに目覚ましいものがあります。〝中国崩壊論〟が唱えられるなかそれでも崩壊せず、〝中国脅威論〟が唱えられるなかそれでも世界経済における存在感や影響力を増しています。国際社会としてももう少し正確に中国を分析・判断する術を持たなければならないと個人的に感じる今日この頃です。中国共産党として目覚ましい成果を挙げているのは事実ですが、直面している問題も多く、なかには相当深刻な問題もあるでしょう。経済成長の低迷、環境汚染、腐敗問題、資源問題、都市問題、台湾問題、米中関係、日中関係、南シナ海問題、そして北朝鮮問題などです。劉大佐は軍人学者として以前から大きな思考、大きな局面から大きな問題、大きな戦略を研究しなければならないと述べられてきました。劉大佐は中国の台頭や民族の復興に何の疑問も抱いておらず、自信に満ち溢れているように見えます。そんな劉大佐にとっても、中国がチャイナドリームを実現する過程で何らかの不安や懸念事項というのはあるのですか？　チャイナドリームの未来に不安要素を感じることはないのですか？

劉　加藤さんが言うように、問題は客観的に存在します。我々もそこから目をそらすわけにはいきません。中国が直面する問題は大きく分けて3種類にカテゴライズ出来ると思います。一つ目は歴史が残した問題、つまり過去における発展の過程で蓄積してきた問題。二つ目が発展する過程で新たに出現する問題。三つ目が外部環境や国際的要素による干渉や影響によって出現、激化、悪化する問題です。

発展とは何でしょうか？　進歩とは何でしょうか？　発展と進歩の実質は問題や矛盾を解決することにあります。一国家の活力や潜在力、一政党のガバナンス力にとっての肝心はどれだけ多くの矛盾や問題に直面するかではなく、どれだけ大きな壁にぶつかるかでもない。壁を打ち砕くための突破力や思考力、そして問題や矛盾を解決できる能力がどれだけあるかに見いだせるのです。

私は中国共産党のアドバンテージはまさにこの能力に凝縮されていると考えているのです。アヘン戦争以降の100年強においてあらゆるタイプの政治的な人物や勢力が登場しましたが、中国を真に発展・前進させたのは中国共産党です。1921年の中国共産党結党から2049年のチャイナドリーム実現まで128年の時間がありますが、この時間を四つの30年に分けてみることができます。

最初の30年は1921〜49年で、中国共産党は中国が100年以上ぶつかってきた三大矛盾を解決し、三つの大きな壁を克服しました。それらは帝国主義、封建主義、官僚資本主義で、半封建・半植民地だった古い中国を独立自主の新中国へと転換させせました。

次の30年は1949〜78年で、中国共産党の指導者たちは新中国を指揮し、国家の安全を死守し、国家の発展を推進する過程で、新中国を貧しく遅れた途上国から、原子爆弾、水素爆弾、人工衛星、原子力潜水艦を持つ世界大国へと進化させ、米国、ソ連、中国という大三角のなかで戦略的役割を発揮し、世界平和に貢献する国家へと導きました。

三つ目の30年は１９７８～２０１２年で、中国共産党は30年以上改革開放を指導し、高度経済成長を実現し、世界経済成長にとっての奇跡を創造し、中国を世界第二の経済大国へと導きました。

そして四つ目の30年が２０１２～４９年で、中華民族の偉大なる復興というチャイナドリームを実現し、中国を世界の金メダル国家へ導くのです。

世界近代史のなかで政党制度が生まれて以来、どこの国家のどの政党が中国共産党のように、これだけの時間内にこれだけ多くの深刻な矛盾や問題を解決できたでしょうか。

現在世界中が習近平時代に注目していますが、私は習近平が過去の3年間の執政プロセスにおいて上げた業績や成果、国内外で示した影響力は、中国の未来が明るいことを物語るものだと考えています。ひとつの世界大国の前途や命運を判断する際には、直面している問題や矛盾だけでなく、問題や矛盾を解決するための戦略的思考や理論的イノベーション、科学的に問題を解決できる素養や能力を見なければなりません。今日の中国は、発展の成果は存在している問題よりも多く、直面している機会は矛盾よりも多く、問題解決の方法は困難よりも多く、困難に打ち勝つ有利な条件は不利な条件よりも多いです。そして今日の中国共産党は多くの困難に対して創造力を持って挑むことができる政党なのです。

問題、矛盾には二つの性質があります。

一つは解決が不可能な矛盾や問題。もう一つが前進する過程で直面する矛盾や問題です。世界共通の利益に符合し、時代の潮流に順応する矛盾や問題は努力によって解決できる性質のものです。逆にそうではない矛盾や問題は解決が不可能です。例えば、世界覇権国家が自らの覇権的地位を永遠に保持し続けたいとして、その中で覇権のジレンマや衰退といった問題に直面します。このような矛盾や問題は解決が不可能であり、覇権を放棄するしかありません。

と同時に、我々は問題の背後に潜む問題に目を向けなければなりません。中国問題の背後に潜む米国問題、中国問題の背後に潜む日本問題に目を向けなければならないということです。中国が今日直面している多くの問題や矛盾は表面的には〝中国問題〟ですが、実際は〝米国要素〟、〝日本要素〟であったりします。例えば、東シナ海問題、南シナ海問題、台湾海峡問題などは中国問題であるというだけでなく、米国や日本が連携して干渉し、問題を複雑化、軍事化、そして戦争化している性質のものにほかなりません。

以上が私の〝問題観〟です。私は〝マルクス主義問題観〟を主張し、〝覇権主義問題観〟に反対します。今日の世界覇権国家は問題を製造はするが解決はしない。それこそが昨今の世界における最大の問題であり、国際社会において多くの問題を生む問題の根源です。21世紀、全世界は手を携えて、世界最大の問題である〝覇権主義問題〟を解決しなければならないのです。

米国をコピーするやり方では中国は復興しない（劉明福）

加藤　中国政治をウォッチしてきた一人の外国人として、劉大佐とのこの共同作業において聞かないわけにはいかない質問があります。おそらく世界中の人々が漠然と疑問に思っている問題であり、21世紀の人類社会にとって最大の謎とも言える問いです。現在、西側先進国を中心に、世界中で多くの国家が紆余曲折を経ながらも民主主義政治体制を採用しています。米国モデルである必要は必ずしもありませんが、どのようなモデルであっても、三権分立による司法の独立、言論の自由が保障され、自由で公正な民主選挙によって選ばれた議員によって構成される議会が多党制政治を形成している。そして軍隊は国家に属している。これらの国家は経済的には基本的に資本主義体制を採用しています。それでは、中国は現代国家になる過程でこれらの民主主義政治体制と価値観を持つ国家とどのように付き合っていくのでしょうか？　今となっては、社会主義国家は残り少なくなっています。北朝鮮、ベトナム、ラオス、キューバといったところでしょうか。私の考えでは、中国が世界的な大国になり、とりわけ世界各国を引っ張っていくためには、政治体制や価値観念といった分野で海外諸国や国際社会を魅了しなければならないでしょう。この点において、表現の仕方は悪いかもしれませんが、中国は体制や価値観の分野での友人は多くなく、米国よりも大分少ないのが現状でしょう。中国の指導者はこのような指摘に反対するでしょうが、少なくとも私から見ればこれが現状であり、現実です。習近平総書記の重要談話などを眺める限り、中国共産党は自らの体制や価値観を普及させる上での立場は「治国の経験は共有するが、モデルは輸出しない」というものであるようです。いずれにせよ、中国が世界的大国になるプロセスは、政治体制や価値観（或いはイデオロギー）において世界中で友人を獲得するプロセスと密接にリンクせざるを得ません。これこそがソフトパワーであり、発言権であり、影響力だからです。劉大佐はこの問題をどのように捉えておられますか？　中国は社会主義という今となっては〝例外的国家〟としての政治体制やイデオロギーを終始保持したまま世界第一の国家になれる自信があるのでしょうか？　国家の魅力という点で米国をも超える新しいタイプの超大国になれるという確信があるのでしょうか？

劉　21世紀の国際政治と人類の発展にとって最大の謎は米国ではなく中国である。私も全くそう考えています。現在、全世界が考えているのは中国がなぜ終始西側の政治体制を採用しないかではなく、西側の政治体制を採用していない中国がなぜ西側よりも効率がよく、早い発展を実現できるのかという問題です。なぜ米国をも羨望、嫉妬させ、恐怖心を抱かせるほどの〝チャイナミラクル〟が創造されたのかという問題です。中国の発展や台頭は西側の政治体制、特に米国の政治体制だけが発展や進歩をもたらすことができるという神話を打破したのです。西側戦略思想界は冷戦後とても拙速に、焦燥感を持って中国が崩壊し、第二のソ連になるのを待っていました。しかし、その後崩壊したのは彼らの幻想であり、中国が米国を超え、第二の米国となって、米国に取って代わって世界を主導するのではないかと、西側は心配するようになっていきました。その過程で、中国は世界の謎、特に米国にとって最大の謎となったのです。

先ほど加藤さんは昨今世界の多数国家、特に西側先進国は政治体制において三権分立を採用していて、中国のような社会主義を採用する国家は少数であり、中国の政治体制はその普及度という点で西側のそれにはるか及ばないと指摘しました。確かに、昨今の世界において社会主義国家は資本主義国家よりも少ないです。しかし、中国の政治体制は決して孤独ではありません。欧米すべての先進国に日本というアジアで最も先進的な国家を加えてもその総人口は中国の人口の半分を超えた程度です。14億人を生存、発展、台頭、復興させせられる体制は偉大な体制であるとは思いませんか。すでにすべてのユーラシア先進国を超え、世界最強の民主先進国である米国を急速に追いかけている東方の大国の体制が提供する競争力は巨大であるとは思いませんか。

我々は西側政治体制、特に米国政治体制への迷信を解かなければならない時期に差し掛かっています。21世紀に入り、米国政治モデルは三つの挑戦に直面しています。一つ目は中国モデルからの挑戦です。中国は多党制や三権分立を行わずに台頭した国家です。これは米国の政治モデルが〝一強〟ではないことを示しています。二つ目に米国自らの挑戦です。米国の民主主義体制は米国の経済危機を解決できず、米国国内の民主主義は米国の対外政策における覇権主義に対してチェック&バランス機能を果たせていません。米国の民主主義も米国の戦争を、対外侵略を、戦争主義を牽制できていません。三つ目に米国式民主主義を普及させようとして災難が発生している地域からの挑戦です。アフガニスタン、イラク、リビア、シリアなどの国家を見てください。中東地域において米国は独裁政府を転覆し、サダム・フセインやカダフィといった指導者を抹殺してきました。これらの国家へ民主主義を空疎に投入しようとし、銃弾を以って自由を植え付けようとし、投票という行為を送り届けようとしました。結果は、これらの国家は見るも無残な〝戦争国家〟へと変わり、長期的に混乱し、争いが絶えない〝恐怖国家〟へと変わり、多くの民衆が行き場を失った〝難民国家〟へと変わり、歴史的文物が徹底的に破壊された〝野蛮国家〟へと変わりました。現在、全世界にこのような国家は決してひとつではなく、多くあるのです。これらの国家は、米国が米国の政治モデルや価値観を普及しようとして生まれてきたのです。

チャイナドリームを実現するために頼るべきは改革とイノベーションです。しかし、改革とは中国を第二の米国にすることを指しません。仮に中国が米国のような政治モデルを模倣しようとすれば、中国は永遠に米国を超えられないでしょう。チャイナドリームは政治体制において西側の体制、特に米国の体制を模倣する夢ではなく、政治体制における改革とイノベーションにおいて二つの超越を成し遂げなければなりません。一つは自らを超越すること。もう一つは米国を超越することです。過去の自分よりも、米国よりももっと良い体制を創造することが我々に求められる政治改革なのです。

我々は米国が全世界における価値観の模範的代表でいる地位を打ち破らなければなりません。米国の価値観とは民主、法治、自由、平等、人権といったものでしょうか？　実際に、米国という世界で最も標準的な民主国家は人類の歴史の中で最強の覇権国家です。現在、世界でどこの国が米国を前にして平等でしょうか？　米国は法治を唱えていますが、この地球でどこの国が米国に対して法治を言い渡せるでしょうか？　米国は民主主義を普及させようとしていますが、一部国家の国民の生活や安心は破壊され、人々の生活や生存のための条件すら失われ、生命と安全すら保障されなくなっています。米国は他国を制裁しますが、だれが米国を制裁するのでしょうか？　この世界において最大の分裂は米国の同盟戦略によってもたらされたのです。この世界で最も多い戦乱や最大の人道主義的災難は米国によってもたらされたのです。米国のこのような価値観的模範は人類の価値観を破壊する罪人なのではありませんか。

中国は体制や価値観の分野での友人は多くなく、米国に遠く及ばないというのも表層に過ぎません。世界を見渡してみれば、米国にこそ友人はいないのです。米国には〝盟友〟はいます。

しかし朋友と盟友は異なる概念です。朋友は平等であり、第三者に向けたものではありません。しかし盟友とは同盟であり、分裂を意図するものであり、第三者に対するものであります。盟友には盟主、つまり親分がいて、指揮を振るい、ほかの盟友をコントロールしようとします。盟友たちは盟主に依存し、両者の関係は不平等な関係です。例えば、日本と米国の関係は朋友の関係ではなく、盟友の関係です。日本は米国の敗戦国、米国は戦後日本に対する占領国として、日本を制御し、指揮し、管理し、利用してきました。日米の関係は根本的に平等、独立、自主の朋友関係ではないのです。日本は米国の盟友国であり、依存国なのです。米国はそんな日本に立ち上がれと命じれば、日本が座り込むことなど決してできないような関係なのです。

一つの現象はより多くのことを説明できます。米国の敵は中国よりも多いということです。世界を俯瞰してみてください。中国の敵はいますか？　中国は同盟を結びませんし盟友も持ちません。中国は敵を作ることもしませんし、世界を敵に回すこともしません。しかし米国は異なります。一連の盟友を作り、一方では敵を作ります。米国は〝色の革命〟を行っては敵を作り、戦争を行っては敵を作り、新型の大国の台頭を封じ込めることで、自ら相手を敵にしてしまったりもしています。中国の国際価値観は〝新型大国関係〟、〝新型国際関係〟、〝人類運命共同体〟を構築することであり、世界各国を中国と平等な朋友と協力のパートナーだと見なすものです。この世界で最も友好的な国家は中国なのです。

中国の戦略的思考は〝和而不同〟、〝求同存異〟であり、米国の戦略的思考は〝求同排異〟〝党同伐異〟です。米国の戦略は朋友戦略ではなく盟友戦略であるのです。

21世紀、中国の特色ある社会主義と米国の特色ある資本主義は国際価値観の面で根本的な違いを持っています。中国は〝世界革命〟を行わず、中国共産党は米国や世界全体に自らの体制や価値観を普及させませんが、米国は引き続き〝世界革命〟を行い、米国の体制や価値観を中国や世界全体に普及させようとしています。現在、人々は米国による世界革命の悪質な結果を目にしています。米国はひとつまたひとつと他国を混乱に陥れ、難題を製造し、善良で無辜な人々を米国による世界革命の犠牲者にしてしまっています。

21世紀の中国は米国モデルを複製することはせず、チャイナドリームを実現した中国は中国モデルを世界に複製させようとはせず、米国を超越した中国は米国に中国の体制を複製させることもしません。十人十色の世界こそが美しい世界なのです。

長くなりましたが、最後に、3点を強調しておきたいと思います。

一つ目に、チャイナドリームを実現するためには中国共産党による領導が必須であり、〝多党制〟に依存した実現はあり得ないということ。

二つ目に、チャイナドリームを実現するためには中国の特色ある社会主義の道を進むことが必須であり、米国の特色ある資本主義による実現はあり得ないということ。

三つ目に、西側の政治体制によって中国を混乱させ、中国を罠にはめるやり方は中国においては成功し得ないということです。中国を封じ込めようとする国家は幻想を放棄しなければなりません。中国と新型大国関係という正しい道を行く以外に道は無いということです。

〝米国式民主主義〟はチャイナドリームにとっての毒薬である（劉明福）

加藤　劉大佐は以前米国の対内民主と対外覇権の関係性という問題について私に説明してください ました。米国の対外覇権に対しては中国を含めた国際社会は冷静な警戒心を保つべきであり、有力な反対と抵抗を示していくべきであるが、米国の対内民主に対しては中国も研究し参考にしていかなければならないというお考えだったと記憶しています。19世紀に米国を訪れ自らの脚で歩きながら考察を行ったフランスの政治思想家アレクシ・ド・トクヴィルの著作も読みましたが、「民主主義こそがアメリカンドリームの核心である」という感触と観察をもったようです。この考え方はその後多くのアメリカウォッチャー、そして何よりアメリカンシティズンになるべく世界中からやってくる移民たちの間の共通認識であるように思います。私自身もそう考えています。ここで劉大佐にお伺いします。中国が偉大なる復興を実現する過程でアメリカンドリームの核心的要素と言える民主主義からなにか学べるものはあるでしょうか？端的に言えば、チャイナドリームと民主主義の関係です。どうお考えでしょうか？

劉　まずは〝民主主義発言権〟に関してお話しさせてください。長期的に、米国は世界における民主主義発言権を独占し、世界に五つの印象を宣伝・形成してきました。（1）米国こそが民主主義国家の総本山である。（2）中国は民主主義国家ではなく、〝専制〟国家である。（3）中国が民主主義国家になるためには米国の政治体制を採用し、米国式の民主主義を〝複製〟しなければならない。（4）チャイナドリームとは民主主義の夢でなければならず、チャイナドリーム、民主主義の夢を実現するためには米国の政治体制を移植しなければならない。（5）最終的な結果として、チャイナドリームとは第二のアメリカンドリームである。この五つです。米国は民主主義〝発言権〟を独占し、民主主義のスタンダード〝決定権〟を掌握し、民主国家の〝鑑定権〟を掌握し、民主主義の〝審判権〟を掌握し、民主主義国家ライセンスの〝発行権〟を自ら作り出しました。すべての国家にとって、自らが民主主義国家であるかどうかを確認するためには米国へ赴いて登記し、米国による審査・承認を受けなければならなくなりました。

中国は古来世界に学ぶ伝統を持っています。古代中国の〝一帯一路〟は中国が世界と友好的関係を築き、世界に学ぶ進路でした。1840年以降においても、中国は世界、西側世界、特に英国と米国に学んできました。加藤さん、よく振り返ってみてください。アヘン戦争以降、中国の洋務運動は欧州国家の科学技術、特に軍事技術に学んだものでした。その後の維新変法運動は英国の立憲君主制を学ぶ運動でした。その後の辛亥革命は封建君主制を打倒しようというもので、フランス大革命に学んだ運動でした。辛亥革命後、孫文は中国の政治体制において欧州や米国の民主共和制に学びました。そこには大統領制、議会制、多党制などが含まれています。西側は三権分立でしたが、孫文は五権民主、つまり西側の民主主義よりももっと民主的な制度を作ろうと挑戦しました。中国共産党が指導した中国革命が学んだのは西側のマルクス主義と北側のレーニン主義でした。新中国建国後学んだのはソ連の計画経済でした。改革開放の実践において学んだのは欧州や米国の市場経済でした。要するに、学ぶべきものはすべて学んできたということです。これから、中国は世界の良いものをまだまだ学んでいかなければなりません。

しかしながら、世界に学ぶプロセスは中国の実際の国情と結合されなければなりません。中国の規律に従い、中国の特色を堅持し、中国による創造を擁さなければならないのです。欧州や米国が民主主義を実現する進路や各国の民主主義における特徴には区別が在るでしょう。チャイナドリームは疑いなく高度に民主的な夢です。中国の特色ある民主主義の夢です。私が言う高度な民主主義の〝高度〟は何処に在るのでしょうか？

一つ目は自らを超越するという意味での高度です。自らがこれまで築いてきた民主体制をより一層改革しなければなりません。

二つ目は英米を超越するという意味での高度です。英米の体制に学び、参考にしつつも複製はしない、移植もしない。英米の民主体制よりもより科学的、効率的であり、より真実に近い、人心を得られる、競争力と活力を備えた政治体制を創出するのです。

従って、チャイナドリームにおける民主主義の夢は中国がすでに持っているものを超える民主主義であり、かつ西側の民主主義、特に米国の民主主義モデルの限界と弊害を超えるものでなければなりません。それは中国により大きな政治的活力をもたらすと同時に、世界の民主主義事業の発展にインセンティブやパラダイムを付加する新型民主主義になるでしょう。

フランスの思想家・トクヴィルの名著『アメリカのデモクラシー』は素晴らしいと思います し、私もかつて真剣に読んだことがあります。しかし、19世紀、トクヴィルの時代の米国民主主義と21世紀、今日の米国民主主義はすでに比較性を持ちません。名前は同じでも実質は異なるものです。

仮にトクヴィルが今日まで生きていたら、彼はもう一度米国へ赴き、米国の民主主義を視察することでしょう。彼はまた新しい本を出版するでしょう。ただ今回の書籍は米国の民主主義を称賛するものではなく、そのタイトルは《アメリカのデモクラシーの変遷》となり、本の中でいかなる遠慮もせずに米国民主主義の変遷、異質化を暴き、21世紀における米国の民主主義が如何に虚偽で、凡庸で、限界のあるものかを暴くでしょう。彼は今日における米国の民主主義が危機に直面していること、腐敗しきっていること、低性能であることなどを深く分析し、民主主義に溺れている米国の政治家や思想家たちを狼狽させることでしょう。

今日、グローバル・ガバナンスにとって一つの重大な問題は世界各地で米国モデルの民主主義を広げることではなく、まずは米国自身が民主主義を反省し、21世紀の米国民主主義を19世紀にトクヴィルが米国で見た真実の民主主義に回帰させることなのです。次に、米国の民主主義は改革、イノベーション、アップデート、世代交代が必要です。例えば、米国民主主義は如何に世界に学ぶか、米国民主主義の〝形式〟は中国民主主義の〝効率〟に如何に学ぶべきかなどは米国の民主主義建設と発展にとっての重大な課題なのです。民主主義の問題において、米国は常に全世界で先生を演じていてはなりません。生徒になることも学ばなければなりません。米国の民主主義を総本山だとする見方を打破するためには、米国の民主主義が世界における〝民主主義市場〟において、たくさんある〝民主主義商品〟のうちの一つでしかないことを確認する必要があります。米国には全世界が米国発の民主主義商品を購入・使用することを要求する権利などないのです。

この問題に関して加藤さんは何度も言及していますが、肝心な問題、致命的な問題が二つあります。一つは、三権分立、多党制を採用しなければ中国の腐敗問題は解決できないのでしょうか？　真の民主主義は持ち得ないのでしょうか？　二つに、中国にとって、社会主義の道を行くことによって初めてチャイナドリームが実現できるのでしょうか？

この問題に関して、私の信仰と信念は次の二条です。

第一条：チャイナドリームは中国共産党の指導下で初めて実現できる

第二条：チャイナドリームは中国の特色ある社会主義の道を突き進むことで初めて成功できる

最後に私は強調しておかなければなりません。米国式民主主義はチャイナドリームにとっての毒薬であるということを。なぜなら、米国が中国を封じ込め、チャイナドリームを悪夢に変えるために、最も手っ取り早く、有効で、役に立つ方法が、中国に米国モデルの民主主義を採用させることだからです。ただ中国はその手には乗りません。米国の陰謀は決して叶わないでしょう。

中国が米国に学ぶべき経験と汲み取るべき教訓

加藤　劉大佐のお考えはよくわかりました。それでは、平和的台頭を堅持し、偉大なる復興を実現するという大きな目標を前に、中国は米国の歴史や経験に学ぶことは何かないのでしょうか？　と同時に、〝米国モデル〟から汲み取るべき教訓を教えてください。

劉　米国はすでに台頭している大国であり、中国は現在台頭している大国です。米国は大国台頭にとっての〝教科書〟であり、中国台頭にとっての〝参考書〟だと言えます。中国は米国台頭の経験を高度に重視し、かつ米国覇権の教訓を真剣に研究しています。

まず、中国が米国に学ぶべきところは主に3点あります。

一つ目は米国の覇権に反し、自由を求める独立の精神に学ぶべきです。米国の出生地は英国の植民地の一角でした。北米植民地の人々は8年に及ぶ独立戦争によって自由を、独立を勝ち取りました。斬新な米国が北米大陸で生まれたのです。今日、中国は米国の世界覇権制圧を前に、当時米国が英国の世界覇権統治を前に見せた反覇権の精神に学ぶべきです。

二つ目に米国の分裂に反対し、統一を保持する愛国の精神に学ぶべきです。1861年から1865年の米国統一戦争は米国が国内分裂勢力に断固として反対し、覇権国家英国による干渉に対して断固として対抗した、国家の統一を死んでも守ろうとする偉大なる内戦でした。今日、中国は台湾独立分裂勢力に反対し、米国や日本による台湾問題への干渉に対抗する過程において、当時の米国の成功的な経験に学ばなければなりません。〝米国統一戦争〟を模範とし、台湾独立勢力が祖国から分裂しようとする際、〝中国統一戦争〟という厳しい闘いを断固として勝ち抜かなければなりません。

三つ目に米国の侵略に反対し、平和を擁護しようとする闘う精神に学ばなければなりません。米国は台頭する過程において英国植民地主義と独立戦争や1812〜15年の反侵略戦争を闘っただけでなく、第二次世界大戦の反ファシズム戦争、日本軍国主義に反対する戦争において、世界平和事業に大きな貢献をしました。日本軍国主義がパールハーバーを奇襲した後、米国は強力な軍事力で太平洋の戦場と欧州の戦場にて日本軍国主義とドイツファシズムを打ち沈め、原子爆弾の使用を通じて日本軍国主義に打撃と教訓を与えました。平和的に台頭する中国は未来における反侵略戦争において米国のこのような闘う精神に学ばなければなりません。

中国が米国から汲み取るべき教訓も主に3点あります。

一つ目は米国が独日に勝利し、それから世界で覇権を求めようとした教訓です。第二次世界大戦で勝利した後、米国は世界最強の国家となりました。これは本来米国が世界の中心に駆け上がり、世界を団結させ、人類に幸福をもたらす初めての歴史的機会でした。しかし米国は世界を団結させず、逆に分裂させせました。米国は率先して冷戦を設計し、発動し、ソ連と世界中で対抗し、世界覇権を争う道へと向かい、世界全体を半世紀におよぶ冷戦の恐怖に陥れ、人類をダモクレスの剣（＊一触即発の危険な状態）の下で暮らすことを余儀なくさせました。このような状況下で、世界は米ソが覇権を争う人質と化したといっても過言ではありません。中国はこのような米国から教訓を汲み取らなければなりません。大国として台頭しても覇権を争わないスタンスを堅持しなければならないということです。

二つ目に、米国がソ連を打倒し、それから覇権を独占した教訓を汲み取らなければなりません。冷戦終結後、米国は勝利者として世界中で相手がいなくなり、〝一超独強〟の局面を築きあげました。これは米国が世界を団結させ、人類に幸福をもたらす二回目の歴史的機会でした。しかし、米国は勝利に酔い、〝歴史の終焉〟という熱狂の中で、〝一超独強〟という有利な地位を〝一超独覇〟という独占的地位へと変えてしまいました。冷戦的思考を依然として運用し、〝文明の衝突〟を喚起し、各地で〝色の革命〟を行い、新たな競争相手や戦略的敵国を探し、戦争を発動し、世界最大のトラブルメーカーとなりました。中国はこのような米国の教訓を汲み取らなければなりません。台頭と復興の道において、成功すればするほど謙虚に、慎重になり、強大であればあるほど、〝俺様〟ぶったり、覇権を求めてはいけないということです。

三つ目に、米国の中国を封じ込め、自分勝手に覇権的地位を保持しようとする教訓を汲み取らなければなりません。運動場において、競争レースは往々にしてニューフェースを生みます。世界の舞台において、発展や進歩は往々にしてライジングスターを生みます。先に台頭した大国は、後から台頭してきた新興大国を敵視したり封じ込めたりしてはならないのです。しかしながら、米国は自国が衰退する原因を中国の台頭になすりつけ、自国の覇権が陥っているジレンマを中国の復興になすりつけようとしています。米国は世界全体の発展と進歩を崇高な目標にしていません。反省と改革を通じて自らを向上させていません。そうではなく、米国の世界覇権の地位を最高利益と見なし、中国の台頭を封じ込めることで米国の覇権的地位の安定を守ろうとしています。このような状況下で、米国一国の覇権主義と世界全体の発展進歩の間で深刻な矛盾が生じてしまっているのです。中国は台頭の過程で覇権を争わず、強大になっても覇権を求めず、偉大なる復興というチャイナドリームを実現した後の中国は、世界に自国よりも発展が早く、潜在力において中国を超越する国家が現れた暁には、その国家の台頭を歓迎し、自ら手を差し伸べて協力しなければなりません。米国のように、他者が自らよりも強大になることを恐れ、嫉妬し、挙句の果てに封じ込めようとすることがあってはならないということです。

第二部

アメリカンドリーム、そして米国という謎

第5章 アメリカンドリームはこれからも輝き続けるか？

アメリカンドリームは五つの段階を通じてどう〝変質〟したか？

加藤 劉大佐の著作や文章には、チャイナドリームを高らかに称賛する一方でアメリカンドリームにはかなり批判的である特徴が随所で見て取れます。そもそも、劉大佐はアメリカンドリームの歴史そのものをどのようにご覧になっているのですか？ アメリカンドリームの実質あるいは本質的な部分をどのようにご覧になっておられるのですか？

劉 アメリカンドリームは本来的には素晴らしいものだったと思います。移民国家として、移民によって建国された国家として、アメリカンドリームは北米新大陸における創業プロセスであり、新しい生活を創造しようという夢でした。特筆に値するのは、北米という場所には封建社会や旧態依然とした政府もなく、地主などもおらず、みんなが平等に競争し、努力をし、汗を流して、十分に聡明で才能があれば成功できる環境だったということです。原始的なアメリカンドリームは素朴な夢であり、公平な夢であり、一種のメカニズムやプラットフォームを提供することでみんなを平等に競争させ、進取の精神があればチャンスを掴み取ることができ、奮闘すれば成功することができ、努力をすれば幸福になれました。人々は自らの才能と努力に依拠して自らの運命を変え、人生の価値を実現しようとしました。しかしながら、アメリカンドリームの意味はその後徐々に変質していきました。

我々はアメリカンドリームの発展と変遷を五つの段階から分析することができるでしょう。

第一段階は米国が建国される前です。特徴としてはまずアメリカンドリームが生まれ、その後アメリカ合衆国という国家が誕生したことです。移民たちのアメリカンドリームが新しい米国を創り上げたのです。第一段階のアメリカンドリームは〝創業建国の夢〟だったと整理できます。

第二段階は米国が建国された後、１７７６年から１９４５年、第二次世界大戦で勝利するまでの１７０年です。この期間におけるアメリカンドリームは全体的に〝平和的発展の夢〟だったと整理できます。第二次世界大戦期間中における米国の役割もポジティブなものでした。

第三段階は第二次世界大戦終了から冷戦終結、つまり１９４５年から１９９１年までです。この半世紀近い時間において米国とソ連は長期的に冷戦状態にあり、世界覇権を争いました。この第三段階のアメリカンドリームは〝世界覇権争奪の夢〟だったと整理できます。

第四段階は１９９１年から現在までで、米国は世界で唯一の覇権国家であり、世界覇権を実現しました。この期間のアメリカンドリームは〝世界覇権独占の夢〟だったと整理できます。

第五段階に関して、中国の経済総量が日本を追い抜き、米国を追いかけるようになり、中国の台頭に直面するなかで米国の覇権は脅威を感じるようになり、中国の猛追を封じ込めるようになったことが大きな背景としてあります。そんななか、アメリカンドリームは長期的に米国の覇権的地位を守ろうとする幻想の夢と化し、中国を封じ込める夢となりました。今日、一部の米国人は中国の台頭を封じ込め、米国の覇権的地位を長期的に保持できると夢見ているようですがそれは非現実的です。覇権は永続するものではありません。チャイナドリームは覇権の夢ではなく、覇権のない世界を建設する夢です。未来世界の大きな趨勢は米国の覇権は必然的に終焉し、中国はこれから更に強大になっても、先進的になっても新たな覇権国家にはならないというものです。この点において、今日チャイナドリームを提起する中国の政治家とアメリカンドリームを〝米国はこの世界を更に100年支配するのだ〟と考える米国の指導者とは根本的に異なると言えます。

チャイナドリームのアメリカンドリームに対する最大の超越は、現代化の程度や総合国力において米国を超越するだけでなく、変質したアメリカンドリームへの質的超越にこそ見いだせます。チャイナドリームが夢見るのは〝中国強而不覇〟、〝世界有強無覇〟という局面を創り上げることにほかならないのです。

加藤　劉大佐がおっしゃるのは国際関係という次元において、昨今のアメリカンドリームはすでに〝変質〟してしまっており、世界に安全や平和よりも、分裂や危機のほうをより多くもたらし、トラブルメーカー、問題児になっているというご主張。相変わらず劉大佐の米国に対する見方は徹底して厳しいですね。

劉　アメリカンドリームの〝変質〟にもひとつの過程が存在しました。早期と中期におけるアメリカンドリームは米国を進歩させ、成功させました。それは中国を含めた世界から見ても魅力的に映りました。しかし、後期になって変質しはじめ、本来の道から外れてしまいました。加藤さんも気づいたように、特に米国と世界の関係においてその傾向は顕著に表れていました。

変質してしまったアメリカンドリームは米国だけでなく世界に対しても悪夢をもたらすようになりました。今日の米国に求められるのはアメリカンドリームの問題を見直すことであり、未来のアメリカンドリームを最初から定義し、自らも生まれ変わることです。

米国の覇権危機――四つの深刻な乖離

加藤　劉大佐は以前私との議論の中でも何度となく「アメリカンドリームはもはや素晴らしいものではない。アメリカンドリームは覇権の夢に変質してしまった」と主張されていたのを思い出しました。私から見て、昨今の情勢下において、中国が米国に対して覇権主義という〝レッテル〟を貼るのには自らの立場や利益といった主観的要素も関係していると思います。こんな言い方は失礼かもしれませんが、劉大佐の主張や見方からも『中国夢』作者、解放軍上級大佐としての主観性や目標性が赤裸々に垣間見えます。良い悪い、正しい正しくないという問題ではなく、実際にそのように聴こえるということです。米国は実際に自らが覇権主義という立場を取り、それに基づいた政策を実行しているとは認めないでしょう。米国はあくまでリーダーシップという観点から自らの国際社会における地位や立場を主張し、評価するのでしょう。この意味で、劉大佐の米国覇権主義は危機に直面しているという指摘と、米国で多くの関係者が抱く米国のリーダーシップが危機に直面しているという見方には重なる部分があると私は考えています。言葉の違いは立場の違いを反映するものでしょう。それでは、覇権主義、リーダーシップ、言葉の問題は置いておき、劉大佐からみてこのような危機は実際の国際政治においてどのように反映されていますか？　とりわけ突出した、今後の国際秩序や情勢に構造的な影響を与えるような特徴があれば教えてください。

劉　冷戦後に発生した多くの〝世界的危機〟に関して、その根本的背景はリーダーシップ危機だと言えます。この世界におけるリーダーやリーダー国家に問題が生じたということです。国際社会は現在一つのコンセンサスを形成しているように私には見えます。それは米国によるリーダーシップは世界を失望させるというものです。世界世論は現在強烈な呼び声を放っているように私には見えます。それは米国を弾劾して世界を振興させようというものです。

覇権危機、リーダーシップ危機、言葉はどちらでも良いですが、その具体的反映や構造的根源として、私は「四つの深刻な乖離」を挙げます。

一つ目は米国の利益が世界の利益から乖離していることです。グローバル・リーダー国家としての米国は、世界をしっかりリードしたいのであれば、自らの国益と世界全体の利益の関係を正しく処理しなければなりません。両者の利益を統一させ、結合させ、自国だけでなく世界全体を見回さなければなりません。他国や世界全体の利益を損害することを通じて自国の利益を守ってはならないのです。戦争や金融危機を通じて私益を肥やし、全世界を憤らせるようなことがあってはならないということです。

二つ目は米国の文明が他の文明から乖離していることです。私から見て、今日全世界における〝文明の衝突〟の根源は米国の他者に対する〝文明の差別〟、〝文明の専制〟にあります。米国の文明と他者の文明は平等でなければならず、他者の文明を尊重し、包容し、学ぶことによって初めて米国の文明と他者の文明との関係を正しくマネージ出来るのです。〝文明の衝突〟、〝文明の討伐〟、〟文明の戦争〟を起こしてはならない。〟思想植民地主義〟、〟文化植民地主義〟を起こしてはならないのです。

三つ目に米国の覇権が時代の潮流から乖離していることです。〟歴史の終焉〟は誤った理論であり、〟覇権の黄昏〟が現実であり、〟覇権の終焉〟が必然の趨勢なのです。全世界が覚醒する時代において、〟民主世界〟を世界各国が共に追求する今日において、覇権はもはや人心を得られず、世界中に敵を作ることになるだけです。米国の世界覇権を自国の核心的利益として死守しようとするやり方は時代の潮流に逆行しています。覇権のジレンマ、覇権の危機は覇権の放棄と告別を通じて初めて徹底的に解決できるのです。

四つ目に米国のエリートが米国の大衆から乖離していることです。国内において米国の1％のエリートは99％の大衆から乖離しているようです。ウォールストリートの金融腐敗、米国社会の格差拡大、冷戦後の一連の戦略的政策決定の過ちなどからこの現状を容易に見て取れます。

現代世界の発展というのは、一国が単独で世界をリードする重責を無力にするものにほかなりません。世界の〟リーダーシップ危機〟を解決するためには、まずは〟一国が全世界をリードする〟という状況を終わらせなければなりません。長期的に監督や制約を受けないリーダー国家に世界をリードさせれば、〟一国が全世界をハイジャックする〟局面が必然的に生まれるのです。まさに昨今の国際舞台において、米国は世界を制裁できますが、果たして誰が米国を制裁するのでしょうか？　グローバルリーダーシップ体制そのものを転換させなければならないということです。グローバルリーダーシップの性質として、覇権的リーダーシップから民主的リーダーシップへの転換を実現しなければなりません。グローバルリーダーシップの役割として、一国によるリーダーシップから集団的リーダーシップへの転換を実現しなければなりません。その過程ではやはり国際連合の役割が十分に発揮されるべきでしょう。グローバルリーダーシップとガバナンスの新思考とは〝集団的リーダーシップ体制〟を如何に構築するかであって、それは〝全世界が一つの覇権国家によって支配される〟という伝統的モデルから脱却するものでなければなりません。

最後に言わせてください。地球が米国を中心に回れば、この世界は必ず混乱します。米国が地球を中心に回ることで、この世界は初めて正常化されるのです。

米国に相応しくない三つの称号——世界のリーダーシップ、世界の警察官、世界の模範(劉明福)

加藤　〝世界の警察官〟という言葉があります。米国の外交政策を振り返ってみると、孤立主義の伝統もあれば、また介入主義の傾向もあることが分かります。私は2012~15年までボストンとワシントンDCで生活していましたが、特にワシントンDCにおいて、米国の戦略家たちが〝米国は引き続き世界の警察官の役割を担うべきか?〟という問題を巡って緊迫した面持ち・雰囲気で議論をしている様子が伺えました。このような議論が生まれた背景は(正確にいつ生まれたのかは定かではありませんが)、米国の近年とりわけアラブ中東地域(イラク、アフガニスタンなど)における政策やガバナンスの〝失敗〟と無関係ではなさそうです。私個人の観察としては、この問題を巡って米国戦略界における考え方は分裂しており、決して一つの統一的な、あるいは系統だった見方や分析が存在するわけではありません。現状維持という人もいれば、更に積極的に担うべきだという人もいれば、放棄や撤退を主張する人もいるようです。劉大佐からご覧になって、米国は引き続き〝世界の警察官〟としての役割を担うべきでしょうか？　担うことができるでしょうか？　何に依拠してこのような役割を担い続けるのでしょうか？　逆に仮に担わないあるいは担えないとすれば、またどうしてでしょうか？　また、差し支えなければ、初めて米国を訪れた時の感想を聞かせてください。劉大佐の目に米国という国家と社会はどう映りましたか？　長所や短所などどうお感じになりましたか？

劉　米国という国家は一冊の百科事典のような存在であると私は考えてきました。米国には反植民地主義や反覇権主義といった栄光ある伝統もあれば、覇権を争い、求め、守ろうとしてきた不名誉な記録もあります。米国が２４０年の時間を通じて、国際社会で圧迫される側から圧迫する側になっていく変遷と役割の転換を研究することは、大国に対する監督をどうするのか、グローバル・ガバナンスをどうするのかという重要な課題を考える上で極めて重要であり、我々にはそのイノベーターたる思考と姿勢が求められています。

米国の戦略家たちが現在最も切迫感を持って議論している問題は〝米国は引き続き世界の警察官としての役割を担うべきか？〟ではありません。彼らが夜も眠れずに考えている問題は、米国は果たして世界のリーダーを続けられるのか、そのための能力を持っているのかという問題です。

21世紀の米国は空前の〝失敗の時代〟に突入しています。米国がそのような時代に突入したことを示す根拠は、米国がこの世界にもたらす問題とトラブルがこの世界で解決する問題やトラブルよりも大分多いことにほかなりません。21世紀の米国には三つの〝相応しくない称号〟

があります。

一つ目は、米国は〝世界のリーダー〟に相応しくないというものです。米国は自国をリードしている段階ではとても光明な国家でした。米国がアメリカ大陸をリードしている頃は欧州列強よりも文明的な国家でした。米国がソ連と世界を二分し、所謂〝自由世界〟をリードしている頃は、米国のリードはソ連のリードを上回っていたというべきでしょう。しかし、冷戦後、特に21世紀に入り、米国のリードに世界各国はたまらなくなり、我慢できなくなりました。

二つ目は、米国は〝世界の警察官〟に相応しくないというものです。21世紀に入り起きている衝突、対抗、戦争、動乱、テロリズム、難民などは第二次世界大戦以来のピークにあると言えます。米国という世界の警察官はこれらの問題を解決するためにどのような作用をもたらしたでしょうか？ 21世紀、世界の警察官は案件を解決するのではなく、案件を作り出しているようです。世界の治安を破壊しているのが世界の警察官であり、国際社会の秩序を乱しているのが国際警察なのです。

三つ目は、米国は〝民主主義の総本山〟に相応しくないというものです。米国という民主主義国家は世界最大の暴力国家になっています。米国民主主義の実質に関して、国内的にその背後にいるのは〝金主〟であり、国際的に背後にいるのは〝覇主〟なのです。このような覇権国家がどうして世界における民主主義の総本山であり続けることが出来ましょうか？

米国最大の腐敗は〝価値観の腐敗〟である（劉明福）

加藤　第一部で議論させていただきましたが、中国共産党は〝二つの百年〟目標を掲げ、2021年と2049年を一つの目安に経済力と軍事力で米国を上回ろうと目論んでいるようです。私から見ても、中国国内で大きな動乱が発生しない限り、中国が経済力と軍事力の〝量〟において米国を上回るのは時間の問題であり、必然的なプロセスであるように思います。しかし、私自身が中国と米国で生活してきた経験からしても、一国が台頭しているかどうか、超大国か否かを判断する物差しは、決して量的な経済力や軍事力だけではありません。科学技術、教育、文化、スポーツ、ライフスタイル、価値観念、基本的人権の保障、人々の幸福感などあらゆる側面が総合的に考慮されるべきです。それに、昨今、そして未来の中国にとって見れば、これらのソフトパワーはハードパワーよりも肝心であり、しかも実現に困難が伴うように思われます。中国がこれらのソフトパワーの分野で果たして米国を超越できるかどうか。私は慎重姿勢を崩しませんが悲観的な態度を持っています。一筋縄では決していかないでしょう。米国のこれらの分野におけるパフォーマンスは確かに強靭であり、持続可能な発展を保証する制度的プラットフォームが確立されているように見えます。そこで劉大佐にお聞きします。昨今の政治体制とイデオロギーが続くという前提で、中国はソフトパワーの分野で米国を総合的に超越出来るとのお考えですか？　より具体的に言えば、中国は米国のハーバード大学よりも世界的影響力やブランド力を持った大学を創出できるでしょうか？　中国はハリウッドよりも訴求力や魅力のある映画を作れるでしょうか？　中国は米国式の自由や民主主義よりも魅力的な吸収力を持つ価値観を発明できるのでしょうか？

劉　価値観の核心は政治観であり、価値観の最高峰は戦略観です。一国の価値観にとって最も核心的なのは政治価値観であるというのが私の考えです。

世界的大国が全世界に与える最大の影響は国際価値観であり、外交価値観です。世界一の大国の国際価値観はこの国家の世界的地位という性質だけでなく、全世界の性質をも決定します。世界のリーダー、警察官として君臨する超大国の価値観を判断し、評価するためには、その国が何を語っているかだけでなく実際に何をしているかを見なければなりません。その国が口にしている価値観だけでなく、実践している価値観を見なければなりません。

世界大国の価値観はその国家の〝戦略観〟に集中的に体現されます。戦略観とは価値観の最高峰なのです。どのような国家戦略や国際戦略を制定し、実践するかによって初めて、その国家の政治家がどのような核心的価値観を信仰し、実践しようとしているのかが判断・識別できるのです。その意味で、米国の価値観や信仰を判断するためには、米国が何を宣伝・説教しているかではなく、米国の国家戦略や国際戦略を見なければならないということです。

まずは、米国が価値観の模範であるという迷信を取り除かなければなりません。現在、人々が米国の価値観を語る際、独立宣言、独立戦争、米国憲法から語り始めますが、実際に、米国は価値観の天使などでは根本的にありません。米国という国家の土地は、欧州による植民地化の波が大西洋を越えて、北米大陸に住んでいた先住民たちから奪い取ったものではないですか。マルクスは資本が世の中に生まれたが、すべての銅板には血や汚いものが付いていると言ったことがあります。北米大陸の歴史は私たちに教えてくれます。米国がこの世界に誕生する過程には血や汚いものが伴っており、米国は決して天使などではないのだと。

米国が世界にもたらしたのは〝価値観災難〟なのだという真実を暴かなければなりません。今日の米国は世界価値観災難の製造者です。中東難民の人権災難は人権価値観を訴えてきた米国の政治家によって繰り返される戦争で製造されたものです。米国が民主主義や自由を輸出しようとした結果であるといっても過言ではありません。米国は人類文明価値観の最大の破壊者でもあります。実践における米国価値観は全世界を分裂させ、国家主権を踏みにじり、文明の平等権を消滅させ、人権（特に生命権）に危害を加える価値観です。中東地区の戦乱を見てください。数百万の難民を見てください。米国が主導した〝色の革命〟によって誘発された文明の衝突を見てください。世界〝価値観災難〟は米国という国家の価値観を普及させようとする〝ブラックハンド〟と密接に関わっているのです。

米国が実行している真実の価値観を明らかにする必要があります。米国は世界のリーダー国家として、民主国家として、この世界で民主主義を重んじているでしょうか？　米国が国際関係において実際に実行しているのは〝民主主義の価値観〟ではなく〝覇権主義の価値観〟です。米国が国家間関係で重んじているのは〝主権価値観〟ではなく〝覇権価値観〟です。米国が国際秩序で重んじているのは〝法治価値観〟ではなく〝暴力価値観〟です。米国が発展途上国に向き合う際に重んじているのは〝平等に協力する価値観〟ではなく〝冷戦的封じ込めの価値観〟です。米国が実行しているのは世界を団結させ、協力とウィンウィンを実現するための価値観ではなく、世界を分裂させ、同盟によって対峙させる価値観です。

米国には確かに世界一流の大学や世界一流の映画作品がありますが、大学や映画作品といったソフトパワーによって米国が世界各地で行う戦争やそこで闘う兵隊たちを制御することはできません。ハリウッド映画の大監督も米国大統領という世界政治の大監督を制御することはできません。ハーバード大学の学長も米国の大統領というこの地球における首長を制御することはできません。米国のソフトパワーは米国のハードパワーを制御することができない。これこそが私が言うところの〝アメリカ病〟なのです。

米国は〝価値観〟において中国に何を学ぶべきか？

加藤　劉大佐は米国に現在最も欠落しているのはソフトパワーであり、従ってあらゆる場面・局面でハードパワーを使用・誇示しているという見方をされているようです。そして中国の価値観は米国の価値観よりも優れており、米国という一般的に価値観という意味・次元において国際社会やグローバルシティズンたちから模範とされてきた国家は中国に学ぶべきだとも指摘されています。それでは、米国は一体中国に何を学ぶべきなのでしょうか？　米国が中国に学ぶべき価値観にはどのようなものがあるのでしょうか？

劉　米国のソフトパワーや価値観が世界一だという考え方は錯覚に過ぎません。米国の覇権が衰退した最大の要因は米国の価値観の衰退であり、米国ソフトパワーの衰退です。中国の価値観はすでに米国を超えており、主に4つの分野で超越しています。この四つの分野こそが米国が価値観の面で中国に学ぶべきものだと私は考えています。

一つ目に、米国は中国が世界革命、〝色の革命〟、文明の衝突といったことを行わず、自らのイデオロギーや政治体制を輸出せず、一部国家や地域を攪乱させせない、〝文明的で包容力のある〟価値観に学ぶべきです。

二つ目に、米国は中国が同盟戦略を行わず、広範に友人を作りつつも決して同盟を結ばない、世界を団結させようとはしても決して分裂させせない、〝友好と団結〟の価値観に学ぶべきです。

三つ目に、米国は中国の世界覇権を追求せず、新型大国関係と新型国際関係を構築し、覇権のない民主世界を作り上げようとする、〝民主的で平等な〟価値観に学ぶべきです。

四つ目に、米国は中国の冷戦的思考を持たず、封じ込め戦略を行わず、自らの国際的地位を自らの改革と発展の上に築き、他者の台頭を封じ込めたり破壊したりすることによって自らの国際的地位や影響力を保持しようとは決してしない、〝協力とウィンウィン〟の価値観に学ぶべきです。

私が言いたいのは、米国の衰退とはハードパワーの衰退ではなく、ソフトパワーの衰退であり、腐敗と変質に帰結しているという点です。米国という所謂〝価値観大国〟はすでに〝価値観腐敗大国〟と化しているのです。

中国の台頭とは、まずは経済や軍事の台頭ではなく、価値観の台頭なのです。例えば、中国台頭をめぐる最初のスローガンは〝平和的台頭〟であり、最初の価値観は〝平和的価値観〟でした。この平和的台頭という価値観こそが中国台頭の進路を決定したのです。それは平和的進路であり、戦争の進路ではありません。習近平主席が提起した新型大国関係、新型国際関係、人類運命共同体の構築といった目標も中国台頭を象徴する価値観であり、人類運命共同体という価値観は中国台頭の目標価値を決定してもいます。中華民族の復興だけでなく、人類全体に幸福をもたらすという価値観を内包しているのです。

米国の〝民主主義の専制〟は世界に〝民主主義の災難〟を作る（劉明福）

加藤　劉大佐のお話を興味深く伺ってきましたが、なにはともあれ、米国が創り上げてきたアメリカンドリームにとって、自由民主主義という価値観は核心的要素であり、自由民主主義なきアメリカンドリームはなく、これがなければここまで多くの外国人が移民を渇望し、アメリカンシティズンになりたいと希望しないでしょう。アメリカンドリームに魅力がなければ米国の移民国家という体裁すら成り立たなくなります。劉大佐はアメリカンドリームを相当辛辣に批評されましたが、劉大佐と同じ中国人の多くが米国への移民を心の底から希望していることも事実です。アメリカンドリームに何の魅力もなければ彼らとてナショナリティという意味で祖国を捨て、米国籍を目指さないでしょう。中国国内にも様々な見方が存在するのだろうと思います。

最近、私も米国で「米国の自由民主主義は昨今米国が直面している経済問題や社会問題を持続的に解決できるのか」といった議論をしばしば耳にします。ただ私が観察する限り、米国において自由や民主主義といった価値観に立脚した政治体制を否定する人はいないようです。彼らが議論しているのは自由民主主義体制・価値観という枠組みの中で、政府や社会は目下の難しい問題をどのように解決していくかという問題のようです。そこで劉大佐にお伺いします。

米国の自由民主主義という価値観、およびそれに基づいた政治体制はこれから持続的に生命力を維持していくと思われますか？　この体制や価値観に立脚して、米国や世界が直面している難題を解決することが可能ですか？　将来的に自由民主主義体制・価値観に取って代わる体制や価値観が出て来ると思いますか？　その過程で、中国はどのようなプレイヤーになっていくのでしょうか？　米国の自由民主主義に挑戦する形でオルタナティブとしての価値体系を世界レベルで創造していこうとしているのですか？　中国共産党指導部の戦略的意図を理解するという意味でもぜひ劉大佐にこの大きな問題をお伺いしたいです。

劉　何度でも繰り返し主張しますが、21世紀の米国は空前の〝失敗の時代〟に突入しています。この失敗は米国覇権主義の衰退に留まらず、米国式民主主義の失敗にも体現されているのです。米国自身が〝民主主義のジレンマ〟に陥り、米国は世界に〝民主主義の災難〟をもたらしているのです。民主主義の米国はすでに民主主義の罪人となっているのです。以下、ご説明しましょう。

（1）〝米国モデル民主主義の専制〟に抵抗する必要があります。〝米国モデル民主主義の専制〟は聞き慣れない言葉かもしれませんが、米国が民主主義を定義する権利と解釈する権利を独占している状態を指します。この権利を独占することによって、米国の民主主義モデルが世界の民主主義のスタンダードであるという状況を米国自身が造り上げているのです。米国は〝民主国家〟という命名権を持ち、民主主義に関する特許権をも独占しています。また、人権は主権よりも高い位置にあるという理由を持ち出し、民主主義を普及する権利を行使し、米国が民主主義ではないと判断した国家に対して戦争を仕掛けるような権利すら持ち合わせているのです。

（2）〝米国式民主主義の本質〟に対して深く分析する必要があります。〝米国式民主主義〟は人類社会が一定の歴史的段階で、一定の国家や地域において生まれた民主主義の形式であり、一定の進歩性を持ち、過去において国際社会でも一定の影響力を持っていました。しかしながら、米国式民主主義の限界性は小さくありません。今日の米国式民主主義はワシントン大統領の時代とは大きく異なっており、今日の米国を支配しているのは〝民主〟なのか〝金主〟なのか？　99％の人間が米国の主人なのか、或いは1％の人間が米国の主人なのか？　米国式民主主義は米国国内で深刻化する格差拡大の問題を解決できませんし、米国が国際社会で覇権主義を行使する問題も解決できません。

（3）米国が設計した〝米国民主主義の罠〟に対して高度の警戒心を持つ必要があります。米国は全世界に米国式民主主義を普及し、結果〝民主主義の災難〟をもたらしています。米国は中国に対して長期的に〝民主主義設計〟を行使し、中国に〝民主主義の罠〟を仕掛けてきました。西側の民主主義は中国を救うことはできず、米国式民主主義は中国を振興させることはできません。１００年前、孫文は中国で多党制を試し、１００以上の政党が連立し、孫文は五権分立を行おうとしましたが、結果中国は数十年の軍閥割拠と混乱に陥りました。現在米国が中国を崩壊させる最良の方法は中国に米国式の自由民主主義体制をコピーさせることです。しかし、中国はその罠には引っかかりません。中国を封じ込めようとしている米国の戦略家たちはこの手を諦めるべきです。中国の民主主義建設は米国の心配には及びません。米国は中東で作った〝民主難民〟を米国国内に引き取り、米国が民主主義を輸出する過程で招いた混乱の責任を取るべきです。

（4）人類社会の民主主義事業を不断に改革する必要があります。欧米国家は封建専制に反対し、民主主義を建設する事業において世界の先頭を走ってきました。近代世界における最初の民主改革のピークを創出したと言えるでしょう。マルクス主義はプロレタリアート革命という手段を使って資本の専制を転覆させ、全人類を解放するという偉大なる闘争の過程で近代世界における二回目の民主革命のピークを創出しました。プロレタリアート革命はブルジョワ革命に比べてもより深く、広範な民主自由運動だったと言えます。21世紀、中国が台頭するのに伴い、世界覇権が世界史から撤退するのに伴い、人類の歴史において初めて新型民主世界、すなわち真に民主的な国際社会がこの地球に誕生しようとしています。14億人からなる〝中国式民主国家〟は3億人からなる〝米国式民主国家〟よりも強靭な発展の活力、動力、潜在力を持っています。米国には学ぶけれどもコピーせず、米国を包容するけれども超越しようとする中国は人類社会の自由民主事業に対して米国よりも大きな貢献をするでしょう。

米国の〝同盟戦略〟は世界を深刻に分裂させている（劉明福）

加藤　本章の最後に、日本人としての立場からどうしても伺っておきたい問題を提起したいと思います。米国のグローバル戦略にとって、〝同盟政治〟は核心的に重要であり、古典的な戦略であると言えます。米国が国際社会でこれだけの影響力や発言権を発揮できているのも、各地に分布している同盟国の存在が大きく、米国は同盟国と連携しつつグローバル戦略を組み立て、管理してきたと言えます。そこには、アジアの日本、韓国、フィリピン、中東のイスラエル、サウジアラビア、西側諸国の英国、オーストラリア、カナダなどが含まれます。劉大佐は、この米国の同盟戦略と世界における覇権的地位の関係をどう捉えていますか？　前者は後者にとってどれだけ重要でしょうか？　米国の同盟戦略は今後とも続いていくとお考えでしょうか？　仮に中国が米国に取って代わって世界の超大国になったとして、中国は何に依拠して、どのような手段で自らのグローバル戦略をマネージしようとするのですか？　非同盟戦略を掲げる中国にとって同盟は戦略的手段とはなりえないのでしょうが、それでは中国にとっての戦略的手段とは何ですか？　中国は米国の同盟政治や覇権的地位といった経験からどのような教訓を汲み取りますか？　そして最後に、日米同盟はアジア太平洋地域の平和と繁栄に引き続き貢献していけるとお考えですか？

劉　古典的な同盟戦略は弱肉強食の世界が分裂し、対抗しながら形成されていった、異なる国家や国家集団が対立し合う戦略であり、私からすれば、一種の陣営戦略、分裂戦略、対抗戦略、衝突戦略です。第二次世界大戦後、米国の同盟戦略はまずはソ連と世界覇権を争い、冷戦後の米国は同盟戦略によって世界を支配し、覇権を保持しようという戦略を取ってきました。そして現在、米国の同盟戦略は世界を分裂させ、中国を封じ込め、米国が衰退する世界で覇権を守ろうとする戦略にほかなりません。同盟戦略は米国の覇権主義にとっての核心的戦略であると結論付けることが可能です。

米国の同盟戦略には二つの大きな機能があります。一つは〝同盟国家〟を凌駕し、支配し、利用する機能で、もう一つが〝相手国家〟を封じ込める機能です。米国の同盟戦略は一部国家の安全を他の国家の不安定の上に成り立たせようというものです。それは弱者のための安全戦略ではなく、強者のための覇権戦略であり、本質的に世界を分裂させ、支配する戦略なのです。日米同盟戦略はアジア太平洋地域を救わないだけでなく、この地域や国家を分裂させ、地域の衝突や対抗を扇動するものであり、アジア太平洋地域の平和、安全、繁栄に危害を与える最大の脅威であり、震源であると言えます。

私が提案したいのは、国際連合が《国家安全保障法》を制定し、大国関係における同盟戦略を〝違法〟と定めることです。日米同盟が解除されることで、アジア太平洋はより平和、安全、繁栄的な地域になるでしょう。

中国は冷戦が集結する前の80年代に同盟戦略を放棄し、非同盟戦略を打ち出しました。中国のグローバル戦略は世界で覇権を求める戦略ではないので同盟戦略を取る必要はないということです。前述のように、中国の世界目標は人類運命共同体の構築であり、そのために必要なのは国際関係における〝朋友戦略〟であり、世界における大家族の〝団結戦略〟であり、異なる文明間の〝平等戦略〟であり、国家の大小や強弱にかかわらず覇権の支配や圧迫を受けない〝民主戦略〟であります。

米国が長期的に宣伝し強化してきた観念に、この地球に世界覇権がなくなれば世界秩序は生まれない、アジア太平洋地域に日米同盟がなければ安全や発展は生まれないというものがあります。これは米国の持つ〝覇権的発言権〟が国際社会に植え付けた曲がったイデオロギーにほかならないのです。

米国の〝同盟戦略〟は世界を分裂させ、中国の〝人類運命共同体戦略〟は世界を団結させます。21世紀の世界は覇権のない世界だけでなく、同盟のない世界へと必然的に向かっていくのです。

第6章　アジアを分裂させ、日中を対抗させるのが米国の戦略なのか？

アメリカが取り組んできた覇権護衛戦の三段階

加藤　劉大佐は2010年1月に出版した『中国夢』において米国が世界覇権を死守するための〝第三戦役〟という概念を提起されています。その後、米国はアジア太平洋リバランシング戦略を実行しようとしました。〝第三戦役〟という概念を含め、その後の米国の戦略に対してどのような観察をされていますでしょうか？

劉　第二次世界大戦後米国は世界一の国家、世界をリードする国家になり、世界覇権という地位を保持することを国家の核心的利益に据えました。この立場から出発し、発展が早い国家、米国を追い抜きそうな国家といったチャレンジャーや競争者を押しつぶし、あわよくばその国家を崩壊させることで、自らと競争するキャパシティーを持たせなくしようとしてきました。

第二次世界大戦後米国が取り組んできた覇権護衛戦という戦役は、三段階に分けて理解することが可能です。第一戦役はソ連との冷戦で、戦後から1991年まで約50年闘い、結果ソ連を押しつぶしました。第二戦役は20世紀80年代末から90年代初頭で日本が経済という分野で米国に脅威を与えるのを感じ、通貨戦争の方法で日本に打撃を加え、日本経済の振興を自ら食い止めました。そして第三戦役が中国に対する包囲網と封じ込めです。

この第三戦役にとっては、２０１０年に中国経済が総量で日本を超えたあたりがターニングポイントになっています。それからというもの、中国と米国との関係は金メダル国家と銀メダル国家という関係になりました。米国の指導者たちの発言や演説からも米国が世界第二の国家に甘んじるつもりは毛頭ないという意志が見て取れます。

この三つの戦役において米国が最も困難を感じるのは第三戦役、つまり中国を封じ込めるという大戦役です。米国はソ連や日本の台頭に対応した方法では中国を封じ込められないと感じています。自らの知恵や戦略や手段が貧しいものである現状をあからさまに感じていると、私は思います。

加藤　劉大佐は米ニューヨーク・タイムズの取材に対して〝カニ戦略〟という概念を提起しています。この概念の提起を通じて、米国のアジア太平洋リバランシング戦略とは中国を包囲し、封じ込める戦略であり、米国はアジアを分裂させ、内戦に陥らせることでアジアの台頭を牽制しようとしているという意図を分析されていました。この〝カニ戦略〟について具体的にお伺いできますか？　生物学やマーケティングの分野で「カニバリゼーション」という言葉があり、一種の〝共喰い〟現象を指すようです。米国がアジア諸国を同地域内で〝共喰い〟状態に陥らせ、結果的に同地域或いは同地域における国家の台頭を防ごうとする戦略を指すのでしょうか？

劉　習近平は一部国家に対して自らの私益のために地域や世界を混乱に陥れてはならないと警告したことがあります。中国は一部国家が中国の周辺で動乱や戦争を起こすことを決して容認しません。

米国のアジア太平洋戦略はまさにアジア情勢を混乱に陥れる戦略だと言えます。その過程でアジア諸国間の関係や矛盾を利用しようとするのです。この意味で、その戦略は〝カニ戦略〟、つまりアジアを一つの籠にし、諸国を籠のなかのカニに見立て、この籠の中で共喰いさせようとしているのです。米国がアジアで実行するこの〝代理人戦略〟・〝代理国戦略〟とは〝アジア人がアジア人を叩く〟、つまりアジア内部での消耗と動乱を煽る事を通じて中国を封じ込め、日本をコントロールし、アジアを主導しようという戦略にほかなりません。

また、米国は日本やフィリピンといった国家に〝戦略ドーピング剤〟を注射し、彼らをクレイジーにし、〝薬物〟依存に陥らせ、中国と対抗させようとしているのです。アジアにおける紛争、特に中国と日本の間の釣魚島問題と南シナ海問題において米国こそが黒幕であり、矛盾を激化させる根源です。私なりに比喩を用いて修飾すれば、今日の世界において米国は〝世界の虎〟、日本は〝アジアの彪《ひょう》〟で、この2匹が力を合わせて〝中国という龍〟を攻撃しようとしているのです。

アジア太平洋地域における最大の危険はこの虎と彪です。北東アジア、東南アジアの国家は日本に攻撃された経験を持ちます。米国とロシアも日本に攻撃された経験を持ちます。第二次世界大戦中、米国は原子爆弾を使って日本に教訓を与え、戦後は日本に対して民主化改造を実行し、日本に〝鎮静剤〟を注射し、日本を一定期間おとなしくさせようとしました。そして現在、米国の世界目標とアジア戦略という観点から、米国は再び日本をクレイジーにさせる必要に迫られています。従って、米国はまた日本に〝ドーピング剤〟を打ちました。実際は、米国という虎と日本という彪にはそれぞれの思惑があるように私には思えます。日本は米国の対中封じ込め戦略に協力することで、それに乗じて米国によるコントロールを脱却し、政治的・軍事的に強大になり、国家の地位を向上させようとしているのではないでしょうか。

20世紀前半期において、日本は中国侵略戦争を発動し中国を征服しようとしましたが、その最終目標は米国に打ち勝ち、世界を支配することであったはずです。それでは21世紀における日本国家大戦略の本質は何でしょうか？　私は〝反中脱米〟、〝反中〟は手段であり、〝脱米〟こそが目的であると見ています。昨今依然として米国の支配下にある日本は真の主権国家だとは言えず、半主権国家でしかありません。日本にとってみれば、米国による支配から脱却し、国家の独立を実現することは中国に反対することよりもよほど切迫した、重要な事項ではないでしょうか。私が日本の指導者であればそう考えます。米国は日本という石を拾って中国に投げつけようとしていますが、この石はまず始めに自らの足元に返り落ちてくるシナリオも考えられるはずです。

これからのアジア太平洋地域を考察するにあたり、私の脳裏に浮かぶ光景があるのです。当時、毛沢東は中米関係を改善しようとして〝ピンポン外交〟を演出し、世界情勢にゆさぶりをかけました。今日、米国はアジア太平洋を支配し、中国を封じ込めるために一つの島（釣魚島）を利用し、一つの州（アジア）を扇動し、一つの洋（太平洋）を攪乱させ、一つの球（地球）を回転させようとしています。アジア太平洋地域は21世紀中米攻防の主戦場です。中国は現在成長し台頭する龍であり、米国は覇権を保持しようとする虎であり、日本はクレイジーに出撃しようとする彪です。中国という龍・米国という虎・日本という彪は21世紀バージョンの三国志を演じているように私には思えます。

米国は高らかに〝アジア太平洋回帰〟を掲げ、リバランシングという作用を発揮すると言っていますが、実際に発揮しているのは〝再破壊〟という作用です。日本は当時侵略戦争を発動し、〝大東亜共栄圏〟を作ろうとしましたが、現在は米国に協力し、中国に対して〝大東亜包囲圏〟を作ろうとしています。日本は今一度アジア太平洋に災難をもたらすのでしょうか。米国が堅持する覇権主義と日本が復活させる軍国主義はアジア戦争の策源地です。アジア太平洋と世界の平和のためにも、この地域で正義感を持つ理性国家は米国と日本に追随するのではなく、平和なアジア太平洋と世界のために貢献するべきでしょう。

加藤　現在、米国のグローバル戦略にとっての重心のひとつはアジア太平洋地域にあり、アジア太平洋戦略は米国のグローバル戦略にとっての核心になりつつあると私も感じています。劉大佐からご覧になって、米国はそもそもなぜ戦略の重点と核心をアジア太平洋地域に据えようとするのでしょうか？　やはり近年最もダイナミックに台頭する中国の存在と影響が大きいのでしょうか？

劉　中国の古代には〝得中原者得天下〟という言葉があります。中原地域を支配することこそが天下を獲得するための近道であり前提であるという意味です。

21世紀のアジアはまさに世界の〝中原〟であり、アジアを支配した者が世界を獲得できるのでしょう。近代世界には三つの発展段階がありました。

第一段階：欧州中心、大英帝国が代表
第二段階：米国中心、米国が代表
第三段階：アジア中心、中国が代表

21世紀の世界には〝一つの中心、二つの基本点〟があります。アジアを中心にし、欧州と米国を二つの基本点とする構造で近代史における三つの極を形成するというものです。アジアは地理的には世界の高原にありますが、政治、経済的には長期的に世界の低迷地域でした。21世紀のアジアは世界で海抜が最も高いだけでなく、政治、経済、軍事的にも最高地にいくでしょう。

米国のアジア太平洋リバランシング戦略は米国の世界覇権を維持し延長するためのものであり、そのために中国を中原から駆逐し、アジアからも駆逐しようとするでしょう。仮に米国が戦略的重点をアジア以外に設定しようとすれば、米国は辺境に追いやられてしまうでしょう。米国のグローバル戦略の重点はアジアにあり、アジアにおける戦略的重点は中国と日本です。歴史的に見て、アジアを支配する国家というのは中国と日本であり、米国のアジア戦略の核心は日本をコントロールすることと中国を封じ込めることにほかなりません。だからこそ、米国は中国と日本を天敵として戦わせ、互いに牽制させ、そこから漁夫の利を得ようと企んでいるのです。

米国と日本はすでに冷戦的思考を持って中国を迎え撃とうとしていて、一方の中国は〝非冷戦的思考〟から米日を迎え撃とうとしています。最後の勝利者は冷戦的思考の継承者ではなく、新型大国関係の提唱者になるはずです。

世界最大の格闘場となったアジア太平洋地域

加藤　劉大佐は21世紀の世界で主要な危険地帯はアジアであり、アジア太平洋地域はすでに世界最大の格闘場になっていると指摘されました。この〝格闘場〟には具体的にどのような特徴を見出しておられますか？　どのような闘いがそこで繰り広げられるのでしょうか？

劉　21世紀のアジアには六つの〝最も〟があります。(1)世界で最も活力と潜在力のある地域、(2)世界で最大の市場を持つ地域、(3)国家間の競争が最も激しい地域、(4)群雄割拠で、最もライバル国に互いに服従しない精神を持っている地域。例えばインド、日本、中国にはいずれもアジアを主導し、中原を支配し、天下を支配しようという野心と志があります。(5)グローバルな利害衝突や矛盾関係が最も複雑な地域。この地域には国家内部の分裂や矛盾が集中しています。例えば台湾と中国大陸、韓国と北朝鮮です。またアジア地域内には国家間の矛盾も突出しています。例えば中国と日本、インドとパキスタン、韓国と日本などです。また世界で最高レベルの矛盾も突出しています。米国と中国の矛盾です。従って、アジアは状況が最も複雑で、矛盾が最も突出している地域なのだといえます。(6)軍事的衝突と戦争の危険性が最大である地域。アジアは世界最大の政治地震帯であり軍事火山群です。随時軍事的地震が発生し、戦争の火山が爆発する可能性を秘めているのです。

アジア国家は一体どのようなアジアを建設したいのでしょうか？　分裂したアジア、戦争状態にあるアジア、或いは平和で団結したアジアでしょうか。米国と日本はアジアをどのようなアジアに変えたいのでしょうか？　米国と日本のアジア戦略はこの地域を世界最大の〝市場〟から世界最大の〝戦場〟に変えようとしているように私には見えます。アジア国家は自らの核心的利益と長期的利益をはっきり見据えた上で、〝アジア集団的安全保障システム〟を構築し、〝アジア平和条約〟を結び、〝アジア安全メカニズム〟を建設しなければなりません。

米国は最近ある理論を宣伝しています。〝中国孤立論〟です。中国には友人がおらず、〝盟友〟に欠けているというものです。中国の主権を侵犯する国家を〝恐中国家〟と呼び、世論戦で中国を孤立させようとしています。実際には、中国は20世紀80年代、米国とソ連が冷戦を争っている時代から非同盟戦略を開始しました。今日の非冷戦時代において、中国が今日の米国や当時のソ連を模倣して冷戦的思考を持ち反米同盟を打ち立てようとすることなどあり得ません。同盟戦略とは20世紀前半において二大軍事集団が世界大戦を行うための戦略であり、20世紀後半に二大陣営が冷戦を行うための戦略であり、21世紀に米国が依然として同盟戦略を行い、引き続き世界を分裂させ、地域を分裂させ、世界を新たな冷戦状態へ、新たな戦争の危険へと追いやるための戦略です。中国が同盟戦略を行わないのは、中国が自信に満ち溢れているからであり、中国が新型大国関係という実際の行動に打って出る所以もここにあるのです。

加藤　劉大佐は米国のアジア太平洋戦略とは〝カニ戦略〟であると断言されました。実際に、アジアで最も大きな〝二匹のカニ〟、すなわち日本と中国の関係はこの地域で最も複雑であり、敏感であると私自身も感じてきました。米国はそんな中国と日本をどのように互いに戦わせるのでしょうか？　今となっては、日中を戦わせることによって米国が得るのは利益だけではなく、そこにリスクや不安要素も発生するように思うのです。米国の国力や国際影響力が相対的に落ちてきているように見える昨今において、日中がある程度協力し、アジア太平洋地域の平和と安定に共同作業でコミットメントしてもらわないと米国としても不都合な状況に見舞われるのではないでしょうか？

劉　アメリカンドリーム、チャイナドリーム、ジャパンドリームという三つのドリームの関係において、米国の目標と手段はチャイナドリームとジャパンドリームを互いにぶつかり合わせ、両者を太平洋で両成敗させ、アメリカンドリームの世界における独占的地位を確保し、チャレンジャーがいない状況を作り出すというものです。米国の日本との同盟関係を通じて中国を封じ込めようというグランドストラテジーは、裏を返せば、中国の力量を利用して日本の台頭を封じ込めようという戦略でもあります。そのために日本と中国を戦わせ、両成敗にさせる必要が米国にはあるのです。中国と日本の双方を封じ込めるという意図が背後に横たわっているのです。

米国の封じ込め戦略は歴史的に見て間接的なもので、チャレンジャーになり得る二大パワーを戦わせ最終的に自らが最大の戦果を得ようというものです。米国はこのような戦略を20世紀以来の100年において繰り返し三回応用していると私は分析しています。

一回目は第一次世界大戦において欧州の二大戦争集団を4年間戦わせ、双方が消耗、疲弊した後、米国は両陣営から戦争が産んだ財産を得ました。米国は最後の数ヵ月戦争にコミットしたに過ぎませんが、結果的に世界の救世主のごとく認識され、第一次世界大戦最大の受益国となりました。

二回目は第二次世界大戦において米国は第一次世界大戦同様の戦略を使い、北米で戦況を注視しつつ、フランスが最も困難な状況にある中でも出兵せず、大英帝国が最も困難な状況にある中でも出兵せず、ソ連が最も困難な状況にある中でも出兵しませんでした。欧州の戦場、東方の戦場を含め、米国はずっと戦争を交わす双方とビジネスをし、双方によって財を肥やしていました。米国は日本による奇襲を受けて初めて戦争に参入したのです。欧州の戦場においては可能な限りコミットメントを遅らせようとしました。

三回目は第三次世界大戦とも称された40年以上に及ぶ冷戦下において、米国は欧州で西欧を冷戦の前線へと追いやりソ連陣営と対抗させました。アジアでは中国とソ連の対抗を企みました。中国とソ連の関係が悪化し、対抗的な関係が形成されたのは米国によって直接計画されたものではありませんでしたが、米国は主観的計画、客観的実践において中ソ分裂・対抗の局面を十二分に利用し、冷戦後期における戦略的主導権を維持・獲得しようとしました。中ソが対抗しなければ米国が冷戦で勝利することはなかったという分析があります。冷戦は米国の勝利というよりは、米国が中国と連携した勝利であり、米国と中国の共同勝利であり、仮に中国の作用がなければ、米国は今日に至っても冷戦に勝利することはなかったという分析です。これらの見方や分析には議論の余地がありますが、まったく道理にかなっていないわけではなさそうです。

そして四回目です。米国は過去三回の成功体験に基づいて、より巧妙に中国と日本の対抗を計画し、製造し、加速させるでしょう。米国のアジア太平洋リバランシング戦略というのは、まずは〝日本を利用し中国に対抗する〟戦略であり、〝日本を利用し中国を牽制する〟戦略であり、〝中日を対抗させて米国が利益を得る〟戦略です。中国と日本が両成敗という局面を作り出すことを通じて、最小の代償で中国を徹底的に封じ込め、日本をより良くコントロールし、米国の覇権を確保するという戦略的目標を実現しようとするものなのです。

第7章　米国が覇権に別れを告げて、世界には初めて未来がある?

覇権主義はもはや米国の生命線ではない?

加藤　習近平主席は中国と米国は「衝突しない、対抗しない、相互に尊重し、協力とウィンウィンの関係」と定義する〝新型大国関係〟を構築すべきであると提起しましたが、実際にはチャイナドリームとアメリカンドリームの矛盾は解消されていないようです。その背後には、世界に覇権国家は一つしか君臨できないという固定概念のようなものも影響しているようです。米国が〝新型大国関係〟を容認できない理由の一つに、中国が米国と同様の地位や権力、影響力や発言権を持った上でこの世界を〝共同統治〟することを容認できないことにあると私は考えます。ただこれは裏を返せば「この世界に覇権国家は一国で十分」という米国の立場や考えが反映されているとも言えるでしょう。劉大佐が指摘される「米国は覇権的地位の保持を自国の核心的利益と見ている」という見方も私は現実に即していると思います。それでは、そんな米国は〝覇権的地位〟を中国と共有することとすら暗に拒絶しているのに、どうして譲渡、或いは放棄することができましょうか?　劉大佐はどうお考えですか?

劉　世界覇権主義はもはや米国の生命線ではありません。約25年前、〝歴史の終焉〟を米国は祝い、冷戦勝利を謳いました。今日においては、私が主張する〝覇権の黄昏〟は世界のコンセンサスになってきています。

米国大統領の任期は国内では最長2期ですが、国際的にはずっとリーダーに君臨しようとしています。パフォーマンスが最悪で、失敗したとしても辞任せず、退任せず、退職もしない。これは不公平です。

実際に、世界覇権を一国の核心的利益として死守しようとするのは典型的な〝米国の落とし穴〟です。覇権とは本来国際業務における一種の特権であり、強権であり、専権なのです。覇権は良いものではないのに、どうして一国が核心的利益に据えることができましょうか。グローバル・リーダーの地位は私益として追求することも、世襲的特権として持続することも、一国の専権として死守することもあってはならないのです。

米国は中国を〝チャレンジャー〟だと見なし、中国を〝悪魔化〟しようとするのは金メダル国家の銀メダル国家への世論封じ込めであり、一種の権利略奪行為でもあると言えるのです。

加藤　世界史的に見れば、大国の台頭は覇権の獲得に繋がる傾向にあり、逆に大国の衰退は当事者に覇権を失うことへの恐怖心を煽る傾向があるようです。劉大佐からご覧になって、21世紀の米中間の覇権レースは世界覇権史の再演となりますか？　或いはこのレースはこれまでとは様相の異なるものになるのでしょうか？

劉　21世紀の米国は世界覇権を自らの核心的利益に据える陳腐な考え方を捨てなければなりません。世界覇権は世界強国にとっての〝ガン〟であり、大国は覇権のために生命線を失うこともあるのです。歴史のロジックは、覇権は国を衰退させ、覇権は国を亡くならせるというものです。世界覇権は米国にとって衰退の道であり、没落の道を意味するのです。米国のここ10年の失敗は覇権の失敗であり、米国をとりまくあらゆる病状は覇権と無関係ではないのです。米国は〝覇権病〟を患ったといっても過言ではありません。米国をとりまくあらゆるジレンマの根源も覇権のジレンマであり、米国のあらゆる危機は覇権の危機なのです。米国の衰退は覇権の衰退と同義語であるということです。

21世紀、覇権によって興国を図ろうとする国家は歴史の潮流に反しており、仮に米国がそれでも世界覇権を堅持しようとすれば、それは必然的に衰退と没落を招くのです。米国の将来的な前途と活路は徹底的に覇権による興国という戦略的思考を転換し、覇権思考、覇権戦略、覇権目標から自らを解放してあげること、世界の〝普通の国家〟になることです。〝脱覇権〟という試みは米国の歴史における最も深みのある革命になることでしょう。

世界覇権は米国が守るべき核心的利益ではないのと同時に、世界覇権は中国が目指すべき目標でもありません。中国の台頭は覇権の台頭ではなく、世界覇権の終焉を追求するものです。中国と米国の戦略的競争の目標は覇権的地位の転換や交代ではなく、旧覇権世界を終わらせること、覇権のない新しい世界を創り上げることにあります。中国の台頭は新たな世界の台頭であり、多極化に基づいた覇権のない世界の形成を意味します。その意味で、中米両国の戦略的攻防は世界の様相を深く変え、両国の運命を深く変えるものになります。この攻防を通じて、米国は覇権国家から非覇権国家への転換を遂げ、米国はこの地球における最後の覇権国家となるのです。それは中国が人類の歴史の中で初めて〝非覇権の世界一国家〟になることをも意味します。要するに、米国は覇権の続投を求めず、中国は覇権の継承を求めない。これこそが中米両国が相互に承認する〝戦略的再保障〟であるというのが私の考えるシナリオです。

金メダル国家米国が銀メダル国家中国に向き合う上で、〝ワシントンスピリッツ〟を喚起しなければなりません。

米国はこの地球における金メダル国家であり、最も心配するのはすぐ後ろに自らを追いかける銀メダル国家が存在することです。このような〝アスリートの心境〟はとても正常なものだと言えます。

米国が名誉に感じている一つの制度が大統領の選挙制度であり、任期制度です。仮に米国の大統領が他の候補者の立候補を大逆無道の挑戦だと見なし、自らの地位への脅威だと訴え、自らの指導者としての地位を無期限に延長させようとすれば、それは疑いなく常軌を逸した行為だと見なされます。しかし、米国の国内におけるこのような〝大統領文化〟（私はそれを〝ワシントンスピリッツ〟と呼びます）は、冷戦後米国が世界をリードする過程で全くと言っていいほど体現されていないのです。冷戦後米国の世界でのリーダーシップは災難と言えるものでしたが、我々が耳にするのは米国の自省ではなく、引き続きこの世界を100年支配し続けたいといった宣告です。国際社会が民主化する時代、米国が世界の指導的地位を自らの利益と見なしてそれを独占するやり方はもはや持続可能ではないのです。

加藤　覇権に関する話が続いています。劉大佐は『中国夢』のなかで〝無覇権世界〟を主張され、『覇権の黄昏』のなかでは21世紀の世界には〝覇権の終焉〟しかなく〝覇権の転移〟はないと断言されています。世界の大国関係という観点から、これまで歴史上何度も繰り返されてきた〝覇権の転移〟から〝覇権の終焉〟という歴史的転換をどのようにご覧になっていますか？

劉　冷戦終結後〝歴史の終焉〟を歓喜のなかで宣言した米国は、今日自らが真に直面している問題が〝覇権の終焉〟であるとは思いもよらなかったでしょう。ポスト米国の時代は世界の末期ではありません。米国が覇権を失った後、一部西側国家の関係者が懸念するような〝新中世時代〟に世界が陥ることもありません。

米国の覇権はなぜ長続きしないのか？　新興の中国はなぜ新興の覇権を求めないのか？　歴史の終焉というのは不可能です。では覇権の終焉はなぜ必然なのか？　これらの問題は考察や研究に値するテーマです。

米国人が懸念しているのは〝覇権転移論〟、つまり世界覇権が米国から中国に転移する事態です。一方で中国人が信仰するのは〝覇権終焉論〟です。世界覇権の四文字を前に、中国は墓を掘る存在であり、米国の覇権を継承する国家ではないということです。

中国の台頭は21世紀の中国にとっての核心的利益であり、これを封じ込めたり、阻害したりする行為は中国の核心的利益に損害を与えるものだということです。なぜなら中国の台頭は覇権の台頭ではなく、覇権のない世界を作るプロセスであるからです。

英国覇権後に米国覇権が生まれましたが、米国覇権の後には中国覇権は生まれません。それに、世界覇権は今後永遠に消滅するでしょう。なぜなら、平和的発展、協力とウィンウィンこそが時代の主流であり、〝国内専制〟と〝国際専制〟は必然的に淘汰され、〝専制国家〟と〝覇権国家〟は皆歴史博物館に入れられるべきなのです。従って、中国と米国の関係性をめぐって〝覇権転移論〟を議論するのは科学的ではないのです。

〝中国脅威論〟はなぜ誤っているのか？　世界にとっての最大の脅威は世界覇権であるからで

す。中国ではなく覇権こそが世界の平和や安定に脅威を与える本質だからです。その意味で、世界覇権が脅威にさらされることは世界にとっての進歩であると言えます。

最後に一言指摘させてください。今ならはっきり言えます。〝歴史の終焉〟は誤った判断であり、〝覇権の終焉〟こそが趨勢だったということです。

覇権の消滅と米国、アジア、世界の前途

加藤 劉大佐は『覇権の黄昏』のまえがきにおいて「覇権の黄昏＝米国の黄昏ではない」と主張し、覇権と米国の関係性を議論され、覇権に別れを告げることと未来の関係を指摘しました。覇権的地位を失った後の米国はどのような米国になるものと予想されていますか？

劉 覇権を失った米国は〝新型米国〟になるでしょう。中米競争で中国が勝てば、米国は二つのものを失うことになります。

一つ目に失うのは世界覇権の地位です。これは米国の国家性質にとっては第二次世界大戦以来の歴史的転換を意味します。米国の覇権が21世紀最初の10年に米国にもたらしたものは〝地獄の10年〟でした。米国の経済や金融覇権は世界に大危機をもたらし、米国の覇権は世界を〝危機の世界〟に変えてしまいました。米国は世界に属しているのであり、世界が米国に属しているのではありません。ただ世界覇権を持つ米国は世界から乖離した米国であり、世界を圧迫する米国は世界を収奪する米国です。その意味で、世界覇権を失った米国は世界の中の米国になるということであり、新生の、長期的活力を擁する米国になるということです。

二つ目に失うのは世界ナンバーワンの地位です。これは発展の競争レースの中で米国が自分よりも足が速い選手に追い抜かれることを意味するのであり、世界の進歩にとっていいことです。米国は10年以内に〝世界ナンバー2〟になる準備をしなければならず、20、30年以内に〝世界ナンバー3〟になる準備もしなければなりません。ただ新たなプレイヤーに抜かれた米国は依然として発展の速い、力量の強いプレイヤーでいることも可能です。世界ナンバーワンの地位を失った米国は依然として魅力に満ちた米国でいることができるのです。13億の人口を持つ中国が3億の人口を持つ米国を追い抜くのは正常なことです。仮に3億人の米国が世界ナンバーワンのポジションに100年君臨し、誰もチャレンジャーが出てこないのであればそれこそ不正常であり、世界が活力に欠けていることを示すものでしょう。

仮に米国が世界覇権と世界ナンバーワンの地位を守ろうとしてもそれが成功しないのは宿命なのです。世界覇権を放棄して、米国ははじめて長期的に生命力を保持する事ができるのです。世界覇権は米国衰退の根本的原因だからです。歴史を振り返ってみれば分かることですが、米国が覇権を求めなかった時期、米国は活力に満ち、世界を良くリードしていました。米国の衰退は冷戦に勝利した後に始まりました。米国が冷戦中世界の半分で覇権を握り、冷戦勝利後全世界で覇権を握り、米国は〝覇権の頂上〟まで登りつめて、はじめて〝覇権の衰退〟が始まったのです。米国は相手からの牽制も世界からの監督もなくなり、自律がなくなり、身の程を知らなくなる中で迅速に衰退していったのです。

加藤　劉大佐は「覇権」と「リーダーシップ」の関係をどうお考えですか？　世界でリーダーシップを発揮しようとすれば、程度の差はあれ、覇権的な色彩を帯びるのではないでしょうか？

それに、リーダーシップを発揮している国と、そんな国にリーダーシップを発揮されている国の間の認識にギャップが存在するのは自然なことです。中国が覇権と捉えることを米国はリーダーシップと捉える。中米以外の第三国のなかでも、それを覇権と捉える国もあればリーダーシップと捉える国もあるでしょう。立場や利害によって見え方が変わってくるのも当然です。そこでお聞きしたいのですが、仮に劉大佐のおっしゃる覇権を米国が失う、或いは放棄するとして、それが世界におけるリーダーシップの欠如、或いは権力の空白という事態を生むのであれば、それは世界の平和や繁栄にとって必ずしもポジティブな現象とは言えないのではないでしょうか？

劉　覇権の終焉＝リーダーシップの終焉ではありません。米国覇権の終焉＝米国リーダーシップの終焉でもありません。米国が覇権を失うことは米国がリーダーシップを失うことを意味しないということです。失うものは世界中で好き勝手振る舞う権力であり、自分で好き勝手決めてしまう権力であり、独断で物事を行う権力です。人類社会にはリーダーシップが必要であり、それを行使する国家或いは機構がありそこで初めて世界に秩序、ルール、安定が生まれるのです。しかし、世界のリーダーシップが世界覇権という性質によって出現するのは20世紀以前の歴史的形態に過ぎません。21世紀に入り、人類世界は世界リーダーシップを必要としていますが世界覇権は不必要になりました。世界をリードする権力の性質に根本的な変化が生じたということです。民主的で、自由で、法制度による世界にはリードが必要ですが覇権によるリードは必要ないのです。米国は世界覇権を失いましたが、依然として世界に対する集団リーダーシップの権利は享受することができます。他の国家と共同でリードし、民主的にリードし、文明的にリードするのです。将来的なリーダーシップは覇権的ではなく、国際連合を通じて行使されるリーダーシップでなければなりません。それはある特定の国家が国連を通さずに、ユニラテラリズム（単独行動主義）的な覇権を通じて行使できない性質のものなのです。

上記でも指摘しましたが、覇権の終焉は米国の新生になるでしょう。覇権を失った米国は国際民主・自由へと回帰します。それは米国の解放であり、第二の建国とも言えます。覇権を失った米国はより多くの友人を得られるでしょう。敵が少なくなるでしょう。より安全になり、より大きくて広い回復の余地と発展の空間を享受できるでしょう。レース中により優秀な選手が出てきたために、一旦は追い越されるでしょうが、米国は引き続き自らの過去よりも優秀な成績を残し、次のラウンドの改革開放を通じて中国を再度追い抜くことも十分に可能なのです。

最後に、米国と覇権の関係性について、四つの新たな観念を確立する事が必要だと私は考えています。（1）覇権は米国の生命線ではない、（2）覇権は米国の核心的利益ではない、（3）覇権は米国に先天的に賦与された使命ではない、（4）覇権は世界の安定と秩序を保障するための必須要件ではない。覇権を除去し、米国を解放し、世界を解放することが21世紀の時代的潮流なのです。

加藤　多くのウォッチャーは21世紀を〝アジアの世紀〟だと修飾します。仮に米国が覇権を失ったとして、アジアにはどのような新しい変化が生じるでしょうか？　安定したヘゲモニーと全く無縁のアジアを劉大佐は想像できますか？

劉　近代のアジアは災難に見舞われ続けました。まずは西側植民地主義の餌食になり、その後日本軍国主義の被害に遭いました。第二次世界大戦の終了はひとつのターニングポイントで、西側世界（脱亜入欧の日本も含む）のアジアでの植民地主義統治の終結を象徴していました。アジアは初めて解放を獲得したのです。しかし、アジアは第二次世界大戦の勝利の後西側植民地主義による〝統治〟からは脱却しましたが、冷戦に見舞われ、米国による覇権主義のコントロールに遭いました。アジアは長期的に米国が実行する冷戦の戦車に閉じ込められることになったのです。多くのアジア国家は米国のコントロール下にあり、米国に依存し、米国の盟友になり、米国の指揮に従い、名目上は独立国家ですが、実際は自主国家ではありませんでした。２０１１年、米国は戦略の重心をアジアへと移し、米国の覇権主義がアジアの台頭を封じ込め、アジア国家を分裂させ、操縦しようという米国の意志と力量はどんどん大きくなっていきました。今日アジア、特に東アジアが抱える突出した矛盾や問題のほとんどは米国の介入やコントロールと無関係ではなく、その背後には米国覇権主義の影がいつも横たわってきたのです。それによって、21世紀前半のアジアは現在世界で最も危険な火薬庫になっていると言っても過言ではありません。私は21世紀前半のアジアに20世紀前半の欧州の悪夢が再演されるのではないかと懸念しています。

それを防ぐためには、米国の覇権的支配を脱却した〝新型アジア〟、〝自主アジア〟、〝独立アジア〟を建設する必要があるのです。アジアは20世紀後半に植民地統治から脱却し、第一の解放を実現しました。21世紀前半には米国覇権支配からの脱却を通じて第二の解放を実現しなければなりません。米国の覇権が衰退しなければアジア太平洋地域には永遠に平穏な月日はやってきません。米国の覇権はアジアを分裂させる最大の要素であり、アジアの平和と発展に対する最大の脅威なのです。

米国の『フォーリン・ポリシー』が2012年1月にズビグネフ・ブレジンスキーの〝アフターアメリカ〟という文章を掲載しました（BY ZBIGNIEW BRZEZINSKI, "After America", JAN. 3, 2012）。その中で、ブレジンスキーは次のように主張しています。

「米国が衰退するに伴い、攻撃的な中国のナショナリズムが台頭する可能性があるが、それは結果的に中国の国際利益を損害することになる。北京が唯我独尊となり、ナショナリズムを利用すれば、それは無意識の内に強大な地域連盟の形成を誘発し、自らと対立する局面を生むことになる。中国の主要な隣国－インド、日本、ロシアは中国が世界で米国のポジションに取って代わる資格を認めようとはしないだろう。そこから誘発される地域の争奪戦は非常に激烈になる。特に中国の隣国にもナショナリズムの傾向が波及し、アジアの国際関係は緊張した段階に入るであろう。それによって、21世紀のアジアには20世紀のヨーロッパのような光景、つまり暴力と血流が再演されるかもしれない」。

中国は本来アジアの平和と発展の功臣ですが、ブレジンスキーはアジアの問題と矛盾、危険と脅威の原因を中国に押し付けようとしています。これは是非を取り違える、歪曲するものです。アジアの混乱や将来的なリスクの根本的原因はアジア国家にあるのではなく、中国にあるわけでもありません。それは米国が自らの世界覇権を守るためにアジアを分裂させ、コントロールし、中国を包囲し、封じ込めようとしているところに帰結するのです。米国こそがアジア混乱の総監督であり、総指揮者なのです。米国覇権のアジアにおける膨張こそが21世紀前半のアジアを20世紀前半の欧州と化してしまおうとしているのです。

冷戦以降世界覇権の主としての地位まで成り上がった米国が戦略の重心を配置した地域で、

矛盾や衝突が不断に起きるという事態が発生してきています。21世紀に入り、米国が戦略の重心を移す前、アジアは比較的平穏でした。その後、特に中国周辺では摩擦や矛盾が悪化しました。自らの世界覇権的地位を維持するために、米国はアジアで分裂や混乱を製造し、21世紀前半のアジアを20世紀前半の欧州に仕立て上げることで、アジア太平洋地域の大国を共に戦わせ、地域内の中小国家を積極的にその中に参入させることを通じて、アジア人にアジア人を牽制させ、アジア国家に中国を牽制させ、米国は中国を封じ込め、米国の覇権的地位を保持するという戦略的目標を得ようとしているのです。

米国の覇権が及ぶ地域で矛盾は激化し、関係は緊張し、情勢は複雑化し、秩序は混乱し、リスクが高まるというわけです。

しかし、時代は変わりました。米国の覇権がどれだけ暴れても21世紀前半のアジアを20世紀前半の欧州のように仕立てることは難しいです。一つだけ言えるのは、米国の覇権が介入・干渉しないアジアはより平穏で、より団結し、安全になるということです。世界覇権を失った米国をアジアはより歓迎し、米国とアジアの関係もより正常になっていくでしょう。

加藤　これまで、覇権終焉後の米国、アジアを議論してきました。本章の最終部分として、覇権終焉後の世界について劉大佐の考えをお聞かせください。劉大佐は以前私に次のようにおっしゃいました。「世界覇権の本質とは一つの国家が一つの世界を独占、支配、圧迫することである」。それでは、劉大佐が上記で繰り返し主張されるように、米国の覇権が終焉した後、我々の世界は何処へ向かっていくのでしょうか？　この世界にはどのような戦略レベルにおける転換や変化が生じるのでしょうか？

劉　世界は覇権と離れられないという見方は、国家が君主と離れられないというくらいに馬鹿げています。民主国家には君主が必要ないように、民主世界には覇権は必要ありません。

一部米国のエリートは米国が覇権を失うことは世界にとっての災難であると考え、米国が覇権を保持することで世界は素晴らしくなると主張しています。実際はその真逆で、覇権のない世界こそが素晴らしく、理想的な世界なのです。

ブレジンスキーは前出の文章にて次のように主張しています。

「米国が衰退し、世界が覇権を失えば、世界における共通利益が衰弱する可能性がある。地政学において大国に近い位置にある弱国の安全は米国のグローバルな主導的地位が強化する国際的な現状に依拠している。これらの国家の安全も米国の衰退によって脆弱になる。このような危険な状況にある国家や地域はジョージア、台湾、韓国、ベラルーシ、ウクライナ、アフガニスタン、パキスタン、イスラエルおよびアラブ中東地域の諸国であり、今日の地政学における自然界で危機に瀕する種のような存在である。彼らの運命は米国の衰退によって生じる国際自然環境と密接に関わることになる。米国衰退によって生じるもうひとつの結果はシーレーン、宇宙、サイバー空間、環境といったグローバルな共通利益をめぐる普遍的協力のマネージメントが弱体化することである。これらの共通利益の保護は世界経済の長期的成長や地政学の基本的・持続的安定にとって極めて重要である。ほぼすべての状況下において、米国の建設的、影響力のある役割の欠如はこれらの利益の公共的状態に致命的な破壊作用をもたらすであろう。なぜなら、米国の力のアドバンテージは至る所に及んでおり、衝突を防止する秩序を構築してきたからである。米国の衰退によって世界は安全ではなくなり、この危険は一部脆弱な国家にも及んでいく。その意味でアフターアメリカの世界はより複雑になり、混乱する」

実際に、21世紀の世界は「世界覇権がなくなれば世界秩序もなくなる」という類のものではありません。最近の５００年を振り返ってみると、世界秩序とは世界覇権の形式を通じて生まれ、世界秩序は世界覇権によって保障・実現してきたことが分かります。世界覇権は弱肉強食の世界において〝無政府状態〟を克服できる唯一のメカニズムだったのです。しかし、21世紀になり、世界覇権は個別国家の専権、集権、特権となり、世界の民主的な潮流に背反するようになりました。世界覇権は世界の秩序と安定、平和と発展にとってもはや積極的な力ではなくなり、逆に腐敗、破壊の力と化したのです。上記でも述べたように、今日の米国覇権は団結ではなく分裂をもたらしています。米国の同盟戦略は地域の分裂、世界の分裂を巻き起こしています。平和ではなく戦争に、安定ではなく動乱に加担しているのです。

米国は覇権を通じて地域・世界レベルで同盟関係を結び、一部国家を籠絡し、封じ込め、軍事的に侵攻さえします。実際に、米国の保護を受けている国家、米国と同盟関係を結んでいる国家は米国の戦車に閉じ込められている国家だといえます。例えばアジアの日本や韓国であり、欧州のＮＡＴＯ加盟国です。

米国が組織したあらゆる同盟ネットワークは世界を分裂させ、世界を支配するための、覇権を保持するための権力的芸術です。米国に支配される同盟国は米国の代わりに相手を攻撃することを余儀なくされ、実際に国家としての独立自主の権限を持ちません。米国が覇権を失えば、これらの国家や地域は米国の支配から解放され、独立自主に自らの発展の進路と外交政策を選択することになるのでしょう。

人類社会は過去において〝覇権世界〟の建設や〝覇権秩序〟の形成に慣れきっていました。米国が世界覇権を失い、世界が覇権のない世界になることは歴史的進歩なのです。人類は新しい民主的世界を建設するために学ばなければなりません。人類にはその能力が完全に備わっています。民主的で覇権のない世界はより文明的で進歩的な世界です。旧型の覇権世界から新型の無覇権世界への転換は人類社会にとって一種の〝換骨奪胎〟だと歴史は振り返るでしょう。

第8章 米国が世界を救うのではない、世界が米国を救うのだ

米国は如何にして世界から離脱したか？

加藤　前章において、米国と世界の関係性を研究することの価値を劉大佐は指摘されました。その関係性そのものは今日まで継続され、場合によっては発展し、挫折に遭遇する事態も発生してきたのでしょう。我々は米国と世界の相互関係の変遷のプロセスをどのように観察すべきだと思われますか？　私は中国の軍人である劉大佐が〝第三者〟の立場からこのテーマをどう観察されているのかに興味があります。

劉　世界が米国を改造し、米国が覇権国家から正常国家に転換するのを実現することは非常に大きな革命であり、そのプロセスは紆余曲折を経たものになるでしょう。この相互関係を如何に処理するかをめぐって、米国は真剣に四つの段階における歴史的経験と教訓を総括しなければなりません。

第一段階は米国の〝世界進出〟成功、つまり米国の開国から第二次世界大戦勝利で、この期間、米国は世界との関係処理において良い経験を蓄積しました。この段階の米国は孤立主義と進取主義を結合させ、〝韜光養晦〟と〝有所作為〟を統一させ、大国台頭の奇跡を創造しました。

第二段階は米国の〝競争世界〟での勝利、つまり第二次世界大戦勝利から冷戦終結にかけての約半世紀です。米国はソ連と世界覇権を争う過程で、曲折や反復があり、失敗の経験もありましたが、全体的にソ連よりも良質な発展が最終的なイニシアティブとヴィクトリーをもたらしたと言えます。冷戦の終結は世界にとっての進歩であった。これが私の見方です。

第三段階は米国が〝世界をリード〟した教訓であり、冷戦終結後、米国は冷戦勝利の成果を享受しつつ、時代の進歩という潮流に背き、引き続き冷戦的思考を用いて世界との関係を指導し、処理してきました。結果、米国は世界から乖離し、世界を蔑視し、世界を分裂させ、世界に対抗し、結果的に世界に災難をもたらし、米国自身も危機と衰退に陥りました。

第四段階は〝世界への回帰〟という選択です。米国覇権の衰退は不可避的な趨勢であり、米国覇権の黄昏はすでに訪れています。中国や他の新興国の台頭も邪魔することのできない趨勢です。米国はこの状況下において引き続き冷戦的思考で絶望の道を駆け下り、世界覇権という貧しい道の末路において徘徊するのか、或いは覇権専制を放棄し、中国と新型大国関係を構築するのか、これは米国自身が下さなくてはならない戦略的選択だと言えるでしょう。

キッシンジャーは『論中国』のあとがきで次のように指摘しています。「アジアの未来は相当程度において米中両国の構想、および両国がどの程度この地域における歴史的役割と地位を整合させるかにかかっている。歴史を振り返ってみれば、米国の行動は二つの動機に基づいてきたことが分かる。一つは自らの理想と信念が普遍性を持っていると固く信じること、もう一つは自らの価値観を伝播する義務があると信じること。一方で中国の行動は自らの独自性に基づいている。中国文化の伝播方式は宣教師のように熱いものではなく、静かに、時間をかけて、水面下で普及させるやり方である。この二つの社会は全く異なり、両者の協力に複雑性を内在させる。太平洋の両岸における指導者には相互に相談し、尊重する伝統を構築する義務がある。手を携えて共存・発展できる世界秩序を構築することが両国にとって共通の野心であったと後世に残すために」(517―518頁)。

米国の戦略的思考とは所謂〝普遍性〟を強調するもので、全世界に米国の制度を普及させ、米国の制度によって全世界を網羅し、米国の価値観によって全世界を改造し、武力によって米国の価値観を普及させようというものです。一方、中国の戦略的思考とは特色を重んじ、己を堅持し、他を尊重し、西洋や外国のものを崇拝したり媚びたりすることも、それらを持ってきて全面的に複製しようとすることもしません。かといって、唯我独尊になり、自らのイズムやモデルを全世界に〝輸出〟しようともしない。自らの制度を以って他者を脅迫したり、自らの価値観によって他者を改造したりすることもしないものです。

米国に世界を管理させるか、それとも世界に米国を管理させるか?

加藤　米国と世界の関係性という観点からすれば、第二次世界大戦終了以来、米国は世界の〝主人〟であり、あらゆる価値観や方法を通じて世界を管理してきたと言えます。戦後米国の同盟国であり続けてきた日本の国民である私が言うのもなんですが、今日、世界が〝米国一強〟という構造で管理され続けるのは難しく、中国やロシアといった比較的〝異質〟な国家も〝復興〟する情勢下において、国際関係や国際秩序は新たなフェーズに入っていっていると感じます。劉大佐はこの新たなフェーズに入っていく国際関係や国際秩序をどのような戦略的思考で眺めているのでしょうか？　また、人類はこのフェーズを前にどのような目標を確立するのが、人類社会における〝最大多数の最大幸福〟に符合すると思われますか？

劉　シンガポール建国の父リー・クアンユーは以前、中国に対してチェック＆バランスの機能を持ったフレームワークをアジアに構築すべきであると主張したことがあります。実際には、より重要で切迫したミッションは、世界に米国に対してチェック＆バランスの機能を持ったフレームワークを構築することです。

監督を受けず、チェックもバランシングもされない国家は必然的にクレイジーになり、遅かれ早かれ没落します。米国も例外ではありません。ソ連解体後、あるマレーシアの総理が感慨深く「共産主義と社会主義が失敗した後、資本主義は弱い部分を露呈する必要がなくなった」と言っていましたが、今日、赤裸々な資本主義が捲土重来し、米国の覇権主義はすでに好き勝手に全世界を食い尽くそうとしています。

米国は国際連合を軽視しているようです。国連は確かに世界に理想的な秩序を提供できてきたわけではありませんが、それでも現在世界で最良の形式を持ち、大国の権力を最も制限できる国際組織であることに変わりはありません。冷戦後、米国は制約を受けず、国連の存在を無視してユーゴスラビア問題に干渉し、〝人権は主権よりも重い〟という理論を提起しました。9・11後において米国のユニラテラリズムはピークに達し、国連や他の国際組織には目もくれず、伝統的な同盟国の反対にも耳を貸さず、〝ボランティア連盟〟を集めてイラクへと出兵し、先制攻撃を仕掛けました。チェックもバランシングも受けない覇権のクレイジーさは倍増する一方だと私自身感じた次第です。

冷戦後、米国は以前の〝半球覇権〟から〝全球覇権〟へと拡張しました。米国が世界を管理した結果は、覇権が世界に横行し、覇権が世界を混乱させ、覇権が世界に被害を与え、覇権が世界を圧迫するものでした。平和に発展し、安定的で文明的な世界を創造するためには、民主的で法治的な世界を創造しなければなりません。そのためには米国が世界を管理するフェーズから世界が米国を管理するフェーズへと転換しなければならないのです。そして、世界が米国を管理する核心とは、米国の覇権を監督し、制約し、覇権の米国を民主の米国へと改造し、転換させることであり、人権と国権を尊重し、覇権と強権に反対する、覇権のない新しい世界を建設することにほかなりません。世界を覇権の下から解放し、世界に米国を管理させることは、世界が米国を監督し、米国が世界に適応することを意味するのです。

加藤　世界の平和と秩序を確保した上で繁栄を実現していくために、かつ米国が世界の警察官を務めた経験や教訓を汲み取った上で、中国は将来的に世界の警察官という役割を担うつもりがありますか？　中国にそれを担う能力がありますか？　中国は世界の警察官を担うことを自らの利益、責任、或いは戦略と見なすのでしょうか？　世界の警察官という意味で中国が米国の〝後継者〟になる光景を我々は目にすることになるのでしょうか？　或いは、中国は米国と力を合わせて、分業しながらこの役割を担っていくことになるでしょうか？　最後に、この世界は〝2名の世界の警察官〟を収納できると劉大佐はお考えですか？

劉　人類社会が分散的・孤立的な〝地域社会〟から近代以来の〝国際社会〟に連結して以来、世界の警察官という概念が生まれました。その過程で、世界の警察官を担う覇権国家が生まれました。大英帝国からアメリカ合衆国、世界覇権の地位と世界の警察官の役割というのはコインの表と裏のような関係です。一つの国家が覇権と警察官という二つの役割を担ってきたのです。冷戦期には米ソが覇権を争いましたが、あの頃の世界には同時に二つの覇権国家が存在し、同時に2名の世界の警察官が存在しました。それぞれがそれぞれの陣営を持ち、それぞれの縄張りを管理していたのです。

21世紀の世界は依然として管理やガバナンスを必要とします。そして、世界の警察官も必要であると私は考えます。世界の警察官によって世界の治安を守り、良好な世界秩序を保持する必要があるからです。

しかし、21世紀の時代が変わり、世界が変わったことにも目を向けなければなりません。その変化に応じた新しい〝世界治安観〟、〝世界警察観〟を樹立しなければならないのです。具体的には四つの変革が必要です。

一つ目は、一国が世界を管理する時代を終わらせなければならないことです。未来の管理者は一国ではなく、二国でもない。米国でもなく、中国でもなく、米国と中国でもない。全世界における全ての国家と地域が平等に世界管理という事業に関与しなければなりません。グローバル・ガバナンスを前に、全世界のすべての国家が責任、義務、利益を共有するということです。将来的な世界のガバナンスは民主的に、集団的に進められるべきなのです。

二つ目は世界の警察官が世界覇権を守る時代を終わらせなければならないということです。過去において、世界の警察官はすべて世界の覇権国家によって担われていました。その当事国が世界の警察官になれること自体一種の特権を意味していました。過去における世界の警察官が先ず守ろうとしたのは世界覇権国家が守ろうとする覇権秩序であり覇権利益でした。この局面にピリオドが打たれるべきです。未来の世界の警察官は世界を管理することを目的とし、覇権秩序と覇権利益を守ることを目的とすべきではありません。世界の公共の秩序と利益に焦点が当てられるべきです。従って、世界の警察官と世界の覇権国は切り離されるべきで、世界の警察官と国家の特権も切り離されるべきなのです。未来の世界警察官の根本的な職責は奉仕であり、世界に対する統治、支配、圧制ではないのです。

三つ目に世界の警察官が世界による管理を受けない局面を終わらせなければならないということです。過去の世界は管理する側と管理される側に分かれていました。世界の警察官を担当する国家は世界を管理する主人であり、他の世界はすべて管理される側でした。結果、警察には世界を管理する権限はあるが、世界には警察を管理する権限がない状況が生まれました。今日の米国はまさにこのような世界の警察官なのです。結果、米国という世界の警察官が世界の治安にもたらすトラブルは米国が世界の治安のために解決する問題よりも多くなっているのです。今日、グローバル・ガバナンスが直面している主要な問題は米国という世界の警察官を如何にして管理するかであり、世界管理の重点は制約を受けない米国であり、治安の難点は制約を受けない覇権なのです。

四つ目に世界の警察官は世界各国による総合力に依拠すべきであり、国際連合だけが世界の警察官を担う能力と資格を持ち、世界に対して民主的、法治的、科学的管理が行えるということです。国連は〝世界警察本部〟になるべきで、国連事務総長は〝世界警察本部長〟になるべきです。国連こそが世界を管理する権威ある職務機構になるべきなのです。

米国に世界を改造させるか、それとも世界に米国を改造させるか？

加藤　米国の伝統のなかには一種の使命感があるように思います。それは米国にはこの世界を改造し、作りあげるミッションがあるという建国以来の価値観です。劉大佐は世界が米国を管理するのだとおっしゃいましたが、私が興味があるのは、世界は如何にして米国を改造し、米国を再生させるのかという問題です。劉大佐はもしかすると世界の米国に影響を与える能力は著しく不足していて、よって米国の覇権が横行していくのを許してしまった、米国に自己変革を促すための圧力を十分に持てなかったという角度から議論されるのかもしれません。将来的に世界は米国に対してどのような影響力をどう行使していくのでしょうか？　米国は本当に劉大佐が主張されるような方向に変わっていくと思われますか？

劉　米国改造。問題は何を改造するかでしょう。米国の自分勝手さ、虚偽、醜さ、覇権を改造するのです。サミュエル・ハンチントン氏は米国外交を次のように描写していました。「他国に圧力を加え、彼らに米国の人権、民主的価値観、やり方を受け入れさせ、他国が米国のアドバンテージに挑戦する軍事力を得ることを防ぐこと。他国の領土や社会に対して米国の法律を行使し、他国が人権、ドラッグ、テロリズム、核拡散、ミサイル拡散、宗教の自由などの分野で米国のスタンダードで実施しているかを判断した上で、それに到達しない国には制裁を与えること。自由貿易と公平市場を掲げ、米国企業の利益を増進すること。米国企業の利益から出発して世界銀行や国際通貨基金の政策を制定すること。直接的な利害関係のない地域の衝突に干渉し、他国に米国に有利な経済政策や社会政策を実施させること。米国の海外での武器売却を推進し、他国が同じような売却をするのを阻止すること」（周建明著『米国国家安全戦略の基本的論理』、社会科学文献出版社、２００９年５月初版、２１７頁）

このような米国は世界を支配し、統治することを追求する米国であり、公平な世界、和諧のある世界、多極的で多元的な世界と相矛盾する米国です。従って、この地球の安全と進歩のためには、このような米国に世界を改造させてはならず、世界が米国を改造しなければならないのです。ハンチントン氏が描写したような醜い米国は改造されるべきではないでしょうか？そして、このような米国を徹底的に改造するためには、米国一国だけに頼るわけにはいきません。世界が米国を改造するしか道はないのです。

一国において、強大な〝市民社会〟を構築することによって初めて政権に対してチェック＆バランスを働かせることができるように、世界にとっても、強大な〝市民世界〟（世界の各国からなる）を構築することによって初めて覇権に対してチェック＆バランスを働かせることができるのです。米国は市民の人権を圧迫する〝非民主国家〟がこの世界に存在することを許しませんが、世界も国家主権を踏みにじる〝覇権国家〟がこの地球で横行することを許しません。21世紀は世界覇権を終わらせる時代であり、これは〝世界が米国を改造する〟時代であり、その逆ではないのです。世界が米国に適応することから米国が世界へ適応することへのシフト、世界が米国に属することから米国が世界に属することへのシフト、米国が世界から乖離していることから米国が世界へ回帰することへのシフト、これは米国にとって歴史的な転換を意味しており、これによって米国は〝非覇権国家〟となるのです。これは世界にとっても歴史的な進歩を意味しており、これによって世界は〝無覇権世界〟となるのです。

米国は如何にして世界へと適合するか？

加藤　唐突な質問かもしれませんが、劉大佐は民主主義というものをそもそもどう理解・解釈されているのでしょうか？　ここまでも民主主義は議論をめぐる一つのテーマや視角になっていますが、ここで改めて、劉大佐がお考えになる民主主義というものを聞かせていただければ幸いです。それが中国の台頭と民主主義という多くの有識者が関心を抱くテーマを解きほぐす作業にもなると思うからです。

劉　国内政治と国際政治という観点から言えば、国家の民主化から国際民主化というのは一つの進化のプロセスです。一国にとっては、君主がいなくなって初めて民主国家になります。世界にとっては、覇権国家がいなくなって初めて民主世界になります。

民主化には二つの側面があるでしょう。一つは国家の側面で、民主化とは民主国家、法治国家を建設することであり、封建的専制を解除し、独裁に別れを告げることです。二つに国際的な側面で、民主化とは民主世界、法治世界、平等世界を建設することであり、世界覇権を解除し、世界業務において〝一国専制〟を解除することです。この二つの側面は相互に関連しています。世界で民主国家が多くなればなるほど世界覇権への容認度は低くなります。真の民主国家とは国内的に専制を容認せず、国際的に覇権を容認しない国家です。国内民主と国際民主双方を要求するのが真の民主国家なのです。グローバル民主化の潮流は全世界の政治的覚醒であり、グローバル覇権主義を墓場へと追いやる行動です。真の民主国家とは形式的に普通選挙を行うだけでなく、国際業務と国内業務において真に独立自主の国家でなければなりません。自主を持たない国家、自主を持てない国家は真の民主国家にはなりえません。今日の世界とは〝国際民主化〟に欠けた世界であり、国際民主化を推進することこそが世界のすべての国家にとっての共通の使命なのだと私は考えています。

国内政治の民主化は国際政治の覇権化を解決できるとは限りません。民主化した米国は覇権化する米国の出現を防ぐことができませんでした。米国は矛盾しています。国内民主化という米国と国際覇権化という米国です。これは、国内民主化をもたらす根本的要素と国際覇権化をもたらす根本的要素を同義的に語ることができないことを意味しているのではないでしょうか。

中国古代朝廷の状況を振り返ってみましょう。当時の中国は国内的に民主化していませんでしたが、周辺国家との関係構築において覇権化もしていませんでした。これは国内民主化と国際覇権化が根本的なつながりをもたないことを示す例であると言えます。国際覇権を形成させる根本的要素は世界の権力構造がアンバランスになり、世界全体の力が一国を制御できず、この国家の国力が全世界を凌駕し、制圧するほどに膨れ上がり、しかもこの国家が世界を支配しようとする強烈な欲望を持っていることです。覇権の欲望と力量を持つことは覇権が出現する基礎であり、覇権国家が生まれる原因です。従って、世界覇権の問題を解決するためには、覇権国家自身が自覚的に開明になり、進化を追求すると同時に、世界における権力構造がバランスの取れたものであり、その構造の中でチェック＆バランスが機能していることが必要だということになります。

〝中国時代〟はなぜ〝米国世紀〟を淘汰するのか？

加藤　最近、米国の首都ワシントンＤＣにて〝世界の警察官〟の議題と同時に盛り上がっているのが〝米国の世紀〟というテーマであると感じています。戦略家たちは「米国の世紀はこれからも続くのだろうか？　終わるのだろうか？　終わるのだとしたらいつ終わるのだろうか？」といったことを自問自答しているように見受けられます。ハーバード大学のジョセフ・ナイ教授は『Is The American Century Over?』という書籍を出版しました。私も同著を読んでみましたがナイ教授の現段階での結論は「ノー」で、アメリカンセンチュリーはそう簡単には終わらないと考えておられるようでした。私が見る限り、米国で自信と愛国心に満ちた戦略家たちは「中国が台頭すればするほど米国が重要になる」と考えているようです。チャイナドリームや中国の台頭といった問題を研究してきた戦略家・理論家という立場から、劉大佐は米国の世紀はすでに終わったとお考えですか？　或いは現在はまだ終わっておらず、これから終わるものとお考えですか？　或いは米国の世紀は終わらないとお考えですか？　仮に終わるとしたら、どのような原因や要素が米国の世紀を終わらせるのでしょうか？　外的要因と内的要因をそれぞれどのように分析すべきでしょうか？　劉大佐との議論という意味で私がとりわけ関心を持っているのは、米国の世紀と中国の台頭との戦略的関係についてです。

劉　１９４１年初頭、米国のメディア王、『タイムズ』、『ライフ』の創始者ヘンリー・ルースは〝米国の世紀〟という著名な文章を発表し、全世界に〝米国の世紀〟というスローガンを訴えました。米国各界で瞬く間に広範な反響を呼びその強烈な影響は世界中に及びました。

〝米国の世紀〟はドイツファシズムと日本軍国主義に勝利するのに伴う形でこの世に誕生し、世界に降り立ってきました。それは人類社会にとっての一つの進歩と言えました。遺憾だったのは、第二次世界大戦後米国は冷戦を発動し、生まれたばかりの〝米国の世紀〟を半世紀に及ぶ〝米ソ冷戦の世紀〟に変えてしまったことです。ソ連解体後、米ソ冷戦は終了しましたが、米国の冷戦思考は終わらず、米国はもう一度やってきた〝米国の世紀〟として、21世紀における経済上の〝米国危機〟、軍事上の〝米国戦争〟、政治上の〝色の革命〟、文化上の〝文明の衝突〟を起こし、またたくまに台頭する中国に対して〝第二の冷戦〟を発動したのです。

〝米国の世紀〟はなぜ持続できないのか？　米国の世紀はなぜ終結しなければならないのか？なぜなら〝米国の世紀〟の実質は〝覇権の世紀〟であり、〝冷戦の世紀〟だからです。覇権主義に基づいた〝米国の世紀〟は植民地主義に基づいた〝英国の世紀〟よりは進歩しましたし、冷戦主義に基づいた〝米国の世紀〟は世界大戦に基づいた〝熱戦の世紀〟に比べればまだましです。しかし、21世紀は〝冷戦の世紀〟にノーを叩きつけ、21世紀の世界は〝覇権の世紀〟にノーを叩きつけなければなりません。冷戦も覇権も要らない。これが21世紀における時代の潮流と掛け声なのです。

〝中国の時代〟はなぜ〝米国の世紀〟を淘汰するのでしょうか？　なぜなら、中国の時代は中国が国際社会に覇権のない新しい世界を創造するからです。中国が人類に冷戦と決別した新しい世界を創造するからです。中国が世界に協力とウィンウィンの新しい世界を創造するからです。

21世紀は米国が世界を改造する世紀ではなく、世界が米国を改造する世紀です。人類は21世紀を世界覇権と冷戦思考と歴史的に決別する世紀にしなければなりません！

21世紀は世界覇権国家や冷戦思考をする国家に属しているのではありません。世界覇権や冷戦思考と決別した米国と、新型大国関係と人類運命共同体を構築しようとする中国が、共に21世紀において世界で最も魅力的なスター国家になることを私は期待しているのです。

〝第四の米国〟

加藤　劉大佐によれば、今日のアメリカンドリームはすでに〝変質〟しており、世界覇権国として世界に問題やトラブルをもたらしているとのことです。それでは、アメリカンドリームが再び輝くために、米国はこれからどのように自らを改革すればよいのでしょうか？

劉　アメリカンドリームを改革するためには、〝第四の米国〟を作るつもりで改革に挑まなければなりません。21世紀、どのような米国を建設するのか、どのような世界を建設するのか。これらは昨今の米国が直面する第一の課題なのです。

米国の文化伝統の中には非常に根深い使命感があります。欧州から北米に移民してきた清教徒たちがもたらした使命感だと言えます。彼らから見て、北米の発見と開拓は神様の意思に基づいたものであって、その目的は斬新な世界を創建することにあるのだというものです。米国の未来は自分たちだけの未来ではなく、人類、世界、宇宙にとっての未来でもある。米国人は生まれながらにして神様によって選ばれた特別な民であり、世界自由を追求する船を操縦するのだと。神様は米国人に混乱していて安寧のない場所に制度を構築する統治者になることを命じ、神様は米国人にこの地球上における反動派たちを圧倒する進歩の精神を賦与したのだと。米国は神様が選んだ最終的に世界復興をリードする国家なのであると。米国には神の使命がかかっており、世界をリードする責任を負っており、米国以外の如何なる国家もこのような新しい時代をリードできないのだと（斎世栄編『米国従植民地到唯一超級大国』、三秦出版社、2005年5月初版45頁）。

近年の米国の世論調査によれば3分の2の米国人は米国が誤った道を行っていると考えているようです。方向性を見失った米国にどうやって世界をリードすることができましょうか。

米国の台頭は西側世界全体、資本主義の台頭とつながっています。米国の台頭は西側世界の台頭における一つの段階であり、そのなかのピークであると言えます。西側資本主義台頭の過程は同時に改革のプロセスでもあります。西側資本主義の台頭は不断に改革するなかで実現したのです。私は西側の専門家が書いた『資本主義制度4・0』という書籍を読んだことがあります。その本は世界資本主義制度が第四の変革を必要としていると主張していました。第一の変革は19世紀初頭に自由貿易を実行した自由資本主義制度、第二の変革は1920～30年代に実行されたケインズ式の福祉国家制度、第三の変革は1980年代に実行されたサッチャーやレーガンが開拓した自由市場を核心とする通貨主義。そして現在実行する必要があるのが第四の変革であり、それにはいくつかの古くなったルールを変える必要があるだけでなく、市場と政府の関係をも変えなければならない、すなわち、市場が神聖であり、自然は完璧なのだという神話を打破しなければならないというものです。

米国という国家は改革の中で転換し前進してきました。米国にとって、18世紀は独立革命のなかで建国をした世紀であり、19世紀は拡張、開発、そして奴隷制を廃止するなかで強大に、裕福になった世紀であり、20世紀は2回の世界大戦と1回の冷戦の中で世界進出し、覇権を争い、求めた世紀でした。21世紀はこれらの経験や教訓を総括し、新しい情勢へと適応し、改革とイノベーションを通じて覇権国家から非覇権国家への転換を実現し、世界の正常国家および健康国家になる世紀にしなければなりません。

〝米国式改革〟が解決しなければならない問題とは、過去における革命と改革の基礎に立ち、新たな歴史的超越を実現することです。米国改革の目標とは、〝第四の米国〟を建設することにほかならないのです。

加藤　今日米国が抱えている問題に対して、米国人も自問自答を通じて反省し、それに基づいて思考し、行動しているように思います。私は米国人・社会の素晴らしいところは米国国内に自問自答と自己反省を促す制度的基盤がダイナミックに機能してきたところにあると思っています。失敗を恐れず、失敗を反省し、そこから立ち直ることを奨励する価値観や文化も〝米国の復興〟を後押しするのではないでしょうか。劉大佐が以前私におっしゃっていた米国における1%と99%の関係と問題には興味があります。記憶が若干曖昧なのでここでもう一度説明していただけますか？

劉　私は先に米国の覇権危機が四つの意味で深刻に乖離していると述べました。ここでは、それらをより簡略化し、二つの乖離として整理し、米国が21世紀に直面するあらゆる問題の病原だと主張したいと思います。一つ目は国内関係で、1%と99%の関係とは1%のエリートが

99%の民衆と乖離していること、二つ目は国際関係で、1%と99%の関係とは1%の国家である米国が残りの99%を占める世界の他国と乖離していることです。

〝第四の米国〟を建設するために必要な改革とは内政改革と外交改革の二つに示されるべきです。米国内政改革をめぐる根本的な問題とは米国国内における1%と99%の関係を徹底的に改善し、体制やメカニズムから1%の米国人が99%の米国人とつながることを保証しなければならないということです。そうすることで、初めて調和の取れた米国が建設できるでしょう。米国外交改革をめぐる根本的な問題とは米国と世界の関係において米国1国と世界99%の他国との関係、特に中国との関係を徹底的に改善し、体制やメカニズムから米国が世界覇権を目論まず、世界の他国と密接につながり、民主的な態度で平等に他国に向き合わなければならないということです。そうすることで、国際関係において米国が民主国家であることを真に体現でき、〝民主世界〟の建設に有利に働くのです。

仮に米国がこの二つの分野で徹底的に改革を実施することができれば、米国の国家としての性質は根本的に変化し、世界の様相も根本的に変化するでしょう。米国は内部で1%の人と99%の人の間の調和を実現し、外部で1%の国家による99%の国家に対する覇権を廃止した国家になるでしょう。米国は分裂した国家から団結した国家になるでしょう。覇権国家から非覇権国家になるでしょう。米国は再び世界中から尊重される模範国家になるでしょう。

第三部
ジャパンドリーム、そして日本という謎

第9章　ジャパンドリームは神秘的、秘密主義的で不透明？

いったい誰が〝ジャパンドリーム〟を語るのか、語れるのか？

劉　ここ数年、私は日本の友人と接触し、交流をする際、必ず一つの質問をすることにしています。それは「ジャパンドリームとは何か？」という問題です。毎回どんな答えが返ってくるものか、それに基づいてジャパンドリームについて激しい議論を展開するのを楽しみにしているのですが、実際は毎回失望してきました。誰も私に〝ジャパンドリーム〟というものを明快に語ってくれないからです。加藤さん、まずお聞きしたいのは、あなたはこのような現象をどのように理解しますか？　明快に説明していただけませんか？

加藤　私から見て、劉大佐を失望させてきたこのような現象は説明可能なものです。今を生きる日本人はなぜジャパンドリームを語らないのか。私は三つの次元における理由を見出します。

一つ目は国民性という次元による解釈です。日本人は自らが保持している夢や実現しようとしている夢を口に出して表現することに長けた国民ではありません。国家として、国民として、決して夢を持っていないわけではなく、ただそれを語ることに長けていない、より正確に言えば、それを口に出して語ることを良しとしない国民性が存在するように思います。心の奥底に留め、ただ黙々と努力することを美徳とする考え方を多くの日本人は持っているのです。

数年前、北京で日本研究者の一人が私にこのような質問をしてきました。「実際に日本はすでに〝失われた20年〟から抜け出していて、現在は復興している。ただ日本人は〝韜光養晦〟で意図的にそれを表に出そうとしない。これは日本の戦略ではないのか？」

この問題を前に、私は若干考え込みました。なぜなら、たとえ考えがあっても故意に表現せず、沈黙を保つという姿勢は日本社会、日本国民の考え方、もっと言えば生き方に普遍的に存在するものです。以前ある日本の先輩からこのような言い回しを聞いたことがあります「国際会議で最も悩ましいことが二つある。ひとつは如何にして日本人に口を開かせるか。もうひとつは如何にしてインド人の口を閉ざさせるか」。なかなか的を射た指摘だと思ったものです。

ひとつ言えるのは、日本人はある意味において〝口を開かない〟国民であるということでしょう。ただ一方で前出の日本研究者が私との交流で言及した〝韜光養晦〟に関して言えば、鄧小平氏が一種の国家戦略として、当時中国の改革開放政策を提唱した際に脳裏に浮かべ、呼び掛けた概念とはそれは異なると思います。官民を問わず、日本人の生き方という意味では〝韜光養晦〟は非常に根深いものがあり、政府やメディアが呼びかけるまでもなく多くの国民が無意識に、無自覚に取り組んでいるアプローチであると感じるのです。私の理解と言葉で言えば、日本人にとって〝韜光養晦〟とは戦略ではなく、一種の生き方なのです。

２０１２年、私は日本のダイヤモンド・オンラインという媒体で「あなたの夢は何ですか？」と題した街頭インタビューを実行しました（http://diamond.jp/articles/-/20517）。〝日本の空気感〟の一端を肌身で感じてみようという狙いがありました。同じテーマに関心を持つ３人の同世代の仲間と映像に収めるためのカメラを片手に街頭へ飛び出し、表参道、外苑前、新橋SL広場といった東京で比較的著名なエリアで街中を歩く人達に声をかけました。対象には今時の若者、サラリーマン、中高生などが含まれました。インタビューは困難を極めました。最大の理由は90%以上の人は声をかけても応じてくれないのです。無視されることもありましたし、多くの方は「すいません」と丁重に断ってくるという感じでした。当時の感覚では8%ほどの方が足を止め、取材に応じてくれました。ただ殆どの方は恥ずかしそうに、断るのもなんだから仕方なく応じてくれるという感じでした。2%ほどの方が真正面から向き合ってくれ、かつ回答する意思を表明してくれました。印象的だったのは40歳前後、スーツを着たサラリーマンで、お寺の片隅で一休みをしている最中に取材を受けてくれました。その方は、「夢は定年後、農村でゆっくり暮らすことです」とおっしゃっていました。今は東京での仕事に忙しくしているが、将来的にゆったりとした環境で豊かな暮らしができることを夢見て、今を生きているのだということでした。夢というにはつつましい。私も日頃から海外に脚を運び、海外の人々と交流をする機会がありますが、全体的に見て、アメリカ人はもちろん、中国人と比べても、日本人は国民性として〝夢を語らない民族〟だと私は感じます。

二つ目が歴史的な次元による解釈です。仮に昨今の国家指導者（内閣総理大臣や主要閣僚）が赤裸々に、大胆不敵に国家としての夢を語った場合、多くの日本国民は違和感どころか警戒心すら感じると思います（喜ぶ人々や勢力も少なからずいるでしょうが）。理由はやはり〝あの戦争〟に関係しています。戦後日本にとって、〝国〟を前面に、全面に押し出しすぎることは少なくない人々に、多かれ少なかれ〝軍国主義〟の影や記憶を想起させるのです。戦後歴代指導者が公に述べてきたように、当時の日本は国策を誤り、アジア諸国だけでなく祖国に対しても巨大な損害を与えました。戦後に教育を受けた日本人は、第二次世界大戦を通じて日本の多くの場所は〝廃墟〟となり、敗戦国として占領下に置かれた歴史を学んできました。日本の戦後はマイナスからのスタートだったと言って過言ではないでしょう。中国の人々だけでなく、いや場合によっては中国の人々以上に、当時の〝軍国主義〟を憎み、恨む日本人は少なくないのです。権力をきちんと監視し、国民が権力に対してモノを言うシステムやスピリッツを持ち、行使しなければ国家は崩壊の危機に瀕することを日本人は身をもって体験してきたのです。

国家を代表する政府の首脳が赤裸々に国家としての夢、民族としての夢を主張することは、戦後を生きる日本人に第二次世界大戦前夜、例えば〝大東亜共栄圏〟を高らかに掲げていた頃の情景を想起させるでしょう。国家として拡張主義を採用し、最終的に自滅する情景にほかなりません。私も子供の頃から感じていましたが、日本において国旗や国歌というのは厳粛であると同時に、人々が非常に慎重に、敏感になる対象でもあります。〝国〟という字をめぐって、戦前と戦後ははっきり線引きがされているけれども、それは時間的に、空間的に、社会的につながっているのです。このような歴史的背景は日本人に安易に夢を語らせず、日本国が夢を語ろうとしても、国民や社会がそれに対して慎重にチェック＆バランスを働かせるという構造を形成しているのでしょう。

三つ目が現実的な次元による解釈です。私は1984年生まれで、戦前、戦中、そして日本が戦後、敗戦国としてどのように世界第二の経済大国にのし上がったのか、高度経済成長時の国情や国論はどんなものだったのか、バブルはどう形成され、どう崩壊したのか、いずれも知りません。バブル崩壊時はちょうど小学校に上がる頃でしたが、当時の空気感も全く記憶にありません。身をもってバブルの始末を経験したことのない私ですが、ひとつ明確にある意識が、「自分はポストバブル世代」というものです。言い方は悪いですが、国内的にも国際的にも、国民国家・日本としてのピークは過ぎ、〝失われた××年〟という下り坂の世論や空気感の下で幼少時代を過ごしました。２００３年、高校卒業後北京に赴きましたが、その時まで全体的な空気感に質的な変化は生じなかったように思います。

戦後からバブルの時代までを生きた祖国の先輩たちには夢があり、夢を語っていたのでしょう。ただ、私が生まれ育った時代においては、香港、台湾、韓国、シンガポールから成るＮＩＥＳやその後の中国など、新興国の話題や活躍が目立っていました。私が北京へ赴いた頃はまだ日本がアジア最大の経済国でしたが、実際に私自身中国留学を決めた一つの理由は「北京五輪開催」であり、社会が劇的に変化していくプロセスを感じたいという動機によるものでした。日本で感じ得なかったプロセスであり、空気感です。

おそらく、国民国家として、自らの過去、及び現在の他国と比べて、相対的に下り坂にある状況下で赤裸々に、大胆不敵にジャパンドリームを語るのは〝不適切〟であるという一種の現実的な空気が日本社会・世論を覆ってきたのでしょうし、その状況はいまでも続いていると思います。

２００８年、米国のオバマ大統領が黒人として初めてアメリカ合衆国大統領に当選した瞬間、私は日本にいました。駅前では新聞の号外版が配られていました。日本メディアはこの選挙結果を広範に報じ、かつオバマがキャンペーン期間中に使っていたスローガン〝チェンジ〟を大々的に取り上げました。一部朝の情報番組などは司会者が笑顔で〝チェンジ〟と叫んでいました。あの時感じたのは、日本社会も〝チェンジ〟を欲しており、状況次第では〝ドリーム〟を持ち、語ろうとするのだろうということです。大多数の日本人はアメリカンドリームという存在を聞いたことがあり、その基本的な中身も知っていることでしょう。「努力をすれば報われる」、「すべての人間に成功するチャンスは平等にある」といった概念に日本人が魅力を感じないはずはありません。しかし、アメリカンドリームに魅力を感ずることと、日本人自らがジャパンドリームを持ち、語るということは大多数の日本人にとっては別問題であるようです。オバマ大統領のアメリカンドリームの根本に立脚した〝チェンジ〟に耳を傾け、それに見惚れながら、果たしてどれだけの日本人が〝ジャパンドリーム〟を巡って思考し、内省し、探求し、行動していたか。私は懐疑的です。これらの状況は日本がポストバブル時代に直面するリアリティと無関係ではないのでしょう。

21世紀に〝ジャパンドリーム〟たるものは存在するか？

劉　夢のない、夢を持たない民族に未来はない、やってこないと私は思っています。一方で、〝大夢が狂想になった民族にも未来はない、やってこないとも考えます。加藤さんから見て、〝大和民族〟は古代から今日までの道を歩む過程において、民族と国家の夢という意味でどのような段階を経てきましたか？　どのような成功体験を見出すことが可能ですか？　どのような教訓を見出すことが可能ですか？

加藤　まず、ほぼ全ての日本国民は歴史教育を通じて〝大和民族〟という言葉を知っていると思いますし、一定の〝自覚〟も保持しているでしょう。しかしながら、今日、公の場において、官民を問わず、この言葉を使用するケースは相当限られていると感じます。政治、ビジネス、社会、メディア、そして日常生活といった分野や場面においては、「日本人」、「日本国民」、「有権者」といった言葉を意識的、或いは無自覚に使用するのが通常だと感じてきました。劉大佐の考える〝民族〟と〝日本人〟の間には一定の温度差が存在するかもしれません。

劉大佐の問題提起に関してですが、少なくとも日本で高等学校を卒業するまで、「私たち日本人は国家と民族の夢というものをどのようにとらえてきたか？」というテーマについて考える機会に出逢ったことはなかったように思います。おそらく、多くの国民もこのテーマを深く考えたことはないでしょう。絶対多数の国民にとっては、安らかに、幸せに、かけがえのない日々を過ごすことこそが自らにとっての〝ジャパンドリーム〟なのだと思います。国家や民族がどうこうではなく、自分や社会がどうあるか、どうあるべきかという尺度から自国の現状を考え、未来を憂うケースが一般的であるように思います。歴史的な経緯や原因も関係し、多くの人は自らの生活と国家の目標を結合させて考え、向き合うことに違和感を覚えるのかもしれません。

私なりに劉大佐の問題提起に答えてみたいと思います。

仮に民族の夢と結合させて歴史を振り返った場合、１８５３年米国の黒船、ペリー来航は日本の門を開き、その後明治維新につながっていったという意味で一つの契機だったと思います。明治維新は日本人が初めて世界という規模、範囲、次元で物事を考え、国家の未来や運命、そして夢を追求した歴史的事件だったと言えるかもしれません。我々は使節団を欧州へ派遣し、

憲法や議会について学びました。日本は古代においては中国の科挙や律令制度を学び、近代以

降は西欧の政治制度などを学ぶことになりました。中国や西欧といった海外の文化や制度を和

魂洋才、中体西用の精神と立場で吸収し、自らの社会や国情の需要に適応させてきたプロセス

からも、〝大和民族〟の生き様を見出すことができるかもしれません。

明治維新は日本人に外を向かせ、前に歩ませました。１８９４年の日清戦争、１９０４年の日露戦争を経て、日本人はこれまでにない〝民族的自信〟を保持して自らの夢を対外拡張という方法を通じて形にしようとしたのでしょう。国内資源に満足せず、国家を発展させるための資源を海外に求めようとした。そこには物質的欲求や理念的要求が含まれ、増長していったと言えます。〝大東亜共栄圏〟は、提唱の動機としてどれだけの合理性や正義感があったかは別として、結果的に日本を自滅させることになりました。当時の日本人は清朝を倒し、ロシアに打ち勝ち、自らがアジアの先頭に立って、西側列強からアジアを解放しようとしたのかもしれません。20世紀前半の時期、日本の軍人、政治家、実業家、知識人、一般国民、どの分野のどれだけの日本人が〝アジアを解放する〟という一種の使命感や正義感に賛同していたのかは興味深い問題です。今後の日本の針路を考える上でも、「日本人の正義感」というテーマを国門の内と外から歴史的に振り返ってみる作業は有益だと思います。

アジアを解放するという一種の使命感がどの程度日本のパールハーバー侵攻に心理的、民族的に影響したのかも興味深い問題です。もちろん、侵攻の過程で経験的、統計的、戦略的にどれだけの勝算が日本の軍部、そして社会に存在していたのかは大いに疑問であり、今を生きるほとんどの国民はあの侵攻を一種の〝奇襲〟であり、無謀な自爆行為だったと見ているようです。

このような言い方には語弊があるかもしれませんが、劉大佐の言葉や思考をお借りすれば、当時の民族の夢が日本人に一種の狂想を抱かせ、結果的に民族の夢を、命運を粉砕させたのかもしれません。この歴史的トラウマも、今を生きる日本人に、国家、民族として、「安易に夢を持ち、語ってはならない」という自制的心理を抱かせ、働かせているのかもしれません。

劉　21世紀の日本国としての未来の夢は何ですか？　日本の学者に〝ジャパンドリーム〟に関する代表作はありますか？　日本の政治家に〝ジャパンドリーム〟に関する著名な談話はありますか？　日本の思想界や理論界にこの分野における議論や論争はありますか？

加藤　私の限られた知見に基づいて言えば、日本には劉大佐の著作『中国夢』のように、ストレートに、ダイレクトに〝ジャパンドリーム〟と題した著作は見当たりません。ただ、ジャパンドリームという言葉を使うかは別として、〝日本人論〟、〝日本論〟をはじめ、日本はどうあるべきか、どう進むべきかといったテーマを政治、経済、国防、文化、社会、芸術、思想といったあらゆる分野から探索する書籍や文章、議論は広範かつ頻繁に行われていると認識しています。中国の人々がよく知っていると思われる著作には、例えば1989年に出版された石原慎太郎氏と盛田昭夫氏による『「NO」と言える日本』などが〝ジャパンドリーム〟を想起、彷彿させるでしょう。あの時期、日本国内における世論や心境を一定程度反映した問題提起であると言えます。バブル崩壊後も、〝普通の国家〟になりたいという心理的、民族的欲求は日本社会の底流に流れ続けていると私自身感じています。日本の国家としての実力や尊厳を大切にし、自らの手で自国を守る、主権国家として本来持つべき軍事力を持つ、その上で〝普通の国家〟になるという思考回路は一種の〝ジャパンドリーム〟を象徴していると言えます。私から見て、安倍首相が上梓した『美しい国へ』という著作も、安倍首相ご本人が考える〝ジャパンドリーム〟の一つの姿、形なのかもしれません。

そんな安倍氏が２０１２年12月に内閣総理大臣に返り咲いてまもない２０１３年２月22日、米国の首都・ワシントンＤＣにある戦略国際問題研究所（ＣＳＩＳ）で〝日本は戻ってきました〟（ジャパン・イズ・バック）と題した演説を行いました。「わたくしは、カムバックをいたしました。日本も、そうでなくてはなりません」。演説の冒頭部分でこう主張した安倍首相も、日本がいつの時期にどう戻るのかを具体的に描写したわけではないですが、その脳裏に、戦後日本が急速に発展し、世界第二の経済大国になった経緯、或いは明治維新前後の歴史的経緯があったのではないかと私は見ています。安倍首相は演説の中で「日本は今も、これからも、二級国家にはなりません」と力強く主張しています。

演説の中で、安倍首相は日本が果たすべき三つの役割について「ルールの増進者であって、コモンズの守護者、そして米国など民主主義諸国にとって力を発揮できる同盟相手であり、仲間である国」と謳っています。そして、結論として「わたくしの課題とは、未来を見つめていくこと、そして日本を、世界で２番目に大きなエマージング・マーケットにすることでありますす。地域と世界にとって、いままでにも増して頼りがいのあるパートナー国にすることなのです」と語っています。

仮にこの演説が〝ジャパンドリーム〟の中身・輪郭であるならば、日本国内でほとんど価値観や立場の相違は生まれないでしょう。日本国民の多くは安倍首相の主張や論点に同意するでしょう。一方で、仮に〝ジャパンドリーム〟の定義をいわゆる「普通の国家」に設定し、日米安保条約から脱却し、自ら軍隊を持つ形で自国の領土と安全を守る、そのために〝平和憲法〟第九条を改正し、〝戦争のできる国〟になることと設定すれば、おそらく大多数の国民は納得しないでしょう。企業家、知識人、政府官僚、一般国民などを含めてです。

劉大佐は以前私との交流のなかで「平和憲法の改正はいつごろ完結するのか？」と質問されました。私の現段階での考えは、憲法の改正は一筋縄にはいかず、特に第九条に関しては、（どこをどう書き換えるか、或いは書き加えるかは別として）安倍政権期間中においても簡単ではないというものです。大多数の国民は自分たちの生活水準や環境が〝平和憲法〟の恩恵を受けていると考えています。従って、〝現状〟を変えたくないという力学が働きます。

私は個人的に、現段階および予測可能な未来において（具体的に何年かは判断が難しいですが、少なくとも10年、普通に行けば20〜30年、長ければ1世紀）、日本の国家発展目標は、日米同盟を強化し、国民経済を持続的に発展させ、国際的な影響力や発言権を向上させていくことを通じて達成されると考えています。大きな方向性という意味で、〝アベノミクス〟が掲げる目標や環太平洋連携協定（ＴＰＰ）などはこの目標と一致するものだといえます。安全保障政策に関しては一定の論争があります。例えば２０１５年に安倍政権が多くの国民や野党の反対に遭いながらも〝強行突破〟した安保法案などは、日本の将来の方向性や価値観をめぐって国内に存在するギャップを反映していると言えるでしょう。

当時少なくない日本国民が同法案に不満や反対を示したのには主に二つの背景があると私は考えています。

一つ目はこの法案は日本が国民国家としてどのような進路を行くのか、どのように歩むのか、および国民のライフスタイルの核心に関わっているということです。日本の絶対的多数の国民は日本が〝戦争のできる国〟になることを受け入れず、現行の憲法第九条に書いてある武力を通じて紛争を解決しないという精神と立場を堅持することを渇望していると思います。

劉大佐は日本の安保法案はどのような議論を経て成立したのかについて関心を示されましたが、法案は採択されたものの、（1）この法案は野党や世論の十分な支持が不足したまま採択されたが故に、将来的な実施という点で一定の不確実性を内包しており、多くの変数や障害に直面する、（2）この法案を将来に行使していくのであれば、国際情勢、特に米国の動向だけでなく、日本の内閣や議会といった国内政治状況、とりわけ時の首相の判断を注意深く見ていかなければならない、と私は現段階で考えています。

二つ目に、この法案の〝強行突破〟は日本の法治国家、民主国家としての成熟度に関わるということです。真の法治は如何なる人物や組織も憲法、法律を凌駕してはならないことを全国民・全組織に要求します。今回の安保法案採択において、少なくない憲法学者が現行の憲法の枠組みで集団的自衛権を行使することは違憲に当たると指摘しました。これらの学者の見解がどれだけ合理的かは置くとして、少なくともそのような見解が官民を問わず存在しているという現状は軽視できないファクターであると言えます。

民主主義体制は政治プロセスを重視します。政府は自らの政治・政策目標を達成するために手段を選ばないことがあってはなりません。制度や価値観を長期的に守り、育てるという観点からすれば、プロセスをきちんと踏むことは結果をもぎ取ることよりも重要なのです。民主主義国家日本としてのボトムラインがここにあると言えます。ただ今回は野党、知識人、国民の多くが、安倍内閣はこのプロセスを軽視したと主観的かつ集団的に感じていました。その感覚が正しいかどうか、合理的かどうかは置くとしても、安保法案の採択プロセスが民主主義国家・法治国家日本としての成熟度を試したという経緯は重要であったと私は思っています。

要するに、この法案をめぐる一連の出来事は日本の国体と政体の核心に関わった、だからこそ、あれほど多くの国民が怒りや感情を露わにしたのだと振り返っています。国体や政体といった核心的な問題において、日本国民は安易に妥協すべきではなく、自分たちが納得できるまでとことん政治を監督し、世論を通じて問題提起をしていくべきだと私は考えています。自分たちの生き方や生き様が脅かされていると感じれば、法律が許す範囲内で体を張ってボトムラインを死守すべきであり、それこそが真の愛国主義なのだと思っています。

その意味で、安保法案をめぐる論争や衝突は日本の未来を考える上でのプラス材料だったと私は思っています。戦後、そしてバブル後に育った日本人として、日本社会の将来の核心に関わる問題において、今を生きる日本のエリートやシティズンは自覚や矜持を持っており、両者の間にも一定のコンセンサスが存在するのだと感じました。為政者に対して然るべきプレッシャーをかけ、サイレントマジョリティも時には立ち上がり、声を上げるのだと感じました。

日本の民主主義は権力者の暴走を食い止めることができるか？　私の考えは、第二次世界大戦前夜や期間中と比べて、昨今の日本社会は成熟しており、健全化しており、民主選挙、言論の自由、司法の独立、シビル・ソサエティといったメカニズムや価値観を以って権力の暴走をチェック&バランシングできるのだと感じました。

劉大佐は以前「日本の未来の希望は誰の双肩にかかっているか」という質問を私にされまし

た。いかなる迷いもなく答えます、国民の双肩にかかっていると。すべての国家と民族の希望は国民の双肩にかかっているというのが私の考えです。国民がしっかりしなければ、しっかりした政府など生まれるはずはありません。国民がまずは権利と義務の関係性をきちんと理解し、権力に対して不断に独立的・批判的思考を行使していくことが、社会が持続的に発展していく大前提だと思っています。このロジックは中国の未来にとってもまったく当てはまるでしょう。中国人民こそが中国の未来を担っているのです。中国の俗語である「どのような人民がいるかによってどのような政府が生まれるかが決まる」に私は全く同調します。国民の意識や行動はある意味政府のそれよりも重要であり、この点において日本、米国、中国も例外ではありません。国家は国民を信ずるべきであり、それでこそ明るい未来が生まれるのだと私は信じます。自らの国民を愚民だと捉え、そう扱うような国家に未来はありません。

日本人にはいくつの、どんな夢があるのか？

劉　国家と民族の夢とは国家建設の目標と方向性に直接関係します。この問題は国家政治と国家戦略にとって最も重要なものです。従って必然的に論争を招きます。21世紀のジャパンドリームという問題に関して、現在日本国内には主にいくつの種類の主張や論潮が存在しますか？　また加藤さんはそれらをどう捉え、評価していますか？

加藤　私が以下で展開する主張が〝ジャパンドリーム〟に関する議論と呼べるか否か、呼ぶに値するか否かは定かではなく、検証の余地が残されているということをまずは申し上げます。

ここでは、今を生きる日本人として、これから未来へと向かっていく日本社会や日本国民がどのような〝国家状態〟を求めているのかという角度から、国家・経済・社会・生活・個人という五つの分野について議論を進めたいと思います。

国家にとっては、経済や社会といった側面以外に、政治、外交、軍事といった分野で国際的な影響力と発言権を向上させていくことが目標になるでしょう。このプロセスが、日本が〝普通の国家〟になることを意味するか否かに関してはまだまだ大胆かつ慎重な議論が必要かと思われます。例えば、日本が国連の常任理事国になるといった未来像に関しては、異議を唱える人は少なく、国民的にコンセンサスを取りやすい目標かと思います。

劉大佐は以前私との交流のなかで、「〝普通の国家〟にならずして日本が国連の常任理事国に加入するのは難しい」と指摘されましたが、日本が国連の常任理事国入りする上での最大の障害は、日本が第二次世界大戦の敗戦国であるという点だというのが私の考えです。実際に理事国は戦勝国から構成されています。既存の五ヵ国が自らの特権を簡単に放棄する、或いは他者と共有しようとする可能性は近未来においては低いでしょう。日本が〝普通の国家〟になることと国連の常任理事国入りすることとの間の関係性は密接ではないと思っています。少し突っ込んだ議論をしてみますが、もしかすると、日本が〝普通の国家〟になることによって国連の常任理事国入りがより困難になる可能性すらあるかもしれません。というのは、日本が〝普通の国家〟になるということは日本が対外政策や国防政策において過去よりも積極的になるということであり、中国（もしかすると米国も）を含めた一部国家が日本の対外戦略における積極性や行動力を警戒する可能性を否定できないからです。従って、日本が〝普通の国家〟になるかならないか、どちらの状況下において国連の常任理事国入りの可能性が高いかという問いに関して言えば、私は現段階では「ならないほうが高い」を選択するでしょう。日本国内でも意見や立場は割れると思います。

経済に関して言えば、日本は依然として世界第三の経済大国であり、アジアで最初に近代化を遂げた国家であります。経済力は日本が国家目標を追求する上での核心的目標であり、経済の発展無くして戦後の〝奇跡〟は発生しえませんでした。日本は敗戦国として戦後をスタートして、わずか20年ほどで世界第二の経済大国となりそのポジションを30年以上維持しました。劉大佐は以前「戦後日本経済の奇跡に関して、実際は政治の奇跡である。政治的に正しい道を進み、狂想を放棄した結果である。政治的に正しい道を歩むことは経済が成功する上で70％の要素を占める」とおっしゃっていました。70％という数字の合理性を判断する術を私は持ちませんが、理に適っているとは思います。日本国民の多くは自国のものづくりに誇りを持ってきました。自動車、家電といった分野を中心に、我々日本人が得意とするものづくりの分野で持続的に突破を目論むこと、その上で国境を越えたサービス業や高齢化社会に適合したまちづくりといった分野でイノベーションを追求することなどが日本経済を活性化させる上での試金石となるでしょう。安倍首相は法人税を下げることによってより多くの海外企業を日本へと呼び込み、ビジネス環境をアップグレードすることを通じて日本経済の国際化を推進しようとしているようです。

社会に関して言えば、治安が良好で、社会が安定していて、国民間の関係性が協調的で、人間の営みと自然の環境が調和的で、社会保障・福祉が充実していて、教育や医療といった公共空間の安定性に関わるサービスがきちんと供給されているといった特徴を基にしたシビル・ソサエティの実現こそが、日本国民が根本的にその維持と推進を希望するものでしょう。欧米ではしばしば「大きな政府VS小さな政府」という二項対立型の議論が行われますが、私から見て日本はそのどちらでもなく〝大きな社会〟に立脚しており、国民の多くもそれを求めており、求めていくのだと思っています。中産階級が社会の大多数を占め、極端に富める人間も貧しい人間も限られていて、社会におけるすべてのアクターが漸進的に膨らんでいく中産階級に吸収されていくような、相対的に均質的・均等的な社会環境を多くの日本人は求めているように思うのです。もちろん、富裕層、若年層、エリートなどを中心にそれに反対する人も少なくないでしょうが。

ただ、OECDが2014年末に発表した統計データによれば、社会の格差を示すジニ係数において、日本の格差はOECDに加盟する34の国家の平均よりも大きく、米国や英国ほどではありませんが、ドイツやフランスよりも深刻な状況でした（日本の順位は下から10番目）。また日本の幼児貧困率に関しては、6人に1人の幼児が貧困状態におかれており、このデータもOECD国家の平均よりも低いです（日本は下から6番目）。日本国民は総じて格差や貧困に敏感であり、懸念を示す傾向にあります。今後、グローバル化がさらに進み、日本の産業構造や社会構造が不断に国際社会に晒されるに連れて、格差問題は益々社会の〝ホットイシュー〟になり、人々の警戒心を呼び起こすでしょう。

参考までに、OECDのデータによれば、2009~12年、日本のジニ係数は約0・34で、米国は0・39となっています。ちなみに、中国国家統計局が発表したデータによれば、中国のジニ係数は中国政府が２００３年に同係数を公表して以来最も高い０・４９１となりましたが、２０１４年には０・４６９に下がり、２００３年以来最も低くなったとのことです。一般的に言えば、ジニ係数が０・４を超えると同国家の貧富の格差は国際標準よりも高い状態にあると言われています。

生活に関して言えば、大多数の日本国民は安らかな生活、すなわち内外の刺激を受けすぎない、一定の規律を保持した、変化の少ない生活環境を望んでいるものと私には見受けられます。なぜあれほど多くの一般国民が安倍内閣の安保法案に反対したのでしょうか？　それは大多数の日本国民が希望する生活環境と関係すると思います。多くの国民から見て、安保法案が採択され、日本が集団的自衛権を部分的に解禁した場合、「我々も国家の軍事戦略とやらに巻き込まれるのではないか？　日常生活に支障をきたすのではないか？」と感じたのでしょう。もちろん、「安保法案を採択し、日本の安全をきっちり守ってこそ国民は安らかに暮らすことが出来る」という主張も多々あるでしょう。どういう状況下で初めて安らかな生活環境が保証されるのかを巡って日本でも論争があるのです。安らかな生活環境というのは大多数の日本国民にとっては最も重要で、それは〝普通の国家〟になるとか、国際的影響力を向上させるといったアジェンダよりも重要に映るのでしょう。率直に言って、中華民族の偉大なる復興と題した〝中国夢〟のような政治スローガンは日本の国民にとってはまったく説得力や魅力を感じさせないでしょう。むしろ不安や警戒心を煽るだけだと思います。理由は先に述べたとおりです。

戦後日本は個人の英雄を崇拝する社会だとは言えません。私から見て、日本社会の最大公約数は「一人の英雄が社会の発展を引導するよりも、それぞれ異なるチームや組織がそれぞれ役割を担いながら、力を合わせて、集団的、全体的、有機的に社会を発展させていく」ことを無意識の内に好むでしょう。世界でも有名な日本企業を見回しても、中国や米国の一部企業のようにファウンダーの知名度や影響力（例えばフェイスブックのマーク・ザッカーバーグやアリババのジャック・マー）が企業の発展を引率する形ではなく、トヨタやソニーを含め、チームワークや商品のブランド力を持って企業の持続可能な発展を実現させてきたように思います。ただ、将来的に、日本社会に個人的英雄を必要とする可能性や必要性は存在すると思います。私が現在関心を持っているのは、日本で普遍的な企業文化である終身雇用や年功序列などに疑問を持つ若者が増えていくに連れて、個人の行動力や突破力で社会のイノベーションを推進していく力学がどのように働き、社会の変革につながっていくかという問題です。私の周りにも、自ら祖国を離れ、バングラデシュやネパールといった途上国で事業を起こしたり、シンガポールといった法人税や所得税の低い国に移住してベンチャー企業を立ち上げる、チャレンジングで野心的な若者がいます。私はポストバブルの時代に育った若い世代が〝ジャパンドリーム〟をどう描き、そこにどうコミットしていくのかに注目しています。統計をとったわけではありませんが、私の周りで〝個〟の力を信じ、国境を超えてダイナミックに活動している人間ほど日本という国を愛する愛国者であるという〝正比例〟を現段階で見出しています。この点は〝ジャパンドリーム〟の形成と実現にとっては追い風だと考えています。

劉　中国では国家指導者が〝中国夢〟を提起し、13億人の中国人を鼓舞しました。一方の日本では、国家指導者が〝ジャパンドリーム〟を提起すれば反感、不安、警戒、嫌悪といった感情を招く可能性があるとのこと。これはやはり20世紀前半における〝ジャパンドリーム〟が世界に不幸をもたらしたばかりか、日本国民にも災難をもたらしたことが関係しているのだと私も思います。第二次世界大戦後の日本は米国のコントロール下で〝ジャパンドリーム〟を封印することで却って急速に発展し、かつ安定を保ちました。戦後の日本は夢を持たなかったが故に福がもたらされ、かつ安定したのでしょう。

しかし、この状況や局面が長く続くことはもはやないでしょう。日本国民が夢を持ちたがろうか持ちたくなかろうが、21世紀の米国は、日本と日本の政治家が夢を持つことを必要としています。日本は明治維新を通じて台頭した〝初夢〟の時代、世界覇権を争おうとして失敗した〝狂夢〟の時代、第二次世界大戦後の経済発展に代表される〝奇夢〟の時代を経て、現在に至っては十字路に直面する〝選夢〟の時代に突入しています。東を向くか、西を向くか、或いは中間に立って両方向を向くかという新しいジャパンドリームにほかなりません。

ジャパンドリームの選択にとって最大の障害は米国からやって来ます。しかし、何と言ってもいちばん大切なのは日本人自身の選択です。ジャパンドリームは日本の独立的な思想と自主的な選択に立脚していなければなりません。ジャパンドリームを持たない日本は影響力と発言権のない日本であり、思想が独立せず、自主的に発言権を持てない日本なのです。なぜなら、戦後日本の命運は米国によって決定され、米国が日本に代わって発言してきたからです。ジャパンドリームはアメリカンドリームに服従する必要があり、それと一致している必要がありました。歴史的〝選夢〟の時代に直面している日本ですが、〝迷夢〟、すなわち方向性を見失う状態に陥っては決してならないのです。

加藤　劉大佐が提起された点ですが、私は一人の日本国民として、特に若い世代という立場からして、非常に納得させられました。私たちは〝現状〟に甘んじることなく、独立自主の精神の下、不断に進路を模索し、切り開いていかなければならないという思いを新たにしました。率直なご意見をありがとうございます。日本社会は国際社会からの不断の鼓舞と刺激を必要としていると思います。それを通じて不断に自らを改善し、変革させていかなければなりません。さもなければ、劉大佐が指摘されるように、新時代の客観的要求に適応できなくなってしまうにちがいありません。

この点に関して、一つのエピソードを共有させてください。東京で1970~80年代に日本政府の責任者として米国と経済・貿易分野の外交交渉を担当した先輩と交流する機会がありました。この方は〝知米派〟と呼ぶにふさわしい人物で、日米同盟が日本の国益や未来に担う重要性に関しては全く疑うところがないという立場を保持しています。私との交流の中で、この先輩は次のような経験談を共有してくださいました。

「日本戦後の高度経済成長期における国内改革の多くは米国からの外圧によって実現したものである。今となっては、米国の全世界における影響力やリーダーシップは相対的に下がっている。ただ米国の国力や魅力は衰退していない。我々は日本の国益を持続的に確保していくために、これまでよりも主導的にならなければならない。日米同盟を引っ張っていくくらいの気概や姿勢がなければばならない」

この先輩と交流をしながら、私はこの方が「日本人として独立志向と自主戦略を持つことで、初めて自らの国益と尊厳を守ることが出来る、初めて日本にふさわしい繁栄や安全を守ることが出来る」と考えていると感じました。日本で影響力を持つ政策決定者や戦略立案者たちの多くも同様の考えを持っているものと思います。これから、経済界や思想界を含め、日本で劉大佐の見解や提言に賛同する人間は増えることはあっても減ることはないでしょう。私自身、未来へと向かっていく日本人にとって、独立志向と自主戦略はボトムラインであるべきだと思います。実際に今後の日本が地域や国際問題においてどのような役割を果たし、どのような行動を取るのかというのは別問題であり、具体的な状況や情勢を見ていかなければなりません。日本だけでなく、米国や中国といった大国ですら、国際情勢の影響や制約を受けるのは必至です。仮に日本が日米同盟をより対等に、双方向に進化させたいのであれば、米国と同様に、むしろそれに勝るくらいの独立思考と自主戦略をもたなければならない。そうすることで初めて真に平等で、良好に機能する日米同盟が構築されるのだと思います。私自身、相互依存、共同発展の前提は相互に独立していることであると信じて疑いません。

劉　夢こそが国家を造るのです。明治維新の時代に生きた日本人は〝脱亜入欧〟というジャパンドリームを掲げアジアで最初の近代化国家、近代日本を造り上げました。〝大東亜共栄圏〟というジャパンドリームは軍国主義の日本を造り上げました。戦後、韜光養晦のジャパンドリームは経済が急速に発展する日本を造り上げました。

今日における日本の若年層にとってのジャパンドリームは、伝統日本を超越した新型日本であるべきです。日本の若者世代にはこれまでよりも若くて新しい夢が生まれているはずです。私は、新しいジャパンドリーム、新しい世代のジャパンドリーム、21世紀型のジャパンドリームが現在進行形で醸成されており、遠くない未来に〝新型日本〟が造り上げられると固く信じているのです。

加藤　全く同意します。日本の若者世代には自らの声と夢が必要です。私は同年代の社会学者である古市憲寿さんと一緒に『頼れない国でどう生きようか』（PHP新書）という本を出版したことがあります。当時、私たち2人が伝えたかったこととは、国家が何を言おうが、国家がどれだけ頼りなかろうが、私たちの世代は自らの目標と夢を持って走り続けようというものでした。国家に戦略がないからといって自分に戦略がないことがあってはならない。国家に進路がないからといって自分に進路がないことがあってはならない。国家に思想がないからといって自分に思想がないことがあってはならない。よりはっきりと言えば、国家に夢がないからこそ私たちの世代は夢を持たなければならない。国家に希望がなければないほど私たちは希望を持たなければならない。私たちの世代の努力と奮闘をもってこの国に希望と夢を与えるくらいの気概と行動が必要だと感じていますし、多くの同世代が実際に同じ思いを持っています。実際に、高度経済成長期やバブル期においてこの国を支えてきた先輩たちは、私たちの世代よりも断然強くてしなやかな信念と行動で日々を過ごしていたのだと思います。グローバル化、情報化、多様化する時代に、国民一人一人が独立した思想、行動、夢を持つことで、日本は初めて健全に、安定的に発展していくのだと思っています。

劉　日本は米国の管理下にある〝半独立〟、〝半自主〟国家です。日本はまた財閥の力量が巨大な〝半民主〟、〝半金主〟国家でもあります。そんな日本における発言者・発言力・発言権の問題に私は関心があります。一体誰がジャパンドリームに対して最大の発言力・発言権を持っているのでしょうか？　政治家、思想家、企業家、有権者、或いは米国側でしょうか？　この五者の間の関係性はどのようなもので、ジャパンドリームへの影響をどう見積もりますか？

加藤　非常に率直でストレートなご指摘ありがとうございます。劉大佐が提起された〝半独立〟・〝半自主〟・〝半民主〟・〝半金主〟という言葉或いは概念に関して、日本の政治家や官僚の多くは少なくとも公には承認しないでしょう。ただ、官民を問わず、多くの日本国民が内心そのように感じており、フラストレーションを溜め込んでいるものと想像します。仮に日本で影響力のある新聞社が〝半〟に関する世論調査を行えば（私は見たことがありませんが）、私が勝手に想像するに、50～70％の回答者は同意するのではないでしょうか。

劉大佐がご指摘になった五つのプレイヤーに関して、私の個人的な感想としては、思想界が弱いという以外には、政治家、企業家、有権者、米国側の間には相関性が見られ、かつ均衡状態にあるような気がします。日本の民主体制において、政治家と有権者は切っても切り離せない関係にあります。日本の政治家が有権者の意向、習慣、観念などを軽々しく無視した上で政治を行うことはできません。日本の経済社会の発展とライフスタイルの安定は相当程度において企業家、および絶対多数のサラリーマンたちの奮闘や我慢と切り離すことができません。日本人が経済、特にものづくりに執念を抱き、この分野における成果を誇りとしてきた経緯からすればこの点は特に重要だといえるでしょう。経済なき政治に意味も価値もないと多くの日本人は考えていると思います。そして、戦後日本はどうしてエネルギーを経済の発展に集中させ、奇跡的な復興を遂げることができたのか。それは相当程度において米国の核の傘と切っても切り離せないのです。日米安全保障条約という枠組みの中で上記の事柄は初めて現実的に可能になったのです。米国の影響力が日本政治・経済社会に隅々にまで〝浸透〟してきたのは当然の過程であり、帰結だったのです。

劉大佐は以前「第二次世界大戦前、米国は日本の敵人であった。戦後、米国は日本人の恩人となった」と指摘されました。日本国民の心境は複雑ですが、戦後初期、高度経済成長期、冷戦後を通じて、確かに多くの日本国民はそのように米国を認知してきたのだと思います。ただ、この心境や認知は不変のものであると私は考えません。状況次第では、日本人が米国に対して潜在的かつ長期的に抱いてきたマイナスの感情が爆発する可能性も否定できません。

総じて、政治家・企業家・有権者・米国側は関連し均衡を保っているというのが私の現段階における見方です。問題は思想界をどう発展させるかでしょう。思想家は、知識や思想といった角度から日本が長期的に発展していくための理念を充実させ、政治を牽制し、社会を啓蒙し、民衆を鼓舞する役割を果たさなければなりません。

劉　日本という国家の未来の設計や構築を左右する〝五大権力〟のなかで、〝思想権〟が薄弱、停滞している状況は非常に深刻な問題だと思います。日本の史学、思想、学術、特に戦略学術権力を壮大に、強大にしていかなければなりません。思想家の力で日本の世論をリードし、思想家の力で政治家を牽制・制約するのはとても重要であり、切迫した課題でしょう。加藤さんから見て、日本思想界の弱点は何処にありますか？　日本思想界は如何にして台頭するでしょうか？　日本の思想界が経てきた歴史的段階はどのようなものでしょうか？

加藤　私のような人間にそのような壮大な問いに答える能力も資格もありませんが、個人的に思うのは、戦後と当代の日本思想界は19世紀の開国後から明治維新に移行していった時期と比べると薄弱で停滞しているというものです。福沢諭吉の『文明論之概略』や新渡戸稲造の『武士道』などは後世にも深い影響を与えた思想的作品だったと言えます。戦後で印象的なのは1

952年に『日本政治思想史研究』を出版した政治学者・丸山眞男、中国でも有名な文学者・司馬遼太郎などでしょう。ただ戦前と戦後を経験した丸山と司馬は共に1996年に亡くなりました。21世紀に入り、日本の社会で戦後の丸山や司馬に相当するような〝思想家〟が出てきているかというと中々具体的に名前が浮かび上がってきません。それでは、戦後から現在に至る過程で日本社会に思想家が生まれにくかった背景や土壌にはどのようなものがあったのかを考えてみると、三つの次元が存在していたように思います。

まず一つ目に、日本の戦後、日米同盟という枠組みの中で経済を発展させるというアプローチは強固であり、特に敗戦後の困難な時期、日本人はみんなでこの枠組みを守り、構築し、集中的に国家の復興に努めました。あのような状況下で日本はもはや〝無戦略〟状態に陥っており、唯一の戦略とはこの枠組の中で経済を発展させるというものだったでしょう。一国の社会が〝無戦略状態〟で全国民が復興のために突っ走るなか、思想的な角度から祖国へ献身しようという人材は生まれにくかったと言えます。

次に、日本の戦後の教育は極めて集団主義を重んじるもので、集団社会のなかで生き残れる術を育てることに多くの教育資源が投入されてきたと個人的な経験を通じても感じています。皆が平均的で、〝いい子〟なのです。この教育は戦後の〝社会総動員〟的な発展を推進したという意味で画期的だったと言えますが、と同時に、思想を創造するような作業には独立自主の精神と姿勢、行動力を持った〝個〟が求められるのは言うまでもありません。思想家の育成には社会的な土壌が必要なのです。日本の戦後社会にそれは欠落していたと言わざるを得ません。学校、家庭、社会、全ての教育現場においてです。

最後に、昨今の情報化、インターネット時代において、政治が娯楽化し、学術が商品化される時代において、如何なる〝思想〟も如何なるチャネルやプラットフォームを通じて知り得ることができてしまいます。このような状況下では、今を生きる消費者は、どのような思想が生命力と創造力に富んでいるかを判断する術を持てないでしょう。ただこれは日本だけでなく米国や中国を始めとしたすべての国で起こっている現象でしょう。インターネット情報の時代は思想家・思想界を試しており、これは人類社会にとっての世紀の課題であると私は考えています。思想家は思想を創造するだけでなく、伝播・普及させる使命をも担っています。時代は思想を必要としています。と同時に、時代が思想に挑戦しているという見方もできるのでしょう。

日本の〝タカ派〟は日本の将来と国運に対してどれだけの影響力を持つか?

劉　日本は〝派閥〟という意味での先進国だと私は考えてきました。日本では政党が林立しているだけでなく、政党内部でも派閥が林立しています。その他、〝右翼勢力〟、〝保守勢力〟など、色々派閥の匂いがします。加藤さんは日本人として日本の〝派閥〟を一般的、或いは常識的にいってどう見ていますか?

私が特に気になるのはいわゆる〝右翼〟や〝保守〟といった派閥に所属する人々のジャパンドリームは何かという点です。昨今の国家政治において、〝タカ派〟という概念は注目度の高いものです。現在、日本において代表的な〝タカ派〟人物にはどのような方がいますか?　彼らの政治的主張はどのようなものでしょうか?　彼らの〝タカ〟は何処に体現されているのですか？　中国に対してなのか、米国に対してなのか？　彼らの日本の現在と将来への影響力はどのように見積もることが可能でしょうか？

加藤　私は〝派閥〟に関する議論には慎重に慎重を重ねるべきだと考えています。これまで中国の知識人などと交流する過程で感じてきましたが、中国のジャパンウォッチャーたちは往々にして日本の〝保守派〟・〝右派〟を〝対中強硬派〟と同義的に見なし、語っているように思います。実際のところはそうとは限りません。どのような主張や立場が真の〝対中強硬派〟なのか、それらは〝保守〟や〝右〟といった、劉大佐が指摘される〝派閥〟とどのような思想的関連性を持っているのか。慎重に観察し、解釈する必要があると感じています。

私の個人的な理解では、日本における真の保守派の思想とは「日本の国家としての魅力と実力を持続可能なものにし、国民国家としての安全と尊厳を守るために、やるべきことは全力でやり、やるべきでないことはやらない」という断固たる考え方と姿勢のことです。変化を追求すると同時に、比較的濃厚な〝現状維持〟の性格も有しているという特徴もあるように思われます。

現在内閣総理大臣を務める安倍晋三氏は保守派の代表的な人物だと言えるでしょう。やはり日本の安全保障戦略をめぐる主張にそれが反映されていると思います。安倍首相やその支持者、および少なくない日本国民は、戦後〝平和憲法〟を持った国家として再出発した日本が終始平和的な道を歩んできたと自負しています。私もそう思っています。一方で、戦前、戦中には拡張主義政策を取り、他国を侵略した国家として、特に安全保障や国防に関わる政策においては、日本は戦後終始自制的な政策を取ってきた事実も自負している。戦後70年以上の月日が経過しましたが、その歩みは日本が早々に戦前の〝軍国主義〟から脱却した経緯を物語っており、だからこそ、現在となっては、より積極的な姿勢で安全保障や軍事政策に取り組むべきである。そうしてこそ、世界第三の経済大国として、複雑に変容する国際情勢のなかで初めて然るべき役割を果たすことが出来ると保守派は考えている。安倍首相も同様の考えでしょう。

このような考え方は安倍首相が一時積極的に主張していた〝積極的平和主義〟にも体現されているように思います。安倍首相やその支持者たちは、日本は戦後平和的な進路を歩んできた、これからはその姿勢や行動がより積極的になるべきであり、より積極的に国際貢献をしていくべきである、とりわけ同盟国である米国が重視する範囲や政策においては、日本の安全や繁栄に符合するのであれば、これまで以上に積極的にコミットし、日米同盟をこれまでよりも対等に、双方向に強化しつつ、日本の国家安全保障を強固にしていくべきである。このように考えていることでしょう。

日米同盟の将来の方向性を考えてみると、日本はこれまで以上に米国との同盟関係を〝強固〟にするのと同時に、〝深化〟することにトライしていくものと思われます。日米同盟が戦後のどの時期よりも対等性と相互性を確保するメカニズムを希求していくということです。そのインセンティブには二つの側面が在るように思います。

一つ目のインセンティブとしては、日本の政治家やインテリ、世論の多くが考えるように、中国が急速かつ不透明に台頭しており、それは朝鮮半島問題、南シナ海問題、東シナ海問題、台湾問題などをより複雑化させている。このような時代において日本としては米国との安全保障、戦略レベルにおける連係を強化する必要がある。さもなければ日本の安全と繁栄を持続的に保証できないという情勢が関係しているでしょう。

もう一つのインセンティブとしては、近年日本と中国の多角的な関係が日増しに密接になっており、日本の将来的な対外政策を俯瞰した場合、ただ漠然と米国に追随し、米国の戦略や政策にしがみついているようでは日本の国益を守れないし、発展させられない。日本は米国との同盟関係を強化すると同時に、中国との関係を健全に、安定的に発展させていくという世紀の難題に直面している情勢が関係しているでしょう。

劉大佐がこの問題をどうお考えになっているかは興味深いです。日本にとって、米国と中国は〝二者択一〟的に日本に戦略的選択を迫る存在であるとお考えですか？　劉大佐は日本が中国と米国との関係を同時進行的に、独自のバランス感覚で発展させる事が可能であるとお考えですか？　以下、可能であればどこかでお答えいただければ幸いです。

少なくとも私から見て、日本が主体的に日米同盟を〝放棄〟することは考えられません。ただそれは日本が中国との関係を発展させる必要がないことを意味しません。米国ですら中国との関係をこれまでになく重視しており、二カ国間、多国間、地域レベル、グローバルレベルで中国との交流や協力を強化しています。このような状況下で、米国と中国の狭間でどのようなポジションを追求し、言い方は悪いですが〝漁夫の利〟を得られるか。日本の国益を最大化できるか。これこそが日本が将来的に対外関係で直面する最大の、核心的な命題だと私は考えます。

話が若干それてしまいました。私は日本の〝保守派〟＝所謂〝右派〟或いは〝対中強硬派〟だとは考えません。安倍首相は紛れもなく日本保守派の政治家ですし、安倍首相が総裁を務める自由民主党はそもそも保守政党です。私は安倍首相が自民党内で孤立した存在であるとも思いません。

ここで、自民党と中国共産党や世論が密に観察している憲法改正の問題をケースに挙げてみたいですが、改憲は自民党結党以来の政策目標であり、この意味で、今後国内外の情勢がどのように変化しようとも、自民党は終始、紆余曲折を経つつも、改憲を自らの揺るぎない目標として掲げ続け、追い求め続けるでしょう。憲法の何条を改正するか、どのように改正するか、改正後どうするのかは複雑なプロセスであり、唯一無二の正解などあるはずがありません。そして日本には自民党以外にも、連立を組む公明党、野党である民進党（＊現・国民民主党）、立憲民主党、維新の会、希望の党、社民党、共産党など多くの政党があり、現行憲法をめぐる考え方や価値観はそれぞれ異なります。自民党が良しとするロードマップがそのまま日本の未来に直結することはありえません。政党を越えて、官民を越えて、国民国家としての議論が今こそ求められているのだと思います。ただ現状からは、〝平和憲法〟の核心である第九条の改正は容易ではなく、強大な権力を持っているようにみえる安倍政権とて〝苦戦〟するのは間違いないでしょう。これは国会という場を超越した、国民全体のアジェンダなのであり、そうあるべきなのです。

日本の政治家のなかで保守派、かつ対中強硬派と聞いて私が真っ先に想起するのは石原慎太郎元東京都知事です。石原氏の中国に関する言論は安倍首相らと比べて〝前のめり〟であり、公に中国を日本の安全保障上の脅威であり、中国の拡張に対して然るべき国防的準備をすべきだと訴えています。中国の人々がよく知る政治家としては小泉純一郎元首相がいるでしょう。小泉首相を保守派と言えるのかどうか、私には定かではありませんが、小泉元首相は少なくとも対中強硬派ではありません。対中関係という意味で言えば、小泉首相は靖国神社に繰り返し参拝しましたが、彼が首相を歴任している期間終始一貫して中国の発展は日本にとってチャンスであり脅威ではないと主張していました。小泉元首相は北京郊外の盧溝橋にある抗日戦争記念館を訪れ、お辞儀をし、献花し、哀悼と反省の意を示しました。小泉元首相の戦後60年談話からもその意志や立場を見て取ることができます。

私がここで申し上げたいのは、劉大佐が指摘なさった〝派閥〟を議論する際、人物や要素ごとに細かく分ける必要があるということです。大まかに、ざっくりと議論することは無益であり、非生産的です。仮に安倍首相、或いは将来の首相や政権が憲法第九条を改正したとしても、それがすなわち日本の未来の対外政策を変えるとは限りません。私は大きなスタンスと方向性は変わらないと考えています。私から見て、日本にとって憲法改正と平和路線は矛盾するものではなく、国民世論の支持を民主的に得られる形で適切に改正できれば、憲法改正が却って日本という国家の平和性を深化させることも可能であると考えています。

日本エリート集団にとっての〝ジャパンドリーム〟とは何か？

劉　すべての国家と民族において、エリート集団の夢の追求は国家戦略の行方に直接的に影響し、それを決定する肝心な要素です。戦後70年以来、日本エリート集団のジャパンドリームはどのように変遷してきましたか？　日本のエリート集団が21世紀に持つ夢とは何ですか？　エリートの間で異なる意見や立場はありますか？　主流エリートのジャパンドリームとは何ですか？

加藤　まず、我々は〝エリート集団〟という概念に明確な定義を下さなければならないでしょう。エリートとは自らの専門分野で発展の戦略とアプローチを引導できるグループであると同時に、専門分野を超えて比較的濃厚なパブリックマインドを持ち、国家の発展に明晰で長期的な眼光を持っている集団であると定義することにし、かつ日本のエリート集団を、政治エリート、官僚エリート、経済エリート、知識エリート、文化エリートという五つに分類することにしましょう。

政治エリートと官僚エリートを分けるのは、日本において政治家と官僚は別の職種であるからです。前者は選挙を通じて、後者は試験を通じてなります。私から見て、日本の政治エリートのジャパンドリームは決して一枚岩ではなく、多種多様に渡っています。保守派は、日本は〝普通の国家〟になるべきだと主張する傾向にあり、進歩派は、日本は戦後の平和国家を堅持すべきで、集団的自衛権を行使すべきではないと主張する傾向にあるようです。興味深いのは、保守派と進歩派を含め、極端な人々は共に日米安全保障条約を破棄し、国家がより独立自主になるべきだと主張していることです。ただアプローチは全く異なります。保守派は自らの比較的強大な軍隊を持つべきだと、進歩派は武力による問題解決を永久に放棄し、自衛隊も最小限に留めるべきだと主張する傾向にあります。

私の印象では、官僚エリートのジャパンドリームは政治エリートほど〝誇張的〟ではありません。あくまでも日本の将来的な発展の方向性や戦略を決定する権限は有権者によって選ばれた政治家にありますから。ただ全体的に見て官僚たちは日本の戦後の発展に対して誇りを持っていて、多くの官僚が「自分たちがいなければ今日の日本の発展はなかった」と名誉に感じていることでしょう。官僚は〝現状維持〟傾向があり、この枠組の中で日本の国益を最大化する、国内外の情勢の変化に応じてプラグマティックに、地に足の着いた形で政策を調整していく姿勢を持っているように見えます。その意味で、安保法案やＴＰＰといったアジェンダは日本の官僚エリートの思考回路に符合するようです。これらは〝現状〟から乖離する政策では決してなく、新たな情勢の変化に伴った政策調整、そのためのメカニズム構築という色彩が強いからです。平和的進路を堅持するというのは日本の官僚エリートたちの間で普遍的な戦略観であるように思われます。政治家と比べて官僚はジャパンドリームたるものを語りたがる集団ではないようです。官僚は多くを語らず、静かに、淡々と自らすべきことに全力を注ぐ仕事のスタイルを持っています。日本社会で最も優秀で、聡明な人間が霞が関に集まっているというのはそのとおりであり、彼ら・彼女らが誇りを持って仕事をすることが日本の国益に叶うと私は思っています。

知識エリートと政治エリートはいくらか似通っていて、保守派、進歩派、さらに温和派も過激派も混在している状況のようです。２０１５年の安保法案を例に取ってみると、正確な比率を導き出すことは困難ですが、私の感覚では80％以上の知識エリートは現状維持の立場を取り、現状の枠組みの中で適度に政策を調整していくことを考えているようです。私から見て、安保法案があれほど大きな論争を呼んだのは、一部中国の学者が指摘するような、日本が〝軍国主義〟へと後戻りし、他国を侵略する可能性を秘めているからなどというものでは決してありません。この法案が採択されたことによって日本が平和的な道を放棄することもあり得ません。平和憲法は依然有効に、強固に存在しているからです。

〝現状維持〟を巡っては、保守派と進歩派の間では比較的明確なギャップが存在します。法学者は不支持の傾向が強く、安全保障学者は支持の傾向が強いといった具合です。80%以外の学者のなかで、私から見て少なくとも15%程度は、日本は正々堂々と憲法第九条を改正し（80%のなかにも現行の憲法はすでに時代遅れであると考える人は多数います）、自らの軍隊を持ち、武力によって国際問題を解決するための法整備をすべきだという考えを持っているようです。残りの5%以下は日米安全保障条約を破棄することを主張し、それでこそ中国とも良好な関係を築け、米国の覇権主義に対応出来ると考えているようです。近年の安保論争などを眺める限り、政治エリートと知識エリートの間の相互作用・呼応は以前よりも明白になってきているようです。多くの政治家は自らのブレーンを持ち、政策の正統性を証明しようとしているようです。

経済エリートはある意味官僚エリートと似通っており、戦後日本の高度経済成長に誇りと栄誉を感じており、〝現状〟に対する執着心は政治エリートや知識エリートよりも濃厚であるようです。安保法案など日本の安全環境を変更し、日本の国家としてのイメージに悪影響を及ぼすような動作に対しては冷淡な視線で見る傾向を見いだせます。もちろん、TPPという日本の国内市場をより一層開放し、より高い国際競争力を追求するような制度設計に対しては、少なくとも半分以上、もしかすると3分の2以上の経済エリートは賛同するでしょう。彼らのジャパンドリームとは自らの事業をしっかりと行うこと、自らの商品とサービスをきちんと開発することであり、商品、サービス、ブランドなどを通じて日本の持続可能な発展にしかるべき貢献をすることです。私は企業家・起業家・実業家は日本において最も自らの夢を持ち、かつそれを語り、追い続ける集団であると思っています。彼らの多くが示す、語らず淡々と手を動かすスタイルは、日本人の生き方・生き様を如実に反映しており、この点はジャパンドリームというテーマを掘り起こす上でも重要なポイントであると考えます。

最後に文化エリートですが、映画、文学、アニメ、漫画といった分野における巨匠たちを指します。人物で言えば、宮崎駿、北野武、黒澤明、手塚治虫、村上春樹、東野圭吾などは中国でも非常に有名でしょう。彼らの作品は世界的影響力を持つことが多く、国際社会からも高く評価されています。文化エリートは国内外の環境が安定し、日本が平和的な発展を堅持し、エネルギーや時間をこれまで以上に経済や文化に投入することを望んでいるでしょう。政治大国や軍事大国をただ漠然と追い求めることを支持する文化エリートは少ないように思います。日本の国際社会における評判や尊厳は文化エリートたちの献身や貢献とは切っても切り離せないと言えるでしょう。

劉　加藤さんは日本における五つのタイプのエリートにとってのジャパンドリームの傾向を紹介されました。一人の軍人として、日本の軍事エリートが考えるジャパンドリームと強軍の夢については単独で議論する必要があります。近代以来の世界大国のなかで、日本だけが世界から〝軍国主義〟という称号を与えられました。これは日本の軍人が国家を縛りつけ、コントロールしていた〝軍国体制〟が如何にすごかったかを物語っています。日本の軍隊が建国、護国、興国、〝害国〟の歴史において擁してきた特徴、経験、教訓について教えてください。今日の日本の軍事エリートの日本の国家のなかにおける地位や影響力はどのようなものですか？彼らのジャパンドリーム、強軍の夢とは何ですか？　日本社会の日本軍事の夢への意見や主張は何ですか？　日本のエリートは軍隊に集まっていますか？　日本の軍隊の若者への吸引力はいかがですか？　日本軍事エリートの対中観、対米観はどのようなものでしょうか？

加藤　劉大佐はまたまた大きな問題を複数提起されました。私の限られた認識のなかで答えられることを述べてみたいと思います。

まず、日本人は通常軍事に従事している関係者のことを〝自衛隊〟、〝防衛関係者〟といった具合に呼びます。戦後の〝平和憲法〟において、世界的、歴史的、普遍的な意味での軍隊や軍人は日本には存在せず、存在も許されません。〝自衛隊〟の三文字すら現行の憲法には明記されていないのですから。日本の自衛隊はその名の通り、専守防衛が任務なのです。戦後、自衛隊員は一人も殺しておらず、と同時に一人の自衛隊員も殺されていません。この驚くべき事実から日本にとって〝軍隊〟・〝軍人〟が何を意味するかがお分かりいただけるでしょう。大多数の日本人は自衛隊が〝戦争のできる軍隊〟になることを望んでおらず、２０１５年の安保法案の際にあれだけの抗議活動が行われたのも、多くの国民には、同法案の成立は日本の平和国家としての道のりが変更されることにつながると映ったからでしょう。私自身は集団的自衛権の行使と平和国家としての歩みはまったく両立するものだと思っていますが。

私はこれまで東京、北京、ボストンなどで日本の防衛省の役人や航空自衛隊、海上自衛隊、陸上自衛隊の隊員などと交流をさせていただいたことがありますが、私の初歩的な感想として、彼らも米国や中国の軍人と同様で、軍事に従事しているが故にその観点や立場は往々にして〝強硬的〟になる傾向にあるようです。彼らは国家がより多くの予算や行動の範囲・自由を自衛隊に賦与することを望みますし、国を守るために、自衛隊が〝軍隊〟としての体裁を整えるべきだと主張する方もいるようです。彼らは政治家、知識人、一般国民は日本を取り巻く国際安全情勢を軽々しく見すぎており、警戒心や敏感性に欠ける、もっと警戒心を高め、然るべき体制を整えなければいけないと考えているようです。口には出さないかもしれませんが、「日本は国際標準の軍事力を持つべきだ」と考える自衛隊員は少なくないでしょう。

彼らも安保法案を支持し、日本が集団的自衛権を行使できるようになるのは当然だと考えているようです。私は日米同盟を破棄すべきだという主張をする自衛隊員や防衛官僚に会ったことはありません。内心は「日米同盟なんかに頼らなくても日本は自ら国を守れる」と考えている人もいるかもしれませんが。

彼らの殆どは、中国の台頭は21世紀日本の安全保障情勢をとりまく最大の変数であり、経済力の強化は必然的に軍事力の強化をもたらし、中国が周辺海域や空域で拡張的な政策を取ってくると予測しているでしょう。中国人民解放軍は東シナ海、南シナ海、台湾海峡で起こりうる衝突や戦争に常に備えており、時期や能力が熟せば、国家の核心的利益を死守するという大義名分の下、軍事的な行動をいつでも取りうると見積もっているでしょう。日本は米国との戦略的意思疎通や政策協調を強化し、中国の台頭がもたらす不確実性に対応していくべきだというのが防衛官僚や自衛隊員の基本的な立場だと思います。

私から見て、日本の防衛当局が中国の台頭に対応するという観点から考えられる準備は三つあるように思います。一つ目は日米同盟を強固にすること。二つ目は日本自衛隊の行動範囲と能力を拡大すること。三つ目に技術、情報、キャパシティ、対外コミュニケーション力などの総合力を強化することです。

最後に、日本社会と一般国民が我々の自衛隊と防衛省をどのように見ているかという問題を考えてみたいと思います。やはり、日本の軍部は第二次世界大戦期間中に暴走し、シビリアンコントロールが機能せず、国家全体を崩壊の危機に陥れた経緯がありますし、その記憶は多くの日本国民の胸に刻み込まれています。従って、日本社会と世論は軍部、軍隊、軍人への警戒心や猜疑心を永遠に解かないでしょう。日本の戦後の政治体制において軍隊は完全に国家のものとなり、シビリアンコントロールは機能するようになりました。昨今の自衛隊は首相官邸や内閣の指揮や決定を無視して行動することはあり得ませんし、憲法によって付与された範囲以外の行動を取ることもあり得ません。法治国家・民主国家の枠組みにおける自衛隊です。自衛隊が今後暴走するような可能性は発生しえません。

日本社会と〝日本軍隊〟の間には三つのギャップが存在すると私は考えています。一つ目は自衛隊の自己認識と日本社会の自衛隊に対する警戒心との間に存在するギャップ。二つ目が日本政府の日本自衛隊に対する自信、安心と日本社会の日本自衛隊に対する警戒と猜疑の間に存在するギャップ。三つ目に日本の一部知識人の日本自衛隊に対する期待、欲求と日本国民の日本自衛隊に対する渇望と欲求の間に存在するギャップです。

最後の一点について簡単に説明しますと、対外、特に対中政策において強硬的な知識人は、日本自衛隊は作戦能力を向上させ、中国から自国を守るべきだと主張する傾向にあります。彼らの自衛隊や防衛省に対する〝要求〟は政府や首相官邸よりも切迫した、強烈なものであることが多いです。民間人ですから、政府に比べて様々な意見や立場が存在するのは全く当然ですが。

一方、日本の大多数の国民は、自衛隊は現状を維持すべきで、〝平和憲法〟を超越した行動を一切取るべきではない、周辺地域や国際社会における如何なる軍事的な問題にまきこまれるべきではないと考えているようです。日本の国民の中で、内心で強硬的な知識人の主張に同調する人は私の観察と感覚で2～3割といったところでしょうか。劉大佐、この比率は決して低くなく、戦後70年を経た今、日本で一部存在する〝国家としての野心〟はすでに民間社会にも浸透しているというのが私の見方です。

劉　日本はアジアで最初に〝西側化〟した国家であり、〝東方世界〟における〝西側国家〟で、西側世界が認める〝民主国家〟です。このような民主国家において、日本の一般庶民のジャパンドリームとはどのようなものでしょうか？　エリート集団のジャパンドリームとの間にどのような区別や相違点がありますか？　矛盾や衝突はありますか？　なぜ国会の周りで抗議活動をしている民間パワーは国家における議員たちの意思を制約できないのでしょうか？　なぜ日本国民の呼び声は安倍政権における一連の民意に背いた政策を止めることができないのですか？

加藤　日本国民がジャパンドリームを語ることは殆どないと思います。絶対多数の国家の国民と同様に、彼らの夢とは個人、生活、職業におけるもので、民族や国家の長期的発展と利益という角度からジャパンドリームを考える国民は少ないでしょう。私はこの状況が悪いとは思いません。すべての国民が強烈なまでに政治に関心を持ち、日々ジャパンドリームを政治的に議論しているような状況は正常ではありません。国民が政治に巻き込まれることなく安心して生活が出来る環境、自らの生活や事業に集中できる環境は一つの達成であり、社会が発展した後の成熟度を示しているとも言えるでしょう。

劉　民主主義最大の特徴は民衆が政治に関心をもつことです。国民が官僚と権力を管理することです。国民が国家大事と天下大事を思考することです。民主主義の下では民衆こそが国家の主であり、国家大事は民主こそがその在り方や方向性を決めるのです。民意が主体となるのです。これが民主社会と君主社会、エリート社会との最大の違いです。ただ現在、民主国家に生きる民衆は国家大事に関心を持たなくなっています。そのような民主国家は真の民主国家ではありません。このような民衆が政治に関心を持たなくなった国家、或いは民衆の反発が強烈であるにも関わらず政治家が好き勝手できてしまう国家において、日本が民主主義たるための特徴や属性はどこに見出すことができるのですか？　どのように体現されるのですか？

加藤　安保法案時の国会外の抗議デモに関しては先に述べましたが、結果的になぜ採択を阻止できなかったのか？　これはやはり国会の制度によるものです。国会議員は有権者自らが選んだ人々であり、言い換えれば、議員は国民の代わりに日々の意思決定を行っている、国民は議員に意思決定という作業を委託しているわけです。委託したからには現行の制度に基づいて、あらゆる閣議決定を含めて、政治家に任せるところは任せるというのが道理でありルールです。もちろん、日本の憲法は表現の自由を保障しており、国民は合法的にデモ活動や抗議活動をすることが許されています。国会や政治家もそこから圧力を感じています。法案が採択される過程で軽視されたプロセスや議論は実質的に存在しますし、そこは制度や法律が100％カバーできない部分として、国民国家として、市民社会として補完していく行動や努力が必要なのは言うまでもありません。この意味で、私は今回国会前などで、抗議活動を展開した同胞たちが示した〝制度外の力量〟は、日本の制度を改善し、充実させるために重要であったと思っています。若者は時間やエネルギーがあるのだからアクティブに社会や世論に対して自らの考えや立場をぶつけていけばいいのです。若者が沈黙し、活気を失ったような社会に明るい未来はやってこないと思っています。

米国人が望む〝ジャパンドリーム〟とは何か？

劉　私から見て、米国人にも〝ジャパンドリーム〟たるものがあります。アメリカンドリームは日本に関する内容を含んでいるということです。米国人にとってのジャパンドリームは、1853年7月8日、米国海軍のペリーが4隻の戦艦を率いて日本へやってきて、黒船の上で大砲を鳴らすことで日本に開国を迫ったことに端を発しました。

明治維新以前における米国人のジャパンドリームとは、日本を中国を彷彿させる半封建・半植民地状態のような状態にする〝開放の夢〟でした。

第二次世界大戦中における米国人のジャパンドリームは日本の軍国主義に打ち勝つ〝勝利の夢〟でした。

第二次世界大戦後における米国人のジャパンドリームは日本を改造し、コントロールし、利用してソ連に対抗する〝冷戦の夢〟でした。

冷戦後、特に21世紀に入り、米国人のジャパンドリームは日本に〝ドーピング〟を注射し、日本をクレイジーにし、中国と真っ向から争わせることで、日本と中国が共倒れする夢を描いているのです。

加藤さんはアメリカンドリームとジャパンドリームの歴史的変遷をどのように見ていますか？　21世紀における米国人のジャパンドリームをどう見ていますか？

加藤　劉大佐のアメリカンドリームとジャパンドリームの関係性から探索する方法は非常に意義深いと思います。それぞれの歴史的段階における米国人のジャパンドリームには一定の違いがあります。時代背景や国際情勢が異なりますから当然です。ただ全体的に見て、日本人はアメリカンドリームの受益者である、或いはそこから受けた恩恵は損害よりも大きいと私は考えます。1853年の〝開国〟、戦後の〝改造〟はその経緯はともあれ、客観的に見て日本の改革開放を促進しました。多くの日本人もこの点を理解していますし、この歴史的過程を評価していると思っています。

21世紀における米国人のジャパンドリームですが、これは中国の台頭と切っても切り離せないイシューと言えるでしょう。ご存知のように、1980年代、米国は日本経済に〝脅威〟を感じていました。日本経済の急速な成長と日本企業の不断の台頭は米国の〝国益〟を害しうると米国は判断し、1985年のプラザ合意や通商交渉を通じて日本の輸出産業に圧力をかけ、日本製造業の競争力を弱体化させようとしました。日米通商関係における米国の立場を優位に持っていこうと必死でした。

今日、太平洋の向こう側に位置する米国にとって、太平洋のこちら側に位置する中国の台頭に対応するためには同盟国の協力が不可欠です。日本はその核心です。米国のグローバルな同盟戦略にとって、欧州の英国、中東のイスラエル、アジア太平洋の日本は三大地域の核心と言えるでしょう。欧州と中東に関して言えば、欧州経済の繁栄と中東情勢の安定こそが米国にとっての核心的利益であり、米国が自らの価値理念を普及させ、自身の覇権的地位を守る上で避けては通れないファクターです。

一方、米国の価値理念を普及させ、その覇権的地位を守るという二大目標からすれば、アジア太平洋地域で如何にして中国の台頭がもたらす不確実性に対応するか、如何にして中国の台頭がもたらす脅威を処理するかという問題こそが重要で、長期的な課題であると言えます。この意味で、米国の同盟戦略にとって日本が果たすべき役割はかつて無いほど大きくなっているのです。米国は全方位的に日本の同盟国としての身分と機能を利用し対中政策へと応用していくでしょう。これは日米同盟間の相互契約・パラダイムに符合するもので、と同時に、日本も一国で中国の台頭に向き合うことはできず、米国の核の傘を必要とします。日本は日米同盟に依拠して自国の安全を守りながら、モノ、カネ、ヒト、情報などあらゆる分野で対中関係を促進させていこうというのが基本的なスタンスです。安全保障と経済貿易の分野で米中の間でバランスを取りながら、その過程で国益を最大化すること。日本が日米中関係のなかに描く基本的なスタンスでありアプローチです。日本国内でも基本的なコンセンサスが得られているというのが私の認識です。実際、日本が長期的に安定、繁栄する上で、他に現実的な選択肢はありません。

まとめると、21世紀の米国は中国の持続的かつ不透明な台頭に直面する中、日本との同盟関係を不断に強化し、かつこれまでよりも深いレベルで関係を強化しようとしています。中国という不確実性を前に、日米間の相互需要性、相互利用価値はかつてない次元にまで深まっている。今日における米国人のジャパンドリームはこういう背景と文脈の下で語られるべきだと考えます。

劉　私から見て奇怪なのは、米国は強大な日本を打倒、改造できるのに、弱小なアフガニスタン、イラク、リビア、シリアなどはなぜそうできないのかという問題です。米国は軍事的にこれらの国家を粉砕できても、政治的、価値観的には征服できず、故にガバナンスやコントロールに苦しみ、改造しきれないのでしょう。加藤さんから見て、米国が日本に打ち勝ち、コントロールできてきたことと、これらの国家を征服、コントロールできてこなかったという歴史的経緯は、米国にどのような教訓を投げかけていると思われますか？　世界の他の大国の戦略や戦略家たちの思考に何らかのインプリケーションは見いだせますか？

加藤　とても重要な問題だと思います。第二次世界大戦直後、米国が敗戦国である日本、シビリアンコントロールが崩壊した日本、廃墟と化した日本に対して改造作業を進めるのはそれほどの困難を伴うものではなかったと思います。当時の日本社会には日本軍国主義に対する嫌悪や抵抗が普遍的に存在していましたから、戦後、官民を問わず、少なくない国民はむしろ米国が日本を非軍事化、民主国家へと改造する意思や過程を歓迎・尊重したことでしょう。米国が天皇制という日本人にとってのある種の〝ボトムライン〟を保留したことも大きかったと思います。米国のアプローチは戦略的でした。また、日本の民族・社会構造は単一的で、日本国民は基本的に人の話を聞く〝良い国民〟です。この国民性という側面も米国の改造プロセスを〝後押し〟したことでしょう。

それに比べて、米国のアラブ中東国家・地域への戦争や改造は困難を極めるものです。まず、これらは伝統的な意味における国家対国家の戦争ではなく、テロリズム、および米国の干渉主義、或いは人道主義という国家戦略が錯綜した戦争です。次に、私は今でもアラブ中東国家社会に、米国が自国、および自国が位置する地域を改造することを歓迎する、少なくともポジティブに捉える民意的基礎が存在するのかどうか懐疑的です。最後に、あれらの国家の宗教、民族構造は日本に比べて複雑であり、改造するにしても、統治をするにしても敗戦直後で自らへの無力感と外界へと期待感に満ちていた日本に比べてかなり難しいと言わざるをえないでしょう。

劉大佐がご指摘になった軍事、政治、価値観という三角関係は昨今の国際関係を占う上でも示唆に富んでおり、これに経済的要素を加えると、その構造は複雑極まりないものであることが分かります。特に大国は、軍事上の征服が政治上の浸透につながらないこと、経済上の依存が価値観の賛同につながらないことを肝に銘じておく必要があると思います。

米国は自らの軍事力や価値観のアドバンテージをもって世界の警察官という役割を演じることが、これから益々困難になっていくことを肝に銘じるべきでしょう。米国の干渉主義に嫌悪感を持っている国家や地域は少なくありません。一方で、それを渇望する国家や地域もいまだ広範に存在します。米国の世界的役割をめぐる認識ギャップは国際秩序や規範に直接影響する変数と言えます。

一方の中国は、経済上の建設能力や発展成果のみに依拠するだけでは、経済的に中国に依存する国家が中国のモデルやイデオロギーに賛同するとは限らないし、それは極めて難しいということを肝に銘じるべきでしょう。〝チャイナキャパシティ〟＝〝チャイナモデル〟であると国際社会は認識していませんし、まずはこの点を中国自身が自覚することが大切でしょう。さもなければ、中国が各地域で展開する〝ガバナンス〟は連鎖的に失敗すると思います。

米中二大国は昨今において少なくない国家、社会、民族がその考え方ややり方に賛同していないことを肝に銘じるべきでしょう。大国という身分や地位に依拠して自らの発展モデルや価値体系を普及させられる時代ではありません。第二次世界大戦の米国の日本に対する改造はかなり特殊であり、普遍的意義に欠けるというのが私の基本的な立場であり見方です。

劉　加藤さんは中国の後に米国へ行って勉強されました。戦略研究もされたでしょう。そんな加藤さんから見て、現在の米国の知識エリートたちは第二次世界大戦後の米国と日本の関係をどのように見ていますか？　どのような探究や反省をしていますか？　将来的な米日関係の調整、改革、イノベーションについて、戦略的思考という意味でどのような変化が生じているとお考えですか？

加藤　戦後の文脈で言えば、エズラ・ヴォーゲル氏の『ジャパン・アズ・ナンバーワン』が世論で反響を呼んだ1970年代後半から1980年代前半の時期、米国戦略家の間で〝日本をどう封じ込めるか？〟という議論が台頭したと考えています。もちろん、ここでいう〝封じ込め〟とは全体的な戦略ではなく局地的な戦術です。戦後日本が戦略レベルで米国に脅威を与えることなど不可能ですし、日本にもそんなつもりはさらさらありません。日米同盟こそが戦後日本復興の礎ですから。パールハーバーの失敗から深く教訓を汲み取った日本が戦略レベルで米国に挑戦すること、米国に脅威を与えようとすることは少なくとも予測可能な未来においてはあり得ないでしょう。

私が米国で感じたのは、米国は引き続き日本が信頼できる同盟国であることを望み、時に鼓舞し、時に賞賛し、時に教育し、時に圧力をかけるという姿勢でしょう。一方で、日本が米国の信頼できる同盟国として然るべき意志と能力を兼ね備えているかに対して懸念を抱いているようでもあります。その具体的なケースがまさに対中関係に体現されているというのが私の見方です。

例えば2012年9月に日本政府が尖閣諸島の〝国有化〟を閣議決定した件です。私はハーバード大学に到着して間もない頃だったのですが、東アジア問題専門家、中国問題専門家、日本問題専門家たちはこの件が日中関係、および米国のアジア太平洋政策に与えうる影響について緊迫した議論を行っていました。そのなかで、日本が尖閣を〝国有化〟する上での政策やアプローチが精錬されていない、長期的な戦略的思考に欠けるといった意見が聞こえてきたのは驚きでもあり発見でもありました。その背景にある軽視できない要素は、米国の戦略家たちが、日本という同盟国が、米国が対中関係をマネージする過程での〝トラブルメーカー〟になるのではという懸念を持ちはじめていることでしょう。もちろん、米国は日本だけでなく中国に対しても大局を見据えて冷静に処理することを呼びかけていました。米国は日中の間である種のバランスを取り始めているような気配すら感じました。米国からすれば、中国は米国の意思や利益にそぐわない行動をとることは想定内です。ライバルであり、競争相手ですから当然です。ただ日本がそういう行動を取ることに対しては「けしからん」となります。同盟国ですし、日本は如何なる場合においても米国が主観的に認識・主張する国益に背くべきではないというのが、米国戦略家たちの普遍的な考え方であると感じました。

歴史認識問題についても同様です。2013年12月、安倍首相は靖国神社に参拝しましたが、当時の米国政府もそれに対して公に失望の意を示しました。米国のこの立場表明は決して理解不能なものではありません。日米間の歴史問題という意味でも、米国が日本の首相が靖国神社に参拝することを支持するわけがありません。ただ私がここで提起したいのは戦略レベルでの話で、米国が対中関係をマネージする上でこの問題が負担になっているという分析です。同盟国である日本に足を引っ張られたくないという心情も垣間見ることができます。中国は逆にこれにつけ込み、米国と一緒になって日本の歴史認識問題に圧力をかけたいと考えるでしょう。この点、日本当局にはまさに戦略的見地からの対応が求められます。

と同時に、私が米国で常々感じてきたことは、米国は太平洋の向こう側で、日本と中国が不毛な喧嘩をすることでこの地域の安定と繁栄が脅かされることを懸念しているという点です。中国国内では「米国こそが日中関係が安定しない黒幕である」という陰謀論的な見方が一般的です。劉大佐も米国は日中を〝共喰い〟させる戦略を持ち、実践していると指摘なさいました。確かに、日中が戦略レベルでの協力を推し進めることに米国が不安や圧力を感じないことはないでしょう。中国が戦略的競争相手である限りは、米国は日本にそれを牽制する役割を果たしてほしいと願い続けるはずです。一方で、そんな中国と日本の関係が悪化しすぎることを懸念するようになっている要因には、構造的な理由が見いだせます。米国は意識的、無意識のうちに自らが世界の警察官という役割を担うプロセスに調整の必要性を感じており、地域の安定と経済の繁栄を維持するために、地域の当事者たちの協力やマネージメント力に〝依存〟しなければならない局面が増加しているのです。軍事、戦略、財政面での負担を削減する内政的必要性に直面している近年の背景もあります。

劉大佐は以前私との交流のなかで「米国人はなぜアジア太平洋リバランシング戦略を行使し、

自ら進んで負担を増やすようなことをするのだ？」という問題提起をされました。この問題に対して、米国は戦略的にはシフトを試みていますが、戦略と財政の関係、外交と内政の関係をどう処理するかという問題に関しては論争があり、戦略家の間でも統一見解は存在しません。コンセンサスを追求するプロセスは漸進的で時間がかかるものと私は捉えています。

加えて、アジア太平洋リバランシング政策には経済貿易も含まれています。米国当局は、昨今経済的に最も活力に富み、潜在力もあるアジアとの関係を強化することは、米国のアジアへの輸出を促進し、米国経済の振興につながるという具合に考えているようです。もちろん、アジア諸国との貿易関係の拡大が逆に米国の貿易赤字を膨張させ、財政を困難にするシナリオも当然考えられますが。米国の戦略にとって、日本、韓国、台湾、フィリピン、オーストラリアといった盟友の支持が不可欠なのは言うまでもありません。これらのアクターにとって、米国の戦略を理解し、支持するインセンティブはやはり中国の大規模で不透明な台頭でしょう。彼らは中国の台頭が既存の秩序やルールを変更するのではないかと懸念しており、米国に引き続きプレゼンスと影響力を行使してほしいと集団的に願っているのです。劉大佐はこの指摘に賛同されないでしょうが、米国のアジア太平洋における同盟国は確かにそう考えているのです。少なくともそう感じているのです。

米国も決して中国の台頭を警戒するだけではなく、経済、科学技術、教育、金融、および気候変動、テロリズムといったグローバルな課題で中国との関係や協力を拡大させようとしています。米国のグローバルガバナンスがもはや中国の理解や協力と切っても切り離せなくなっている現状が見いだせます。

まとめると、米国の同盟戦略は確かに岐路に直面しており、この課題をとりまく情勢そのものが構造的に変化している現在、米国にもそれ相応の戦略的適応や戦術的調整が求められているのはもはや論をまたないものと思われます。

劉　第二次世界大戦後、日本人は米国がもたらした恩恵を忘れず、米国に恩を感じています。戦後日本の進歩や発展、安全や幸福のほぼすべては米国人の成績表に記録されていることでしょう。それでは、戦後に米国が日本をこのように扱い、日本を助け、守ってきた目的とは何ですか？　米国がそこから得られる利益は何ですか？　米国人が良い人で、日本の利益のために無私的になった結果なのですか？　日本が戦後米国のために演じた戦略的役割、およびその過程で米国にもたらした戦略的利益とは何ですか？

加藤　何と言っても日本は太平洋戦争で米国に奇襲をしかけ、米国に挑戦しようとした経緯がありますから、戦勝国として敗戦国に対してアレンジメントを試み、日本をコントロールし、日本を再び米国に挑まない国家にすること、そのための国内的制度を構築することが戦後の米国にとって最も切迫した動機であり国益でした。米国は自らの安全と国益を守るために日本に対して改造を行ったのです。米国の意思や戦力に符合する日本になってもらうためです。

次に、冷戦のはじまりも軽視できない時代的背景です。反ソ連、反共産主義の戦略的需要です。朝鮮戦争が勃発する前、米国は日本を徹底的に非軍事化する構想を持っていましたが、その後イデオロギー的に対立した世界は東西に分裂し、冷戦が始まるなかで米国は日本の位置付けを戦略レベルで調整し、日本を反ソ連、反共産主義の防波堤にしようとしました。そうなれば、日本が軍事と無関係のままいることはありえず、米国は日本の〝再軍事化〟を、少なくともそれが最小限だったとしても実行し、日本に軍事的戦略の一端を担わせようとしました。すべては米国自身の利益のためです。劉大佐が言及した〝無私〟は存在しません。ただ結果的に米国のこの戦略的調整は日本の戦後復興に契機をもたらしました。日米は互いを必要としながら冷戦期を生きてきたと言えます。

ソ連が解体し、世界がポスト冷戦期に入ると、日本と米国が共有する戦略的基盤は社会主義国として最後に残った大国である中国ということになります。ただ、日米同盟関係を継続的に深化させていくための戦略的基盤という意味では、中国の台頭だけにそれをもとめるのでは足りないでしょう。中国だけではなく、北朝鮮やイランといった国家、テロリズムといった国境を超えた脅威に如何に対応していくか、同盟関係が真の意味での公共財になるためには中国の台頭に対応しつつも、そのレベルを超越していかなければならないでしょう。テロリズムなどに対応するために、日米が中国の協力も必要としているからにはなおさらです。いずれにせよ、日米が今日中国を眺める角度や起点は冷戦期のソ連とは質的に異なり、中国の指導者が近年主張する〝対抗しない、衝突しない〟という精神には、日米当局や両国の戦略家たちも全く賛同することでしょう。

劉　21世紀の米国はどんな日本を必要としていると加藤さんはお考えですか？　特に、米中の攻防のなかでどのような日本を米国は必要としていて、日本にどのような役割を果たして欲しいと考えていますか？　日本は米国の戦略的需要を満たすことができそうですか？　米国は日本に対して掌握の自信を持っていますか？　日本は米国が中国に向き合う上での〝爆弾〟になることを望んでいますか？　肝心な時に、米国のために自らを犠牲にする覚悟があるかどうかという質問です。

釣魚島、東シナ海、南シナ海、台湾海峡といった問題で、米国は日本にどのような役割を演じてほしいと考えていますか？ 理想的な型はどのようなものですか？ 日本に守ってほしいボトムラインは何ですか？ 仮に日本が米国の要求を満足させられないとしたらそれは主にどのようなものですか？ 日本が米国の言いなりになりたくない分野はどこにありますか？ 日本が往々にして米国の望みを満たせない、或いはそれを超えてしまう分野はどこにありますか？

加藤 劉大佐はまたしても数多くの大きく、複雑な問題を提起されました。それらを熟慮した上で、私が考える「米国が必要とする日本」は三つあります。

一つ目は、引き続き〝いい子〟な日本です。これは米国の対日政策の出発点でありますが、対中政策や在日米軍問題を含め、米国は日本が米国の言うことをよく聴き、間違っても米国の意図や戦略に背反する行動を取ってほしくないと考えていることでしょう。

二つ目に、魅力と覚悟を向上させる日本です。これは米国のアジア太平洋戦略にも関わってきますが、米国は日本が国内のあらゆる矛盾や問題をしっかりと処理し、集団的自衛権を適切に行使出来る国内環境を整え、米国の将来的なグローバル戦略、特にアジア太平洋地域において、米国を支える役割を果たしてほしいと願っていることでしょう。日本が国家としての影響力や発言権を向上させることも米国の国益に叶うと考えているでしょう。

三つ目に、トラブルを起こさない日本です。上記で〝尖閣国有化〟や靖国神社といった案件を紹介しましたが、これらのイシューにおいて、米国は確かに日本の行動や対応に対して〝トラブル〟感を抱き、面倒くさいと感じていたように私には見えました。米国の同盟戦略という意味では、日韓関係も極めて重要で、慰安婦問題などを含めて、日韓関係が感情的な泥沼に陥らず、強固で信頼感のある二カ国関係を築くことで、米国の対アジア太平洋戦略を支え、後押ししてほしいと考えているることでしょう。

劉　近年、中日関係が緊張するに伴い、〝中日間で一戦を交えるのは避けられない〟という世論が中国にも日本にも存在するようです。両国の軍部は自然に準備にとりかかることでしょう。

ただ、私から見て、中日間で一戦を交えることが必至であるかどうかに関して最大の見所は、中国でも日本でもなく、米国の動向です。根本的な問題は、米国が中日両国に戦争をしてほしいかどうか、米国は中日がいつ、どこで、どのような範囲、規模、方法で闘ってほしいかにかかっています。

加藤さんは、〝中日が一戦を交える〟という問題における米国人の深い、真実の心理状況をどう分析されますか？

加藤　今日の米国が日本と中国が一戦を交えることを望んでいる、或いは企んでいるとは全く思いません。米国もそのような代償を受け入れられないでしょう。米国の国益を守り、発展させるという意味でもそう考え、そうする必要性、必然性は見当たりません。米国が、日中が近くなりすぎないのを望んでいるのは確かでしょうが、日中関係が戦争を通じて解決しなければならないほど悪化するのは望まないでしょう。仮に起こるとすれば、米国は疑いなく日本の側に立って闘うでしょうが、問題は、戦争後、米国が中国との関係をどのように再構築し、アジア太平洋地域における安定や秩序を再構築するかです。世界第二、第三の経済大国である中国と日本の間で戦争が起きれば世界経済が悲劇に見舞われるのは必至で、そのような状況を米国が希望するはずもありません。仮に日中間で武力衝突が起きそうになれば、米国はそれを仲介し、緩和させようとするでしょう。それが昨今における米国の国益に資するからだと私は考えます。

劉　古代のアジアは輝いていて、近代のアジアは災難だらけで、今日のアジアには危険な匂いがぷんぷんします。アジアの主な危険は中国でしょうか？　日本でしょうか？　それとも米国でしょうか？　また、アジアの活力の最大の源泉はどこで、危険の最大の震源はどこでしょうか？

アジアの平和はアジア人によって構築されるべきか？　それとも米国人によって構築されるべきか？　中日関係は米国人によって調和されるべきか？　或いは中国人と日本人自身が調和すべきか？　日本の将来の安全や発展は日本人によって保障されるべきか？　それとも米国人によって保障されるべきか？

加藤さんはこれらの問題をどうお考えですか？

加藤　21世紀をアジアの世紀、そしてグローバル化と経済一体化の世紀と呼ぶのであれば、アジアの平和を破壊する潜在的な震源はそこら中に転がっており、アジアの当事国、米国、他の地域の経済、軍事、宗教、民族、テロリズムといったあらゆる要素がアジアの平和を破壊する原因となりうるでしょう。

アジアの平和はまずはアジア人の自覚と協力によって守られるべきだと私は考えます。しかし、そのプロセスやメカニズムが他地域の国家との意思疎通や政策協調を排除するものであってはなりません。ここには当然米国も含まれます。米国がこれから世界の警察官としての役割をどのように果たしていくのかという問題を巡って〝立ち往生〟している状況下において、アジア人、特に日中韓といった地域の主要国、およびASEANといったこの地域で先進的な地域機構の間で意思疎通や政策協調を強化し、アジア発の知恵を持ってアジアの平和と安全の問題に向き合っていくことが求められるのは言うまでもありません。アジアの情勢の影響を最も直接的に受けるのはアジア諸国なのですから。

日中間の良好な関係はまずは日本人と中国人の知恵と努力にかかっている。この点も論をまたないでしょう。ただどの角度から見ても、米国という要素は深く長期的な影響力を持ちます。日中関係を安定的にマネージするためには米国という要素は決して排除できないのです。と同時に、米中関係を上手に処理する過程で、日本という要素も軽視できません。そして、日米関係を上手に処理するという過程で中国という要素も非常に重要です。日米中関係が益々複雑に絡み合い、戦略的に重要になっていく一つの理由がここにあります。

劉　そもそも、日本はなぜ国家の安全を米国に委ねるのですか？　米国の保護なしに、日本は安全を守れないのですか？　日本は大国です。大国が自らの安全を他の大国に委ねて守ってもらうというのは何とも哀れではありませんか。大国関係史なかでも唯一無二のケースで、極めて稀な情景であると言わざるを得ません。

日本の民衆は今日の国家地位・現状に慣れ、適応し、満足すらしているというのが常態のようです。日本人は永遠に米国の保護と制御のなかで暮らしていくべきだと考えているのでしょう。日本にこのような国民心理が生じたのは米国の日本に対する改造が成功した結果ということでしょうか？　それとも日本が独立の精神を失った結果でしょうか？　或いは日本が長期的に米国の戦略的思考に麻酔を打たれたような状態でしょうか？　日本の国家としての性格が曲げられた病態なのでしょうか？　このようなマインドセットは日本が今後進歩していくうえで何を意味しますか？　活力、惰性、障害？　どれでしょうか？　今後とも守っていくべき精神なのか、それとも徹底的に調整、変革させるべきものなのか？　加藤さんはどうお考えですか？

加藤　劉大佐がご提起されたこれらの問題はいずれも日本人が真剣に考えなければならない課題であると私には思えます。その上で申し上げたいこととして、肝心な点はやはり日本が戦後を敗戦国としてスタートしたということです。米国の日本への改造――日米安全保障条約の枠組みの中で日本が敗戦の廃墟から立ち直ること、天皇制を保留した上で、非軍事化、民主化の進路を歩むことは大多数の日本国民が望んだことです。仮に当時の米国の改造が日本の民意や民情に違反したのであれば、今日まで〝この状態〟が続いたはずがありません。ここに、日本人がなぜ当時米国人によってまずは英文で書かれ、その後和訳された〝平和憲法〟を守り、使い続けているかの理由が体現されています。

日本人は今日に至るまで依然として戦後体制の果実を享受しているというのは事実です。この過程は日本人から独立の精神と思考を奪った。日本人が自ら問題に立ち向かい、解決する能力や意思を奪った。事実でしょう。日本人が往々にして「あなたたちには戦略がない」と批判される所以でしょう。この問題は遅かれ早かれ克服しなければなりません。中国の台頭は日本が独立自主の思考力や生存力を育むのに有利に働くでしょう。21世紀、日本はどのようなマインドセットとポジショニングで激動の国際社会を生き抜くべきか。日本がこの問題に自主独立、自力再生の精神で挑むことを国際社会は歓迎するでしょう。中国、米国を含めてそんな日本を歓迎すると私は考えます。

劉　日本人はなぜ中国の台頭を警戒するのですか？　その深い原因はどこにあるのですか？　一体何を恐れているのですか？

当時日本は中国に侵略し、多くの中国人の命を奪いました。一方で、中国の日本に対する政策は、強大だった古代において日本に侵略せず、抗日戦争中は日本の捕虜を殺害せず、抗日戦争勝利後は日本に戦争賠償を求めず、日本との海洋・領土紛争においては矛盾をエスカレートさせず、激化させないというものでした。領土問題という意味で、ロシアや韓国と比べても、中国は最も日本に気を遣ってきた国家だと思います。私から見て、そんな中国に対する偏見を変えない限り、日本は永遠に正常なマインドセットを持てません。

日本の〝恐中症〟は真のものなのか？　或いは偽っているだけなのか？　病原は何処に見いだせますか？

加藤　劉大佐が言及された「中国は日本に最も気を遣ってきた国家」に関して、少なくない日本人は内心理解しているでしょう。一方で、中国に対する〝恐中症〟というのも大多数の日本人に確かに存在している心境です。私なりに理由を考えてみましたが、相互に関連する三つの原因と背景があるように思います。

まず、日本人は古代において中国が強く、輝いていた歴史を知っています。日本は中国が主導した朝貢システムの下で生きていました。日本が当時の中国の思想や人物から多くを学んできたこと、古代における日中間では互恵的な交流が行われていたことを日本人は学校教育を通じて学んできました。一方で、中国古代の輝かしい歴史は中国人に時空を超えた〝自己中心主義〟的な世界観、国家観、天下観を抱かせるようになったことも日本人は知っています。私たちは通常それを〝中華思想〟と呼びます。

次に、このような世界観を持つ中国が第二次世界大戦、国共内戦、文化大革命などを経て、今日改革開放の旗を掲げつつ世界規模で急速に再台頭しています。習近平総書記は〝中華民族の偉大なる復興〟をチャイナドリームとしましたが、この政治スローガンが多くの日本人たちに〝中華思想の再来〟を予感させるのは必至です。習近平総書記は古代シルクロードにちなんだ〝一帯一路〟を国家戦略として提唱・推進していますが、その背後では「輝かしい古代観」と「屈辱的な近代観」が結合しており、日本人に何とも言えない恐中症を生じさせているのだと思います。日本が中国に屈辱感を抱かせるようになった一端を担っているのであれば、中国人の日本人に対する憎悪が今日でも生きているのであれば、日本人は益々恐怖心を強めることになります。「中国は復讐心を持って自己中心主義の時代に戻るのではないか」と怯えるでしょう。しかも、古代の自己中心主義と異なるのは、今回は近代以来の屈辱感と復讐心を持っているという点です。これらは古代中国には見られないものでした。

もう一つ、上記以外に、今日の台頭は社会主義中国としての台頭であり、共産主義を追求する中国の台頭であるという点です。この〝色の違い〟という要素は日本人の恐中症を増大させます。価値観という意味でも日本と中国では異なり、故に相互理解や意思疎通を困難にすると日本人は考えるでしょう。実際にどうあるかは別として、そういう印象を主観的に持ってしまうのは自然なことです。政治体制や価値観が国家として全く異なるのですから。

三点目です。近年の中外交流を眺めていると、中国の指導者、政府、人民は往々にしてイデオロギーは問題ではない、イデオロギーや政治体制の違いは中国と外国の間の相互交流や理解に影響しないと強調しています。ただ、私から見て、中国・中国人はイデオロギーや政治体制の違いが中国の対外関係・交流に及ぼす影響を過小評価しているように思います。指摘や感想が正しいかどうかは別として、日本や米国を含めた外国人はイデオロギーや政治体制的な理由によって中国の一挙手一投足に疑問や恐怖を抱くのです。この点は軽視できない、客観的に存在する〝問題〟なのです。

これだけ大規模かつ急速に台頭する中国の政治体制やイデオロギーが世界の絶対多数の国家とは異なるというのは、私から見てとてつもなく大きな要素であり、変数です。私たち外国人も可能な限り色眼鏡を捨て、実質的な、真実的な中国を理解するように努めなければなりません。一方の中国人はまずこの事実が客観的に存在すること、自国の体制が他国とは異なることを素直に認め、受け入れたうえで、それが中外交流・理解に及ぼしうる障害や困難を乗り越える努力を自主的にしていかなければなりません。さもなければ、中国の台頭は孤立的なものになると私は考えます。

〝80後〟が日本を主導するとき、どんな〝ジャパンドリーム〟が生まれるか？

劉　私は以前『80後が中国を継承するとき：中国80後宣言』という書籍を出版したことがあ

ります。日本において80後（1980年代生まれ）や90後（1990年代生まれ）と上の世代とのジェネレーションギャップは中国ほど突出していないと察しますが、それでも異なる特徴や追求は存在するでしょう。80後世代こそがこれからの30年で日本をリードしていくものと思われます。80後の性格や追求はこれから30年の日本の歩みに確かな、しかも新しい烙印を植え付けると私は考えています。加藤さんは日本の80後や90後といった世代をどう見ていますか？彼らの長所や短所は何ですか？上の世代とのギャップはどういう部分に見いだせますか？この世代のジャパンドリームは上の世代のそれとどのような重大な違いがありますか？

加藤 私自身、日本の80後としての意見になりますが、私たちの世代と先輩世代との最大のギャップは、後者が戦後の高度経済成長期、すなわち日本が大きな発展と転換に面するなかで成長した世代であるという点です。先輩方は発展とは何かを身をもって体験されてきた。一方の私たちはポストバブル世代であり、バブルがすでに崩壊し、国家が〝失われる〟なかで育ちました。この時代背景が二つの世代に投げかけるギャップは深く、私たちの世代が先輩世代のような行動力や突破力、意志力に欠けると言われるのにも理由があるのです。当時の若者は米国に追いつけ追い越せで必死だったでしょう。米国を脅かすくらい汗をかいていたのです。今の私たちにそのような意志や戦闘力があるでしょうか。首をかしげざるを得ません。とにかく、日本の80後や90後はおとなしすぎる、爆発力や行動力に欠けると言えるでしょう。これらの特徴は日本の未来の発展にとっては不安要素を意味します。従って、先輩世代と我々の世代できちんとコミュニケーションを取り、経験や目標を共有していく必要があるのです。日本は世代を超えて国家目標や国民討論を推し進めていく段階に間違いなく来ているのです。

また、中国と付き合ってきた人間として感じるのは、現在若者を含めた日本人を最も刺激できるのは「グローバリゼーションという文脈における中国の台頭」にほかなりません。昨今の中国が戦後の米国のように日本を劇的にエンカレッジし、日本が自らの目標へと向かって奮闘する起爆剤になることを私は望んでいます。言うまでもなく、若者世代は、グローバリゼーションや情報化といった時代の趨勢に適応する上で先輩世代よりも優勢に立っているというべきでしょう。日本が戦後育んできた企業文化である終身雇用や年功序列に異議を唱え、個人主義や能力主義、スタートアップや自力再生を尊重し、社会や集団に依存することを嫌がる人間が増えているのも私たちの世代の特徴です。いずれにせよ、先輩世代と比較しての長所短所を明確にした上で、外国の人々からのアドバイスにも謙虚に耳を傾けながら将来像を模索していくのが健全な姿勢でしょう。

劉　これからの30年を指導する日本人は〝一つの中心と二つの基本点〟という基本路線を堅持しなければなりません。それは、日本の国益を中心とし、中国と米国を外交の二つの基本点とした上で、日本の発展と安全のために、米国と中国と友好関係を築き、中米二強との連結を強化し、アジア太平洋の団結を促進し、世界平和を推進するという戦略的作用を発揮することです。

将来的に日本の指導者は、日本の国益を基礎に見据え、米国を理解することの重要性を理解するだけでなく、最も肝心でかつ難しい中国を正確に理解するという作業に向き合わなければならないのです。日本の将来の首相は〝日本通〟、〝米国通〟であるだけでなく〝中国通〟であるべきなのです。さもなければ日本を主導することなど到底できません。

加藤さん、《21世紀の日本のリーダーシップ学》或いは《21世紀における日本の指導者》という類の研究プロジェクトに興味はありますか？

加藤　劉大佐が提起された21世紀の日本には「一つの中心と二つの基本点」が必要でそれを堅持すべきだという点、私も全く賛同します。《21世紀の日本のリーダーシップ学》、《21世紀における日本の指導者》という類の研究プロジェクトにもとても関心があります。機会があればぜひ同世代の仲間たちと一緒に書いてみたいと思います。私たちには年齢や経験のデメリットを恐れずに問題意識を社会に投げかけていく気概や矜持が求められていると思います。

いつか日本80後・90後・00後の知恵を結集させて〝日本21世紀宣言〟たるものを世界に向けて発信したいと思います。

劉　日本で生まれ育ち、中国と米国で学んだ日本の80後世代の一人として、加藤さんのジャパンドリームとはどのようなものですか？　加藤さんが将来的に追求し、奮闘したいジャパンドリームとはどのようなものですか？　現時点でのお考えでいいのでお聞かせください。

加藤　この時代に生きる一人の日本人としてのジャパンドリームとは、日本の国民・社会が持続的に繁栄し、安定していくために、自分にできることをやっていくということです。それ以上でもそれ以下でもありません。

この時代に生まれ育ったという事実に対して私は自覚的です。戦後の高度成長の時代はとっくに過ぎており、今日の日本はもはや発展のための発展を追求するような状態にはありません。自らの立ち位置をきちんと認識し、自らの価値観や国情に即した進路を見つけ出し、進んでいくことがボトムラインだと私は思っています。

日本の改革或いは革新という観点からすれば、今日は間違いなく明治維新、戦後改造に次ぐ重要な時期に差し掛かっており、〝平成維新〟、〝第三の改革〟と呼ぶのに相応しい歴史的な転換期に私たちは直面していると思っています。

明治維新や戦後改造において、私たちの改革は受け身でした。米国に迫られて国を開き、改めたのです。今日の改革にも然るべき外圧が必要だと思っていますが、私たちはそこに対して前向きに、主体的に向き合わなければなりません。それに今回の外圧は米国ではもはやなく、〝グローバリゼーションという文脈における中国の台頭〟であると私は考えています。私が生きているこの時代、中国こそが日本を覚醒させるというのが私の基本的立場であり、だからこそ私は中国の理解に努め、中国人との交流に執着するのです。

そしてこれこそが私が自分に課すミッションです。一人の人間が一生の間にできること、身につけられることなど限られています。私にできることは、中国の歴史、民族、体制、政治、国情、経済、文化、軍事、人物、政策、外交、戦略といったことをきちんと理解し、中国社会の変革に関与していくと同時に、日本社会がそこから何を学び、どういう教訓を得るか、そして日本がそんな中国とどのような関係をどう構築していくべきか、日中関係はアジア太平洋地域でどうあるべきかを私なりに研究し、私なりの言葉で語り続けることです。日本人として商品、サービス、文化、教育、価値観、科学技術といった領域で中国と交流し、協力していく過程で、日本の長所や短所がより明確に見えてくるはずです。アジア太平洋地域の平和と繁栄という観点から、日中がどのように合理的に分業し、負担を分散し、資源を共有し、制度を構築し、発展を推進していくべきか。こういう問題に挑んでいきたいと思っています。

最後に、私個人はただ漠然と日本が〝普通の国家〟になるべきだという主張をするつもりはありません。大切なことは自らのキャパシティを見極めた上で、日本の価値観や国情に合った進路を見つけ、突き進むことです。日本にとっての〝普通〟を模索していくことです。私たちが未来へ進んでいく上でまず率先して依拠すべきはやはり社会、経済、文化の力だと思います。日本の製造業、文化芸術産業、環境保護技術、そしてすべての業界・職種に跨るサービスの質と精神は世界で勝負できる位置にいると、私なりに世界各国を回れば回るほど実感するようになっています。私たちが育んできた自然と調和した社会環境や高齢化社会に適応した街づくり、尊敬される国民の素養などを正視し、大切にすることから未来は切り開けるのだと思います。ただ漠然と政治大国を追求するのは戦後日本人の生き様に反します。仮に日本がこれから政治大国になっていくことがあるとすれば、それは一つの結果であるべきで、目的であるべきではない。漠然と大国を追求しないことで、日本は初めて真の強国になれると私は固く信じています。

劉　中国の台頭は日本にとって戦略的な契機ですか、それとも戦略的な挑戦ですか？　今後30年の間に予想される中米間の大攻防は日本にとって契機ですかそれとも挑戦ですか？

加藤さんからみて、これからの10年、20年、30年、日本の前進を推進させる最大の外部動力や圧力は米国の覇権維持ですか、それとも中国の平和的台頭ですか？

日本が今後10年で発展・進歩する上での最大のインセンティブを外部要素として見ると、それは中国ですか、米国ですか？

米国という要素は日本に第一の〝動力〟を提供するのでしょうか？　或いは、中国という要素が日本に第一の〝圧力〟を提供するのでしょうか？

加藤　劉大佐のご質問に出来る限り率直に答えたいと思います。私から見て、中国の台頭は日本にとって戦略的契機であると同時に戦略的挑戦です。私たちのミッションは自らの内外の努力と戦略を通じて、契機のほうが挑戦よりも大きくなるようにすることです。また、戦略や政策だけでなく、日本人は観念を改善、或いはアップグレードしていかなければならないと思っています。恐怖感に苛まれながら「中国の台頭にどう対応しようか？」と受け身になるだけではいけないということです。「中国の台頭からどんな旨味を得るか？」という主体的な姿勢で、「そのために米国という引力をどう利用するか？」というくらいの図々しさがこれからの日本人には必要だと思います。米国を最大限に利用しつつ中国に対応するのです。もちろん、日本の少なくない戦略家たちは、これまでもこういう姿勢で強《したた》かに日米中関係に向き合ってきたと思いますが。

劉大佐が指摘された今後30年の米中の攻防は日本にとって何を意味するかという問題に関しては、必然的に「契機」だと言えるでしょう。日本は米中の攻防から漁夫の利を得る。米中の攻防が複雑に激化すればするほど日本の存在価値や機能が高まるような局面を日本人自らが作っていくことが求められます。指をくわえて米中の攻防を眺めるのではなく、自ら戦略を立てて、米中が主導しているように見える地域・グローバル情勢に積極関与していくのです。さもなければ、後手に回り契機は自然消滅してしまうでしょう。

昨今、少なくない日本人は米国が日本にもたらすのは安全保障であり、中国が日本にもたらすのは発展空間であると考える傾向が顕著になってきているようです。この見方には一理ありますが、いずれにせよ、私たちは二項対立的な、両極端な思考回路を出来る限り排除し、安全保障と発展空間というファクターを米中双方に照らし合わせながら自らを見つめ、未来へ向かっていく姿勢が求められると思っています。

劉　日本はただ漠然と軍事大国や政治大国を追求するべきではないと加藤さんは主張されますが、私からすれば、日本は現在すでに軍事大国であり政治大国です。しかも更に強大な軍事大国と政治大国の路線を追求しています。安倍首相の近年の一連の戦略的動作は国内で論議を呼ぶだけでなく、アジア太平洋をかき乱し、世界に影響を与えています。これら日本の戦略的動作の目的は、政治大国や軍事大国を追求する道のりを突き進むというものです。日本は国連常任理事国になるべく積極的に動いていくでしょうし、そうなれば日本は世界でさらなる影響力を持つことになります。

80後や90後といった世代は安倍首相の近年の国内、地域、世界で大きな反響や論争を呼び起こしている動作をどう見ているのでしょうか？　釣魚島問題、安保法案問題、改憲問題、靖国神社参拝問題、歴史問題などと、日本が政治大国と軍事大国を追求するプロセスの関係性をどう見ているのでしょうか？

加藤　先にも議論しましたが、戦後の日本において、少なくない日本人、特に中国世論に〝右翼勢力〟と形容されるような人々は日本が政治大国、軍事大国になることを渇望しています。彼らの中には「戦後の日本は平和国家として歩んできた。時間と実践を持って平和国家として歩み続ける意思を証明してきたのに、まだ自らの軍事力を発展させてはならないのか？　この期に及んでまだ自らの軍隊を持つことができないのか？　自分の国を自分で守って何が悪いのだ？」という類のフラストレーションが溜まっているようです。

このような情緒や言論は若者世代の間でも一定のマーケットを持っていると私は感じています。少なくない若者、特にネトウヨなどと呼ばれるような人々は、インターネット上で日本が政治大国や軍事大国になるべきだ、中国の台頭に打ち勝つだけの軍事力を持つべきだと匿名で主張しています。

私の観察によれば、日本が政治大国と軍事大国になる過程で日米同盟を破棄すべきだと主張することは、特に社会的に発言権や影響力を持つような人においてはほとんど見当たりません。そのほとんどは日米同盟の中で日本の発言権や主体性を充実させ、同盟関係をより双方向的、平等的、世界的に深化させていくべきだというものです。

劉大佐がご指摘になった安倍首相の〝戦略的動作〟にしても、それも日米同盟という戦略的枠組みを堅持した上で日本の発言、行動、役割を可視化しようという試みに過ぎません。決して現行の路線や枠組みを超えた動作ではありません。日本が国際的に影響力や発言権を向上させていくとしたら、それは日米同盟という戦後日本外交の礎の上で初めて成り立つものなのです。

ただ、先に紹介したように、安保法案だけを見ても、あれだけ多くの若者が国会前で抗議活動を行ったわけですから、80後や90後のなかでも安倍首相・政権の行動に警戒心を持っている人は少なくないと言えます。安倍首相・政権の主張や行動が〝平和憲法〟が許す範囲を出ていないものであるにもかかわらず、これだけの反対や抗議に遭っているわけですから、日本が政治大国や軍事大国になる道のりが国内的にどれだけ厳しく、果てしなく長いものであるかがお分かりいただけるでしょう。日本が政治大国や軍事大国になるための〝最大の障害〟は中国でも米国でもなく、日本国内にあるのです。第二次世界大戦期間中に蔓延した軍国主義に反対する最大の平和勢力は日本国内にこそ存在するのです。私から見て、昨今の日本において平和勢力は〝右翼勢力〟よりも広範・大規模であり、政策や世論への影響力も強く、深いものがあります。

最後に私個人の考えを申し上げます。仮に日本が政治大国や軍事大国になるとしたら、それは日米同盟を基軸とした既存の枠組みを突破することを意味します。米国の〝コントロール〟下にあるうちは真の大国には成り得ない。米国という世界最大の大国と同盟関係を構築し、米国の核の傘の下にある時点で日本は名実ともに大国であるという主張もあるようですが、私はそうは思いません。この点で私は劉大佐のお考えに同意します。日本が真の意味での大国になるのであれば、米国の日本への〝コントロール〟から脱却することが前提となるでしょう。日米同盟破棄とは言わないまでも、外交や国防政策という意味で、少なくとも日本自らが独立自主のメカニズムとスピリッツを持つことが大前提になるでしょう。問題は、このような刷新的な状況が予測可能な未来において発生するかどうかです。

私の判断は「ほぼ不可能」です。安倍首相のような政治信念と突破力のある政治家にすら、日米同盟から脱却するのではなく、それを強化する事を通じてしか日本の発言権や影響力を向上させることはできないのです。国内平和勢力の動力や圧力はそれだけ強力で、それが民主主義国家日本の民意なのです。従って、私がここまでで下した定義に従って言えば、日本が政治大国や軍事大国になることはありません。少なくとも予測可能な将来においては。そして私がここまでに展開した議論に基づいて言えば、「そうなるべきでもない」というのが私の個人的な見解であり立場です。

第10章 ジャパンドリームをめぐる四つの方向性

十字路に立つ〝ジャパンドリーム〟

劉　東方の大国である日本は近代世界史において唯一自ら身分を変え成功的に〝脱亜入欧〟を実行し、西側陣営に加入した国家であり、唯一西側世界の先進国クラブに入った東方国家です。と同時に、東方の外見と西側の心理・身分を併せ持った唯一の先進国であります。

今日の日本は依然として西側世界、特に米国との関係が最も密接な東方国家です。日本は国家の夢においても最も変幻自在で予測が難しく、最も極端に〝大翻大転〟する国家であります。1853年以来、西側世界の侵犯と圧迫を受けた国家から、他国を侵略・圧迫する国家に変わりました。1945年以降、日本は世界を征服する圧政者としての手から韜光養晦の能力者としての手、戦場で他者を殺戮する〝武士国家〟から市場で優勢を誇る〝経済動物〟、世界におけるすべての列強に挑戦する〝クレイジー国家〟から、五体投地に勝利者を崇拝し、依存する〝屈伏国家〟へとなりました。そんな日本は非常に奇怪な国家に私の目には映ります。アジアの例外国家であり、世界の例外国家です。

21世紀の日本にはジャパンドリームをめぐる論争が出現しているはずです。政治家のなかでも一部は〝脱米入亜〟を、一部は米国と連携して中国を封じ込め、米国との同盟関係を継続して中国の台頭に対応することを、一部は〝中性日本〟を建設し、中間立場、中間路線を取り、中米競争のなかでも〝中立から両利を得る〟ことを主張しているでしょう。

21世紀のジャパンドリームとはまさに「どのような日本をどのように建設するか」という問いです。この根本的な問題を巡って、今日のジャパンドリームは十字路に立っています。焦燥、混迷、摩擦、茫漠……様々な状態や心境が交錯しているでしょう。

ただ私から見て、21世紀のジャパンドリームが進む発展の方向性は四つの選択肢に凝縮されます。それらは、「世界でトップを争う夢」、「アジアで覇権を目指す夢」、「米国から脱却し独立する夢」、「現状維持の夢」です。この四つの方向性は日本の歴史の中でいずれも実践の経験があり、現在の日本世論でも風潮が見られます。すなわち、将来的な日本の発展において、すべて可能であるということです。以下で詳しく議論していくことにしましょう。

世界でトップを争う夢――日本〝世界覇権〟の夢、米国との競争

劉　ある公認の、古典的にすらなりつつある言い方が、日本という国家の最も突出した性格とは強者を崇拝し、強者を師と仰ぎ、強者に敬服するというものです。実際に、私から見て、この言い方は半分しか言い当てていません。日本のより重要な国家としての性格は、自強を追求し、強者に挑戦し、強者に進攻し、世界最強に成り上がることを目指すというものです。

1894年から1945年の世界史を紐解いてみると、この地球上のほとんどの大国、強国

が日本に叩かれています。中国、英国、米国、ロシア、その後のソ連はすべて日本に叩かれています。ドイツは第一次世界大戦中に中国の青島で日本軍に叩かれています。

日本の国家としての性格には三つの側面があるように思います。(1)弱者を欺く性格、(2)強者を崇拝する性格、(3)強者に挑戦する性格です。しかも、同じ時期にほぼすべての強者に挑戦することも厭わないようです。

従って、日本が強大になれば、全世界が怯えるのです。〝中国脅威論〟などは故意に宣伝・扇動された世論に過ぎません。ただ〝日本脅威論〟には〝日本侵略史〟という基礎があるのです。深刻な犯罪の歴史、戦争の罪に対しても後悔の心理に欠く国家は如何にして〝恐ろしい国家〟から〝愛おしい国家〟に変身を遂げることができるのか？　国家の本性と国民の性格に対する根本的な改造が不可欠だというのが私の考えです。

加藤　日本の国家の性格が強者を崇拝し、強者に敬服するという劉大佐のご指摘には納得できます。確かに日本の過去の思考や行動からそのような共通項を見出すことは可能でしょう。ただ強者に挑戦するというのは私たちの歴史でしばしば見られる普遍的な形態とは言えないと思います。従って、それを〝国家性格〟と見なすのには私は賛同できません。もちろん、近代以来、清の中国、ツァーのロシア、および米国に果敢に挑んでいったのは歴史的事実です。相手は皆強者でした。ただ戦後日本が経済的に米国に〝挑戦〟したのは日本の主観的意思ではなく、日本が自分たちに出来ることを淡々とやっていった結果、米国が主観的に日本の経済行為に脅威感を見出すようになったというだけで、日本が自ら経済力を武器に米国に挑もうとしたわけでは決してありません。

いずれにせよ、日本の歴史のなかに強者に挑んでいった歴史が複数存在するが故に、中国を含めた他国がそれに対して警戒心や懸念を抱くことは少なくとも理解はできます。ただ将来的に日本は強者に果敢に挑んでいくかどうか？　例えば、日本が再び米国や中国に国家戦略として挑戦していくか？　私はないと思います。日本に必要なのは〝果敢に挑んでいく〟のではなく、言い方は悪いですが、大国、強国間の矛盾を〝巧妙に利用する〟ことです。大国間の矛盾を調整し、世界や地域の平和や安定を守ることに一肌脱いでいく精神やアプローチは、結果的に日本に〝漁夫の利〟をもたらし、それは同時に日本の将来の国益に符合するものになると私は考えています。

劉　日本は米国に二度挑戦しています。一回目は第二次世界大戦期間中の太平洋戦争、日本は直接、軍事的に米国に挑戦し、パールハーバー進撃を通じて米国を打倒し、世界を制覇すべく目論みました。二回目は20世紀後半における米国の経済覇権への挑戦です。日本経済は世界第二位となり、第一位へ向けて奔走していました。米国人は『ジャパン・アズ・ナンバーワン』を書き、日本人は『「NO」と言える日本』を書きました。

私の言葉で言い換えれば「ジャパンドリームは過去に二度アメリカンドリームに挑戦した」ということです。三回目は本当にないのでしょうか？　日本は捲土重来の戦略的機会を待ちながら、創造しようとしているのではありませんか？　仮に日本に三回目として米国に挑戦する野心と可能性がないのであれば、どうしてあの強大で英明な米国が戦後70年も経っているのに日本を縛り付け、コントロールしておく必要がありましょうか？　終始日本の米国への挑戦を警戒しているからではないのでしょうか？

加藤さん、この問題においてあなたは日本のためにどう弁護しますか？

加藤　劉大佐、私は日本のために故意に弁護する必要などありません。私たちはいま一人の人間として互いに議論をしています。狭隘な国益観を排した、開放的な議論をしてまいりましょう。この問題は過去、現在、未来の関係性と区別性という観点から分析することができそうです。

日本は確かに過去において米国に挑戦しました。太平洋戦争ではパールハーバーを攻撃し、結果負けました。人類史上初めて原子爆弾を落とされました。当時の政策決定者は戦後を生きる多くの日本人から見て血迷い、我を失い、理性を失い、責任感の欠けた集団に映りますが、当事者にとっては、戦略上の、主観的な挑戦といえる行為だったのかもしれません。

戦後、日本の米国に対する挑戦は、経済的な、局地的な、客観的な挑戦といえる現象でした。戦前・戦中とは全く異なる色彩を放っています。第二次世界大戦の失敗から教訓を得た日本人は戦後集中的に経済を発展させましたが、当時の政界や財界に米国に挑戦するマインドがあったのかと言えば極めて懐疑的です。多くは日本を豊かにするため、企業の利潤を最大化するため、そのために内なる努力を重ねていただけだと思っています。発展の速度や規模は国内の多くの関係者の予測を超えたのかもしれませんが、客観的に見て、〝自覚症状〟もないままに米国の経済的地位に挑戦していたのでしょう。ただそれは政治的、戦略的地位への挑戦ではありませんでした。プラザ合意といった形で米国から〝注意〟・〝警告〟を受ける程度でした。その後バブルは崩壊します。

二回の全く異なる挑戦によって挫折した日本は、今日に至ってはもはや米国の地位に如何なる形で挑戦してもその結果が何をもたらすかを深く知るようになっており、そんな日本人が軽々しく米国に〝第三の挑戦状〟を投げつけるとは到底思えません。政治、経済、軍事を含めてです。アメリカンドリームに挑戦することが大多数の日本人にとってのジャパンドリームであるとも私には思えません。現状を良好に維持するために、大多数の日本人は（一部沖縄の人々などを除いて）米国が戦略的に日本を〝コントロール〟しつつ、日本の社会や国民が安心して暮らせる環境を提供するのに寄与するアプローチに甘んじることでしょう。仮に米国側がこの戦略を放棄すれば、日本人として他の方法を考えるでしょうがいまのところはそのような兆候は見受けられません。米国側もどのような状況下で日本人が〝おとなしくするか〟を知っている。米国と日本はそれぞれの思惑に基づいて今後とも互いを必要とし、利用していくのだと思っています。

アジアの王者に――日本が〝アジア覇権〟を目指す夢、中国との競争

劉　将来的に日本が世界で米国とトップの座を争うということに対しては多くの人は理解に苦しみ、現実的ではないと考えるかもしれません。ただ日本が自らを鍛え上げ、体制を整えた上で、アジアで中国とトップの座を争うということはすでに現実的になっています。今日の日米同盟は米国が日本をコントロールする問題であると同時に、米国が日本を利用・支持しながら中国を牽制し、封じ込める同盟でもあります。この日米同盟の二面性は日米同盟が米国覇権に対して持つ戦略的価値だと見ることができます。

日米同盟は日本に対しても二面性を持っています。日本は日米同盟を利用して米国の支持と

保護を得て、中国を牽制し、中国に対抗するのと同時に、中国に対抗する〝反中〟のカードを利用しながら、米国から脱却するための条件や機会を獲得しようとしています。公に〝反中〟を掲げて米国が中国を封じこめるのに戦略的に協力することは、米国の日本に対するコントロールや束縛から逃れるのに役立つからです。しかも、米国の力を借りながら中国のアジアでの影響力を封じ込め、日本のアジアでの地位を向上させようとしているのです。このようなジャパンドリームの実質は〝米国に臣服し、中国と競争し、アジアを主導する〟というものです。これがジャパンドリームの二つ目の次元です。

加藤さんはこの問題をどう考えますか？

加藤　劉大佐が提起された一つ目の二面性については概ね賛同します。日米同盟が引き続き米国が覇権的地位を保持するのに寄与するのかどうかは、今後の動向を見ていかなければ分かりませんが。

ただ後半部分、すなわち日米同盟が日本に対して持つ二面性、および〝ジャパンドリームの二つ目の次元〟に対してはあまり賛同できません。日本がアジア太平洋地域における日米中三国関係のなかで自らのポジションや戦略を模索する過程で、米国の影響下から脱するという現象や意図を見て取ることはできません。それに、日本の政策決定者や多くの知識人は「米国と認識を共有し、歩調を合わせることで初めて中国が暴走するのを食い止めることができる。中国の台頭がもたらし得る恐怖から脱却できる」と考えています。仮に日本がアジアを主導したいのであれば、それは米国と一緒に主導するのであって、日本が単独でアジアを主導することなどあり得ません。日本にその意思も能力もありません。

劉　20世紀以来米国は常に総合国力で世界一でした。20世紀以来、日本の近代化と影響力は終始アジア一でした。ここ近年になって中国経済が日本を抜いたというに過ぎません。現在、日本は第二次世界大戦後長期的に韜光養晦で静かにしていた姿勢を変え、そのアジア外交は極度に活発になっています。中国と関連するホットな地域や問題において日本は口を挟んでくるようになっています。加藤さんはこの現象をどう見ますか？

日本のアジアでの夢をどう見ていますか？　日本はアジアでの地位をどう定めますか？　日本は将来的にアジアでどんな役割を担っていきたいのですか？　日本のアジアでの政治的目標は何で、競争する上での目標は何ですか？

加藤　世界各国の政府、企業家、シティズンたちがアジアの台頭に関心を高めるに連れて、日本や日本人もアジアという自らが暮らす地域への意識は高まっていると感じます。日本は明治維新後多かれ少なかれ〝脱亜入欧〟的な政策や姿勢を取りました。戦後は米国に占領され、日米同盟という枠組みの中で敗戦から脱出し、西側先進国の仲間入りを果たし、不断に自国を発展させて国民の生活水準を上げてきました。その中で、コンプレックスを伴った〝アジア人〟という意識から、「我々は他のアジア人とは異なる、西側に所属するアジア人なのだ」という意識を、意識的或いは無意識の内に抱いてきたと言えるでしょう。他のアジア諸国や人々を見下すわけでは決してありませんが、それでも「自分は他とは違う」という潜在意識は存在したでしょう。〝脱亜入欧〟的なアイデンティティは複雑な背景によって形成されてきたと言えます。

今日、このような意識はすでに比較的明確な変化を遂げている気がします。理由としては90年代以降のＮＩＥＳの発展、21世紀に入ってからの中国の台頭が挙げられます。また日本の同盟国である米国が未来の発展をアジアに託すような政策や言動を取ってきていることも重要な要素でしょう。オバマ政権が提唱した〝アジア回帰政策〟などはその象徴でしょう。米国がこれだけアジアを重視している状況下で日本がアジアの意識を強めないことは考えにくいです。

１９７０年代以降、日本は実際にアジアをかつてないほどに重視してきています。それが如実に体現されているのが、東南アジア諸国や中国への政府開発援助でしょう。仮に日本にとってのアジアの夢たるものがあるとするならば、日本が世界第二の経済大国になって以降、アジア各国にあらゆる援助を始めた頃にそれは始まっていたというべきです。自らが蓄積してきた経験、資本、人材といった資源を以ってアジア国家・地域の健全で持続可能な発展を支持してきました。日本がアジアの一員としてこの地域の全体的な発展に貢献してきたのは歴史的事実です。福田赳夫元首相による〝福田ドクトリン〟などを含め、日本の戦後の歩みには疑いなくアジアの一員としての自意識がありました。

日本一国がアジアの夢を独占することなどできませんでした。大切なのは共有することでした。アジアの平和と繁栄なしに日本の未来の発展は保証できません。この点に関して日本の政治家や企業家はもちろん、一般国民も明確な認識をしてきたと思っています。この過程を経て、日本は中国というすでに日本を超えた世界第二の経済大国と良性な競争をしていくべきです。日中が共同でアジアの問題に取り組むことが重要です。米国はアジア太平洋国家ですがアジア国家ではありません。アジアにおいて米国にはできないことが日本にできるはずです。米国を排除しない前提で、日本と中国はアジアの平和と未来のために共同作業をするための精神と方法を模索していかなければなりません。

脱米友中――日本〝独立自主〟の夢、〝普通の国家〟になること

劉　第二次世界大戦の結末はドイツと日本の世界を征服するという夢が粉砕されるというものでした。大東亜を征服しようとしたジャパンドリームは中国の14年に及ぶ抗日戦争、ソ連出兵、米国による日本進軍という共同努力の下で徹底的に粉砕されたのです。日本は米国のコントロールの下でこれまで70年過ごしてきましたが、第二次世界大戦後の日本は驚くほどに静かです。ただ21世紀に入った日本は騒がしく、激しくなり、衝動にかられ、クレイジーになる可能性すらあるというのが私の見方です。

独立自主を追求するというのはすべての民族にとっての天性のようなものです。一つの大きな民族がもう一つの民族のコントロールの下で70年も沈黙をしてきたという時点で世界史における奇跡だと言えます。21世紀の米国は日本を更に70年コントロールできるのでしょうか？　日本は米国に更に70年自国をコントロールしてもらうべく申し出るのでしょうか？

米国にその能力がありますか？　日本はあと70年我慢するのでしょうか？

少なくとも言えるのは、米国の覇権がもう70年続くことはないということです。日本が米国のコントロールから脱却する時間は30年を超えることはないでしょう。今後の30年とは米国の覇権が衰退する30年であり、米国の覇権が終焉に向かう30年です。今後の30年は日本にとって、徹底的に米国の支配から逃れ、真に独立自主の普通の国家になっていく30年になるのです。

加藤さんから見て、日本はこれからの30年間自ら喜んで、或いは仕方がない形で米国にコン

トロールされるのでしょうか？

加藤　劉大佐、これは日本国民にとって非常にチャレンジングな問題です。率直に申し上げて、日本でも米国でも私自身はそのような問題を議論する場に出くわしたことがありません。今思えば、中国人、特に劉大佐のような軍人学者だけがそのような問題を考え、ためらいもなく提起するのだと思っています。まずはそれに対して敬意を表します。素晴らしい未来を創っていくためには真に忌憚のない、大胆不敵な議論が不可欠なのだと感じました。

独立自主を追求するのはすべての民族にとっての天性である。全く同感です。ただ、日本人、特に今を生きる日本人にとって、〝独立自主〟とは何を意味するのでしょうか？　私もこの問題をずっと考えてきました。疑いなく言えるのは、自国の領土内に米軍が居て、日米安全保障条約の下で自らの軍隊を持たず、自らの意思によって軍事戦略・行動を取る資格と権利を持たない日本の戦後は少なくとも真に独立自主の地位にはなかったということです。問題は戦後に生きる日本人が劉大佐のおっしゃるような独立自主を追い求め、努力してきたかということでしょう。この点私は懐疑的に見ています。沖縄の米軍基地の問題にしても、米国に対して日本の負担を減らし、日本の裁量を増やし、日米同盟の枠組みやルールにおいて日本の自主性や独立性を保障すべく努力してきたのかというのは疑問です（日本の対米交渉担当者らは死にものぐるいで、身を粉にして働いてこられたと確信しており、それに対して私は心からの敬意を抱いています）。むしろ、日本の政策決定者らは米国が引き続き日本に駐軍し、米国の戦略に迎合し、日本の独立自主性が保たれない状況を自ら進んで受け入れているような気配すらします。中国が台頭する今日はなおさらです。

ただ、今後70年米国が日本を〝支配下〟に収め続けるか、その意志を米国側が持ち続けるかは定かではありません。これからの30年で米国の覇権的地位が衰退していくかも分かりません。私が米国で学び、生活した3年間の観察と経験からすれば、米国の国力、実力、魅力はそう簡単には衰退しないでしょう。人材、教育、科学技術、金融などを含め、米国には自らのチカラを長期的に、安定的に、ダイナミックに循環させながら育てていく自己メカニズムが存在している。それを建国以来育んできた制度と価値観が支えている。仮に米国の覇権が衰退するという劉大佐のおっしゃる局面が生まれるのであれば、それは中国の急速で大規模な台頭によって米国が〝国際的に〟覇権的な行動を取らなくなるというものであり、相対的に米国の国際情勢における影響力や発言権が衰退していくというものだと思っています。仮に中国の台頭が中途半端になったり、国内的に大きな内乱、動乱、暴乱が起きたりすれば局面はまったく違ったものになるのでしょう。もちろん、中国が健全に、安定的に発展していき、結果的に米国の国際社会における地位を相対化するようになるのはポジティブなことだと思います。世界の繁栄や安定は今後ますます多国間主義によって、異なる国家間の協力で担保されたシステムや秩序によって実現していかなければならないと考えるからです。

日本が米国の〝支配〟を受けることを自ら望み続けるのかという問題に関してですが、自ら望むか仕方なくかに関しては意見や世論も割れるでしょうが、現実的に見て、現段階で米国の〝支配〟から脱却するような兆候は見られません。しかも、中国が台頭すればするほど見えなくなるというのが趨勢だと思います。先に議論させていただいた〝強者崇拝〟という角度からこの問題を考えてみると、仮に将来的に中国が経済的、軍事的に米国を超えた場合、日本が中国についていくような局面が生まれるでしょうか。私はその可能性は低いと考えています。ひとつは地政学的な要因で、中国は日本の隣国であり、あれだけ強大な国家が日本の隣に位置するという地理的要因は変えられません。仮に米国が世界第二の国家に成り下がったとしても、日本は米国の力を借り、利用し、巻き込むくらいの姿勢で、アジア太平洋地域でバランス・オブ・パワーを形成すべく外交政策を展開する可能性が高いでしょう。それに加えて、日本はやはり対外関係や交流において政治体制や価値観を非常に重視します。西側の国家や人々ほどではないかもしれませんが、大多数の日本人はそれでも共産主義や社会主義、および司法の独立と政治的自由が厳しく抑圧された共産党統治下の中国を信頼できないでいます。価値観という要素は日本が今後中国と付き合っていく上での一つの軽視できない変数であり続けるでしょう。

劉　イデオロギー、価値観、社会制度の違いは国際関係、特に大国関係に影響する一つの重要な要素ですが、根本的、決定的な要素ではありません。

所謂〝文明の衝突〟のより本質的な次元というのは〝利益の衝突〟、特に〝戦略的利益の衝突〟、〝核心的利益の衝突〟であり、〝文明の衝突〟の背後では常に〝利益の衝突〟が起きているというのが私の考えです。

日本の国家的性質に関して、〝脱亜入欧〟という戦略的転換を実現してからというもの、日本のイデオロギー、政治制度、価値観は西側国家とつながるようになり、高度に西側化していきました。しかし、〝脱亜入欧〟した後の日本は、まさにその軍事的標的をも欧米国家に向けるようになり、アジアで英国軍を追い出しただけでなく、米国をも叩きのめそうとしました。

ここから導き出せるのは、日本の基本的国策、国家大戦略は日本の国家的野心、目標、利益、力量によって決まるのであり、イデオロギーによって策定されるわけではないということです。

従って、これからの30年、日本と米国の関係の変化、日本と中国の関係の変化において、イデオロギー、核心的価値観、社会制度の違いはそれなりに影響をもたらしますし作用もするでしょうが、主導的、決定的な作用ではありません。価値観の同質性は日本が将来的に米国から独立しないこと、脱却しないこと、米国に反旗を翻さないことを保証するものではないということです。価値観の違いも日本が将来的に疎中、仇中、反中になることを保証するものではないということです。日本がチャイナドリームとアメリカンドリームの間でどのような選択をしていくかを決定づける根本的な基準は、国家の核心的利益という基準なのであり、価値観という基準ではないのです。

加藤　劉大佐のおっしゃることは理解できます。米国での3年を経て、私自身、民主主義、人権、自由、法治といった価値観をめぐる理解においても日本人と米国人では異なるのだと感じてきました。価値観は国際関係、或いは一国の戦略的選択を左右する唯一の重要な要素ではないというのも全くその通りです。

ただ、とりわけ政策決定に関わる人たちは価値観や政治制度という要素を重く見ているように映ります。安倍首相を含めてです。安倍首相の主張や政策にも〝価値観の同質性は信頼関係に繋がる〟という根本的な考え方が見て取れます。安倍首相は価値観や政治制度が異なるからといって中国とは上手く付き合えない、中国の指導者とは信頼関係を築けないと思っているわけではありません。安倍首相は中国、習近平主席との関係をとても重視し、様々なしがらみがあるなかでも努力していると私には映ります。ただ近年の状況を見る限り、米国と近づくにしても、中国と距離を置くにしても、価値観という要素が比較的重大な作用をもたらしていることは軽視できないということです。

ここで私が強調したいのは、一国内部における人員構成や価値観は多元的であるということです。政治家、企業家、知識人、一般の有権者、一人一人の価値観や選択は異なるということです。日本の対外関係において価値観という要素をどう位置づけるかという点でも、これらのプレイヤー間、そしてプレイヤー内部における見方や立場はかなり多元的です。これから益々多元的になっていくのではないでしょうか。

日本の対外政策に関して言えば、日米中関係を含めて価値観は引き続き、疑いなく重要な要素であり続けるでしょう。日本人の多くは米国人同様〝民主平和論〟、すなわち「民主主義国家同士は戦争をしない」という歴史の教訓を信じていると思います。

劉　加藤さんに伺いたかったのは、現代日本人が中国共産党、中国の社会主義制度、中国のイデオロギー・価値観、中国人民解放軍、中国の民衆、中国のリーダー・習近平をどう見ているのかということです。代表的と言えるような感想、対比、評価があれば教えてください。

加藤　多くの日本人のそれらに対する理解は非常に限られたものであり、イメージ先行の、曖昧模糊としたものでしょう。普通に、安らかに暮らしている国民が他国の政治制度や価値観、軍隊や指導者の性格などに対して明確で、理性的で、客観的な見方や判断をすることは考えにくいでしょう。これはどこの国の国民にとってもほぼ当てはまると思います。

ただ、一般的に普及するイメージとして、日本国民は〝中国共産党統治下の社会主義中国〟に対して好感度を持っているとは言い難く、なんとも言えない不信感を持っていると言っても過言ではありません。もちろん、いまの日本では、そんな中国を前に、好き嫌いに関わらず、出来る限り客観的で公正な立場で中国を理解し、日中間で相互理解・信頼を深めていこうという世論や空気は生まれていません。

中国と付き合いのある政治家、官僚、企業家、学生などのなかで、私が交流したことのある方々に関して言えば、彼らは真剣に中国の国情や市場、制度や価値観を理解しようと努めていると思います。しかも、体制や価値観の違いを乗り越えて中国と共通の目標や利益を見出そうと努力しています。中国と付き合う上では能力よりもまずはこの姿勢が重要であると私は考えます。

解放軍に関して言えば、一般国民と知識人の間の一般的な認識に大きなギャップはないようです。解放軍は実力や装備を不断に充実させ、拡張的な態勢を見せており、いつでも戦争ができるように準備をしており、東シナ海や南シナ海でも戦略的配置を整えてきているといったところでしょう。私から見て重要なのは、解放軍は共産党の軍隊であるという点です。この点に関しては少なくない日本人が軽視している要素のように思います。特に習近平総書記は軍が党に絶対服従するよう厳格に指揮しており、解放軍が共産党の意思や方針に反して暴走することなどは考えられません。逆に言えば、昨今の解放軍の動向はすべて共産党の意思の直接的反映であると見るべきだということです。もちろん、日本の多くの政治家や知識人は、中国でも他国と同じように、軍隊は国家の軍隊であるべきだという考えを持っているようです。

最後に少しだけ習近平主席について述べますが、大多数の日本人は中国の国家指導者を神秘的に捉えているように思います。何を考えているのか、何をしようとしているのかが読めないという印象です。ただ習近平主席に関してはチャイナドリームや〝一帯一路〟、アジアインフラ投資銀行などあらゆる戦略や政策を赤裸々に掲げ、内外に主張していますから、「習近平は野心を持った指導者だ」という印象を日本国民も抱いていると思います。少し中国に興味のある人であれば、習近平という指導者は反腐敗闘争などによって党内外の権力を強固にする政治スタイルを持っており、これが内政や外交に深く影響してくるくらいの見方はしていると思います。

いずれにせよ、中国という国家の重要性を考えた場合、日本は政治家から企業家、エリートから一般国民まで、まだまだ理解を深めていかなければならないという道半ばの状態にあるというのが私の現状認識です。習近平国家主席に対する研究や理解も、私を含めてまだまだ足りません。

現状維持——日本〝現実主義〟の夢、変革なき将来

劉　明治維新後の70年、日本は拡張主義を取る〝戦争動物〟でした。第二次世界大戦後の70年、日本は市場経営に集中する〝経済動物〟でした。現在、日本の右翼勢力は活発で、静かな日本は〝経済動物〟から〝政治動物〟に変わろうとしている、世界の政治舞台で欲望的になろうとしているようです。

日本の平和憲法の改正、集団的自衛権の解禁を含め、日本という国家の性質や動向は〝百年未曾有の大変局〟に直面しているというのが私の見方です。今日の日本は〝経済動物〟から〝政治動物〟に変わろうとしているだけでなく、〝軍事動物〟にすら変わろうとしている。軍事的に、

日本は〝防御型国家〟から〝侵攻型国家〟に変わろうとしている。太平洋には日本の〝刀光剣影〟が三度浮かび上がってきているように私には見えるのです。

明治維新後の70年〝戦争動物〟としてクレイジーになった日本は自らに災難をもたらし、数世代の日本人はこの教訓を深く心に刻みこみました。戦後70年の平和的発展の現状、戦争がもたらした災難、および将来的に平和憲法を改正する日本の前途、この三者の対比は平和を愛する多くの日本国民の間で激烈な反響や不満を呼び起こすでしょう。そこで、日本の民衆は表に出て抗議し、戦後日本が維持してきた基本的国策を転覆させることに反対し、日本が平和的発展という現状を保持していくことを要求しています。これは日本という国家と民族が持つ正義の呼び声であり力量であります。

加藤さんはこのような〝現状維持〟を求める呼び声や力量のジャパンドリームへの影響をどう見積もっていますか？

加藤　まず、すでに経済的奇跡を実現し、成長のピークを過ぎた日本が、新たな国際情勢に適応するという名目のもとに政治的な発言権を拡大すべく目論むのは、現状に符合した戦略であると思います。集団的自衛権の部分的解禁はその過程における一動作・一現象と言えるでしょう。しかし、集団的自衛権解禁と平和憲法の改正は二つの異なる概念であり、前者が直接後者を呼び起こすわけでは決してなく、後者の実現に関しては、前途多難というべきです。

経済大国になった日本が政治大国になることが必然的だと私は思いません。平和憲法の〝拘束〟もありますし、日本に政治大国になる意思があったとしても、国内世論や歴史的経緯といった理由から障害は少なくありません。軍事大国化に関しては不可能だとほぼ断定できるでしょう。苦しい歴史を経験してきた日本は自らが再び軍事大国化を目指すことは不可能であり、不必要であり、そうすべきではないと考えています。絶対多数の有権者はそれを望みません。日本で民主主義制度が健全に機能すればするほど、政治家も暴走できなくなるのです。

劉大佐が提起された呼び声や力量ですが、現状維持を守ろうとする動きはポジティブなものであると私も思います。国民が自らの考えを合法的に表現していくこと、国会での議論を見守るだけでなく、自ら率先して考え、行動していくことは、我が国の民主主義制度を充実させていく上で、また日本の平和を長期的に守っていく上で不可欠なプロセスです。

劉　今日の国際政治はいまだに弱肉強食の世界です。ある大国は世界をリードするという名目を振りかざし覇権という実を取っています。これは弱肉強食世界の肉食動物であり、進攻型動物です。例えば米国です。ある大国は強大を追求するけれども覇権は追求せず、弱肉強食な世界における草食動物です。象のような存在です。どれだけ強大になっても他の動物を餌食にせず、他の動物に脅威を与えない。中国はこのタイプです。

日本は過去において50年間肉食動物を経験し、多くの国家を食いちぎり、食い尽くしました。第二次世界大戦後は富の創造に邁進し、経済を発展させるなかで70年間草食動物を演じました。イメージを変えたのです。そして現在の日本では国家性格の転換、野性への回帰と発作が始まり、進攻型国家、肉食型動物の方向へと向かっているようです。人々は日本が再び〝肉食動物〟になることを懸念しています。加藤さんは日本の国民性格、国家性格がこれからの10年、20年でどのように変遷していくと思われますか？

加藤　安倍政権下における日本の対外的な姿勢や戦略にどのような変化が生じているのかを注

視することは、日本の将来の方向性や可能性を占う上で重要だと私も感じています。戦後最長の長期政権となりそうな安倍政権の一挙手一投足は、日本の将来に関わる試金石であるという表現もできるでしょう。

日本の国家の性格（日本は民主国家ですからそれをすなわち国民の性格と同義的に扱うことは論理的には正しいです）が質的に変化する可能性を私も否定しませんが、今後の10年、20年、日本が平和路線を堅持するという基本的な方向性と戦略は変わらないでしょう。日本の主流的な国民性格は、平和の希求と現状の維持を渇望するものです。「平和」と「現状」は表裏一体なのです。

戦前には国民性格と国家性格の乖離という特徴が見られました。これもシビリアンコントロールが崩壊し、軍部の暴走を許した一つの原因でしょう。ただ戦後、日本は早々に民主主義政治の基本的要素と特徴を擁するようになり、〝国民性格〟によって〝国家性格〟を牽制する意志と方法を価値観として、制度として獲得・確保するに至りました。国家性格が現状を打破しようとしても、その過程で国民性格がチェック＆バランスの役割を果たすでしょう。日本が将来的に〝現状維持〟から〝現状打破〟に移行していくとしても、それは日本人が戦後、戦前への反省に基づいて育んできた制度と価値観の枠組みと方法論のなかで平和的、漸進的、安定的に達成されていくプロセスであると私は信じます。

第11章　チャイナドリームとアメリカンドリームの狭間で

米国の日本に対する支配は日本の未来にとっての不幸になるか？

劉　アメリカンドリームは近代以降国際社会で最も成功した国家の夢です。一方のチャイナドリームは21世紀において最大の影響力を持つ国家の夢です。チャイナドリームとアメリカンドリームの世紀の攻防、チャイナドリームとアメリカンドリームの競争と協力は世界情勢の在り方に決定的な影響をおよぼすことでしょう。

太平洋の東西両岸にある米国と中国は海を隔てて対陣しています。太平洋の西北にある日本は地理的には中国に近く、心理的には米国に近いです。ジャパンドリームはチャイナドリームとアメリカンドリームという二強の狭間でどのような戦略的選択をするか。これは21世紀の日本外交にとっての第一課題であり、日本という国家の前途や命運を決定づける最も重要な戦略的問題です。

日本国の前途と命運に関して、外的要素から見れば、１８５３年7月8日に米国の〝黒船〟事件が起こる前までは、主に日本の命運は中国との関係によっていました。同事件後は日本と米国の関係によって、第二次世界大戦後は米国によって日本の命運が決定づけられるようになりました。21世紀になり、中国の台頭によってチャイナドリームとアメリカンドリームが決勝の時期に突入したことで、日本の未来は米国との関係だけでなく、中国との関係によって、そして日本が中米二強の狭間でどのような戦略的選択を取るかによって決まることになりました。このような局面は日本という国家の歴史上初めて生じるものです。

従って、日本が現在直面している戦略的選択とは、日本が開国以来三回目となる歴史的選択であり、この選択こそが21世紀の日本の前途と命運を決定づけるのです。加藤さんはこの問題をどのように見ていますか?

加藤　劉大佐が提起された〝戦略的選択〟という問題はとても興味深く、素晴らしい問題提起であり、21世紀を生きる日本人が最も真剣に思考すべき外交課題だと思います。

まず、劉大佐が描写・整理なさった歴史的経緯、および21世紀に入った日本が直面している状況に関しては全く同意いたします。米中の狭間でどのような戦略的選択をするかが日本の将来を決定づける。私もそのような認識で現状を見つめ、未来を考えてきました。昨今、そしてこれからの米中関係は競争があり協力もある、遠くもなく近くもない、連携もあれば摩擦もある、闘争もあれば接近もある、牽制もあれば妥協もある、そういう微妙で複雑な戦略的関係です。日本は注意深く米中関係の動向を観察し、自らのポジションを柔軟に模索し、巧妙な役割を担いつつ漁夫の利を得ていくような術を身につけるべきです。米国との協力、中国との友好、日本にとっては両方重要で、両者を両立させることができて初めて日本の対外関係は安定するのでしょうし、米中間で初めて建設的で平和的な役割を果たせるのだと思います。〝米中関係が摩擦すればするほど日本の役割が重要になる〟、日本はそういう局面を自ら主体的に創っていけるように知恵を絞り、行動していきたいですね。

劉　日本と米国の関係の本質は何ですか？　所謂〝日米同盟〟というのが日本と米国の関係の本質なのでしょうか？　米国人は〝日米同盟〟を以って米国の日本への責任と保護を示し、米国と日本の関係が親密で貴重であることを示している。日本もまた〝日米同盟〟を以って安心と誇りを持つようになっている。

ただ実際のところ、日米関係とは〝同盟関係〟ではなく〝依存関係〟です。国際舞台において真に健全で正常な同盟とは独立自主の主権国家同士の同盟であり、同盟の基礎と本質は同盟者が相互に自主的で、平等的で、民主的な身分と地位にあるというものです。ただ今日の所謂〝日米同盟〟において日本は米国の前で国家としての自主権や民主権を持っておらず、独立的、平等的な地位にもありません。米国は日本の親分であり主人であり、日本は米国の言うことを聞くだけの依存者です。所謂日米同盟とは、米国が同盟という名義で日本を縛り付け、日本を凌駕し、日本を支配するものにほかなりません。

〝同盟〟という概念には正確な定義と実体が必要であり、それを以って日米関係の概念を表現しなければなりません。その意味で、米国が今後とも引き続き〝同盟〟という概念を使って日本を欺くべきではなく、日本も日米が同盟関係なのだという〝錯覚〟から覚醒すべきなのです。

加藤さんは日米同盟の本質をどう評価していますか？

加藤　日米間が果たしてどのような同盟関係で、どのようにして平等性や民主性を実現していくか。戦後の日米間では終始深くて激しい議論や駆け引きが繰り広げられてきたと思っています。日本は日米同盟が平等で対等なものになるように必死に努力してきました。１９６０年の安保条約改定はもちろん、見方によっては鳩山由紀夫氏が首相在任中に提起した「対等な日米関係を深化する」といった主張もそのプロセスだと思います。米国は日本に不断に圧力をかけ、日本が同盟国としてより積極的に米国のグローバル軍事戦略と歩調を合わせるように促してきました。安保法案などは象徴的なケースだと言えるでしょう。

両国間の外交努力が不断に、複雑に続いてきたなか、我々が日米同盟を単純に依存関係だと見なすことはできないでしょう。日本が米国を必要としていると同時に、米国も日本を必要としてきたのです。双方が双方を必要とし、関係構築の中でそれぞれコストやリスクを払ってきたのです。

同盟関係とは本来二つの独立自主の主権国家同士の関係であり、同盟の基礎と本質は自主、平等、民主であるべきだという劉大佐のご主張に私は同意します。この点に関して日本は確かに受け身姿勢でありました。ただ日米同盟を日本外交の基軸と見なすというのは日本の自主的な選択であります。平等と民主に関して言えば、米国は日本よりも強大で、しかも日本は第二次世界大戦の敗戦国であり、米国によって改造された国でありますから、完全な意味における平等や民主を実現するのは不可能であり、この点は大多数の日本国民も理解した上で現状を受け入れ、未来を見据えてきたのだと思います。好き嫌いに関わらず受け入れなければならない現実というものがあります。国家の安全と繁栄、国民の安心と幸福のために、必要だと思われる我慢や妥協をすることは決して恥ずべきことでないと私は考えています。

劉　今日の日本は〝不正常国家〟であり、米国によって支配され、利用されている国家です。米国は日本を支配し、日本を米国の〝高級半植民地〟にすると同時に、日本を利用し、中国を封じ込めるための急先鋒とし、米国が中国に対抗するためのコマにしています。日本と中国を〝アジア内戦〟・〝アジア内部消耗〟のなかに陥れ、そこから漁夫の利を得ようとしているのです。21世紀米国の世界覇権は日本に対する支配と中国に対する封じ込めという基礎の上に成り立っています。中国の〝国家現代化〟の台頭が米国覇権による封じ込めを突破しなければならないだけでなく、日本の〝国家正常化〟の実現は米国覇権による支配から脱却しなければならないのです。ジャパンドリームが永遠に米国によって支配される夢であるはずは決してありませんし、米国覇権利益に利用される夢では決してありません。米国覇権の夢は日本の正常な国家としての夢を抹殺するのです。米国の覇権が衰退し、終焉する時こそが日本が国家としての独立と自主を実現する時なのです。

日本は米国覇権が強化され、継続されるのに寄与すべきでなく、米国が中国を封じ込めるために利用されるべきでないのです。

加藤　21世紀の米国の世界覇権は日本への支配と中国への封じ込めの基礎の上に成り立っているという劉大佐の見方に賛同します。国際政治は実力の世界であり、実力がないのであれば現状を受け入れるしかありません。

日本にとって言えば、米国の現状を覇権国家と描写するとして、〝覇権安定論〟に則って、日本は米国の覇権による安定を歓迎するでしょうか。私は概ね歓迎すると見ています。日本人は古来覇権安定論を比較的受け入れる傾向があるようです。今日の米国や古代の中国を含めてです。劉大佐は、古代中国は覇権ではなく王権だと主張されるでしょう。大多数の日本人は米国の支配下における覇権安定論のほうが、中国共産党が社会主義というイデオロギーの下で主導する〝王権安定論〟よりも好ましいと考えるでしょう。

ただ、劉大佐が提起された、米国の覇権が衰退する時が日本の国家としての独立と自主が実現する時であるというお考えには頷かされるものがあります。米国の所謂〝衰退〟と中国の所謂〝台頭〟は日本が少なくとも思考や探索の次元においてこれまでよりも独立自主になることを促すことでしょう。これは第一歩です。思考すら独立していないのに、思想や行動における独立などあり得るはずがありません。いずれにせよ、米中の世紀の攻防は日本がこの世紀において自らの魂と礎を不断に模索することを要求していくことでしょう。

中国の台頭は日本にとってのチャンスなのか？

劉　米国が〝世界覇権地位〟を保持する限り、日本が〝正常国家地位〟を獲得することはあり得ないでしょう。

米国の世界覇権の地位はまずは米国のアジアにおける主導的地位に体現されており、それは米国の〝アジア太平洋リバランシング〟戦略の有効性に依拠する必要があります。中国の〝平和的台頭〟は米国の覇権的地位を〝平和的終焉〟させるのに役立つのです。米国が世界覇権とアジア太平洋地域における主導権を失う時、専制の〝覇権大国〟からアジア太平洋地域とグローバル範囲での重要な非覇権〝正常大国〟に変わる時、その時こそが日本が米国の覇権的支配から徹底的に脱却し、米国の従属国から正常な世界大国になるタイミングであり、これは日本にとって米国覇権支配からの解放を意味しており、日本の発展や進歩が新しい歴史的段階に突入することを意味するのです。

特に認識しなければならないのは、平和的に台頭する中国が日本を支配することはないということです。中国の台頭は覇権の台頭ではなく、台頭した中国は米国覇権の継承者にはならず、〝無覇世界〟の開拓者、建設者になります。世界覇権が終焉した後、無覇世界が出現した後、世界の大国は新型大国関係を構築し、中国と米国の関係は正常化し、中国と日本の関係は正常化し、日本と米国の関係も正常化した状態になっていくでしょう。

中国の平和的台頭は米国を平和的に変質させ、米国の国家性質を変え、覇権国家から〝非覇権国家〟へと転換させるのです。これは米国の進歩、世界の進歩にとってもメリットがあります。中国の台頭、米国の変質、覇権の終焉、日本の解放、どれも日本にとっては良いことなのです。〝中国の台頭、米国の転換、日本の解放〟は三位一体の出来事だとも言えるでしょう。従って、中国復興の夢は日本国家正常化の夢に有利に働くのです。中国の復興は日本の解放を加速させる、すなわち日本を米国覇権の支配から解放させるのです。これこそがジャパンドリームとチャイナドリームが相通じている部分なのだと言えます。

加藤　劉大佐が指摘なさった三位一体は創造力に富んでおり、私も一定程度賛同します。中国の台頭は日本や米国が自らのポジションやスピリッツを再認識し、模索するのに役立つと思っています。これは地域、世界、人類にとっても良いことです。

ただ、劉大佐に正視して頂きたいのは、中国の台頭は平和的台頭であり覇権の台頭ではないという点に関しては、日本人や米国人、欧州や東南アジアといった地域を含め、依然として説得力に欠けるという現状です。私の観察と印象によれば、「中国の台頭は平和的台頭だ」と明確に主張するノン・チャイニーズは依然として少数であり、大多数の人々は中国の台頭や拡張を懸念し、警戒し、恐怖にすら思っています。もちろん、これらの国家の心情も矛盾していま す。これらの国家の多くは中国経済の発展や中国市場の拡大から果実を得ており、にも関わらずそれを警戒し、恐怖に感じるのは自己矛盾と言えます。もちろん、各国に見られる自己矛盾の蔓延は国際政治における常態だと言えますが。

仮に将来的に中国の台頭が平和的なものであったと歴史が証明した場合、それは覇権のない新型国際関係をもたらすのかもしれません。米国の国家としての性質もより平和的、民主的になり、日本も自らを解放させるのかもしれません。いずれにせよ、将来的な米国の状態と日本の選択に考えを及ぼす時、中国の台頭は大きな焦点であり、全世界が注視しています。私自身は、中国が自らの決意と行動で自らの台頭が平和的なものであることを不断に証明してくれることを願っています。

劉　日本近代史における国家対外戦略は大体三つの段階に分けることが可能です。

第一段階は〝開放主義戦略〟で、〝脱亜入欧〟を基本的国策とし、明治維新という興国運動を実行しました。日本の国力は迅速に台頭し、西側列強の仲間入りを果たしました。

第二段階は〝軍国主義戦略〟で、対外拡張を実行し、戦争という手段を通じてアジアを征服し、世界で覇権を争おうとしました。１８９４～９５年に中国を侵略した日清戦争、１９０４～０５年の日露戦争、１９３１～４５年中国を滅亡させることを目標とした侵略戦争、および１９４１～４５年の太平洋戦争、軍国主義戦略は日本でまるまる半世紀続いたのです。

第三段階は〝連米主義戦略〟で、日本は戦後70年米国によって占領、改造、支配、利用されてきたなか、米国〝一辺倒〟で、米国に依存して自らを守り、米国に依拠して自らを発展させてきました。

現在、日本の国家大戦略は四回目の歴史的岐路に直面しています。中国と米国はグローバル規模による戦略的大攻防を始め、アジア太平洋地域が中米攻防の核心的舞台になる状況下、日本は中米二強の肝心な節点に位置しているのです。日本は引き続き〝脱亜入米〟し、米国に依存し、連盟し、米国の覇権を助ける形で中国を包囲し、封じ込めるのか？　それとも〝脱米入亜〟し、中国を支持し、中国と連名し、米国の覇権を抑え、日本の独立を実現するのか？　或いは、第三の戦略として〝中間路線〟を取り、〝脱亜入米〟も〝脱米入亜〟もせず、〝連亜連米〟し、太平洋の両岸の架け橋として、米国と連盟して中国を封じ込めることをせず、中国と連合して米国をバランシングすることもせず、独立自主で〝友米友中〟し、米国と中国を日本の友人とし、米国と中国双方から友誼と2倍の利益を得るのか。日本は歴史的な選択をしなければなりません。日本がチャイナドリームとアメリカンドリームの狭間で〝中間路線〟を取ることは、日本に恩恵をもたらし、米国と中国に恩恵をもたらし、アジア太平洋に平和と発展をもたらし、世界の安定と平和に恩恵をもたらすことになるでしょう。

日本が〝中間路線〟を取る第四の戦略的選択とは、〝脱〟と〝入〟という伝統的な戦略的思考回路から解放されることを要求します。〝脱亜入欧〟、〝脱亜入米〟、〝脱米入亜〟を含め、この〝脱〟〝入〟というのはどちらかにつくこと、極端に走ることを強いられ、地域の分裂や対抗、世界の矛盾や衝突を激化させます。文明国家にとって正しい未来選択では決してないのです。日本外交の新型思考を打ち立てるには、〝非同盟〟の新型日本を建設しなければならないのです。中米大攻防のなかで中立的立場を堅持し、中間路線を歩む日本こそが、建設的役割を果たせる日本であり、戦略上主導的地位になる日本であり、偉大な日本なのです。

日本にはどのような戦略が必要なのか？　世界はどのような日本を求めるのか？　言うまでもなく、真ん中を行く戦略こそが最良の戦略であり、中間路線こそが最も安全な路線だと言えます。日本は〝中米の架け橋〟という崇高な役割を担い、中米間でバランスをとる作用を発揮し、欧州、米州、アジアを連結させ、協調させる役割を果たすのです。これは日本国の国益を最大化させるだけでなく、アジア太平洋地域と世界の平和と発展事業のために必要な代償を大きく軽減させることにつながるでしょう。

加藤　〝不脱不入〟の中間路線が日本にとっての最良の選択である。この点に関して、理論的には私も同意します。感情的な表現になりますが、一人の日本人として、祖国がそういう道を歩む日が来ることを願っていないと言えば嘘になります。しかも、実質的に、そういう道を歩むことで、日本は地域や世界で最良の架け橋を演じることができ、それは日本人が親しんできた儒教の〝和を以て貴しとなす〟という精神にも符合するのでしょう。

しかしながら、それには相当な時間とプロセスが必要だと思います。前述の通り、日本の政策決定者にとって日米同盟を外交政策の基軸とする戦略や観念はいまだ顕在であり、ますます強固になっていく傾向が近年見られます。中国の台頭は日本の中間路線を後押しするのではなく、逆に日米同盟を強固にしているのが現状なのです。私が予想するに、中国が経済、軍事、文化、科学技術、制度、価値観といったハードパワーとソフトパワー双方で米国を超越しない限り、日本のこのような戦略や観念は続くことでしょう。日本人は米中間の実力や魅力の対比を観察しつつ、自らの立ち位置や対策を調整していくのでしょう。

地域や世界の問題において、過去のどの時代よりも主体的に、自主的に架け橋、バランシング、協調といった役割を演じることで、日本ははじめて国益や価値を最大化できるという劉大佐のご指摘には全く賛成です。私たち日本人は少なくとも意識の次元では主体性や自主性を常に胸に刻み、現実に向き合い、未来を開拓していく姿勢と行動が求められるのは言うまでもありません。

劉　〝西側世界〟においては〝英米世界〟が核心です。英国は西側世界における重要な国家であり、米国とも特殊な血縁関係にある国家です。ただ英国は香港が中国に返還される問題において比較的開明な態度を取り、中国との協力関係も比較的良好です。英国は西側の大国のなかで率先してアジアインフラ投資銀行に加入し、最近は中国と〝グローバル規模での全面的戦略パートナーシップ〟を構築しています。両国の指導者は中英関係の黄金時代を切り開きつつあります。英国と米国の関係は日本と米国の関係を超えるものですが、なぜ英国は中国と新型大国関係を築き、中英関係の黄金時代を切り開くことができるのに、日本と中国の関係は持続的に緊張し、中日関係の〝緊張時代〟、〝危険時代〟が生じているのでしょうか?

加藤　香港問題など敏感な問題の処理やアジアインフラ投資銀行への加入など、英国の動向ややり方を日本は注視し、参考にできる部分は参考にすべきだと思います。プリンシプルを持ちつつも柔軟な外交を展開していくスタイルは、日本や英国といった海洋国家にとって重要なのだと思います。昨今の国際関係にどう向き合うか、中国の台頭をどう理解し、どう対応していくかといったテーマに関して、日本と英国は多角的なコミュニケーションを深めていくべきでしょう。

歴史的に、中英間ではアヘン戦争や香港問題、日中間では日中戦争や領土紛争といった敏感な問題が生じてきた点では似通っています。しかし、英中と日中では地理的位置や地政学的な意義がかなり異なります。日中は近隣であり、あらゆる分野の交流や接触も日中は英中よりも多く、大きく、深いものがあります。だからこそ矛盾や摩擦が表面化しやすいという側面を持っているのです。ナショナリズムが相互に暴発しやすいのです。

また、中国は昨今において米国が唯一戦略的に封じ込めたい国家であり、同盟関係や地政学といった角度から見れば、米国は遠い英国を利用して中国を封じ込めることは考えにくく、やはり近隣である日本を利用して中国を封じ込めようとするのがセオリーでしょう。米中関係という文脈から見ても、日本と英国は異なる境遇にいるのです。

対中関係・戦略という点において、日英を比較するプロセスは慎重であるべきで、比較性そのものを随時吟味していく必要があると思っています。

劉　現在、日本はチャイナドリームとアメリカンドリームの狭間で〝連米制中〟、つまり米国と連携して中国を制止するという戦略を取っています。この戦略が最終的に迎え得る局面は二つしかありません。

一つは米国と日本が連合して中国を困らせる中、米国は日本を充分に利用して、日本を中国と戦わせ、喧嘩両成敗の局面を作り、米国が勝利する局面です。米国は依然として中国を圧制し、日本を支配していきます。

二つ目が米国と日本が連合して中国を困らせようとするが、それぞれの思惑が上手く噛み合わず、米日の冷戦的思考は世界でも尊重されず、中国が正しい戦略と戦術を取ったために、米日は中国を封じ込められないだけでなく、中国が成功的に台頭し、米国の覇権は衰退する。日本は挫折するけれども、中国が日本を支配することはないため、日本は米国からの支配を逃れ、〝普通の国家〟へと邁進し、〝自主国家〟になっていく局面です。

従って、中国の台頭は日本にとっては解放、そして救済を意味するのです。中国の台頭は日本の独立に役立つのであり、日本を〝米国人の日本〟ではなく、真に〝日本人の日本〟にするのです。中国の成功的台頭はアジアの独立を実現し、アジアを米国覇権の支配から脱却させ、アジアを〝米国人のアジア〟ではなく、真に〝アジア人のアジア〟にするのです。

日本は中国の台頭を怖がる必要も対抗する必要もないのです。歓迎し、支持すればいいのです。

加藤　日本は中国の平和的台頭を歓迎すべきです。特に経済、市場、人文、金融、環境、科学技術といった分野における日中協力をダイナミックに推し進めていくべきですし、これまで同様、これまで以上に中国の改革開放を支持し、互いが及第点に達するような、良好な隣人関係を構築していくべきです。

日本人は中国の台頭を自分のこととして捉えるべきだとずっと考えてきました。中国の動向は日本の未来に直接的に影響するからです。

日本と中国がアジア人・アジア国家としての意識と自覚を持つことは重要ですが、一つはっきりさせておかなければならないのは、アジア人のアジアは開放的であるべきで、他地域・他国家がアジアの市民や文化、アジアの発展規律や社会環境を尊重してくれるのであれば、それらの地域や国家がアジアの建設や発展に積極関与することを歓迎すべきだということです。米国・米国人も例外ではありません。世界の歴史は地域の発展や協力に関して、決して閉鎖的、排他的になってはならないという教訓を、私たちに教えてくれています。

日本が如何にして〝日本人の日本〟を建設するかに関して、ほとんどの日本人は〝私たちが生活するこの国家は日本人の日本〟だと考えていると思います。日本に米軍が駐在していて、日本は実質的に米国に制御されているという状況は概ね事実ですし、日本人もこの点に自覚的です。ただ万物は相対論で成り立っているわけで、歴史的な脈絡があって現在があるわけです。すべてが一筋縄に、完璧に進むわけではありません。様々なしがらみがあるなかで、それでも希望を持って、前を向いて歩んでいくこと。人間も国家も同じでしょう。

もちろん、私個人は現在の日本は真の意味での〝日本人の日本〟だとは考えていません。より開放的、独立的、自主的な姿勢と矜持を持つことが重要ですし、将来的なチャイナドリームとアメリカンドリームの攻防は、日本人がそういう姿勢や矜持を育むプロセスを後押ししてくれると信じています。ジャパンドリームとはそういうプロセスを経て一歩一歩形成されていくのでしょう。

日本の選択は世界の未来にどう影響するか？

劉　米国が日本を支配、管理することは中国や世界にとっては良いことである、なぜなら、仮にそうでなければ、日本が第二次世界大戦後数十年もおとなしくしているはずがないだろうからだという考え方があります。この考え方から、仮に今後米国が日本を支配、管理できなくなった場合、日本は自ら核兵器を持ち、軍国主義が復活し、中国と世界にとっての大きな悩み事・トラブルになるという考えを持ち、述べる人もいます。

このような考え方は、過去においては道理にかなっていても、今日においては改めて見つめ直す必要がありますし、未来においては通用しないというのが私の考えです。

米国は第二次世界大戦中、中国、ソ連、他の反ファシズム勢力と共同で日本を打ち負かしました。世界の平和事業において功績をもつわけです。米国は第二次世界大戦後日本の戦犯を審判し、平和憲法を制定し、民主制度を実行することで日本を改造しました。日本社会の進化やアジア太平洋地域の発展にとって有益でした。米国は戦後70年軍事や外交といった方面から長期的に日本を支配・制御しましたが、これはアジア太平洋地域や世界の情勢にとっては有効でした。しかし、冷戦が終わり、中国の台頭に直面するなか、米国の日本への戦略は日本を打ち負かし、改造し、支配・制御することから、日本を再起させることに徐々に変わってきているように思うのです。日本を再起させることで日本が第二次世界大戦後長期的に保持してきた平静で理性的な状態を変え、私が把握している米国のあるシンクタンクの秘密報告書が指摘するように、米国が第二次世界大戦後日本に野蛮な本性を失わせたのは間違いで、現在は日本に野蛮な本性を再起・復活させ、そんな日本を利用して中国に対抗すべきだと考えているように思うのです。

現在米国の対日戦略にはすでに重大な変化が起きているということです。日本を再起させ、クレイジーにし、そんな日本を利用して中国に対抗する段階に来ているのです。従って、今日の日米同盟とは中国を封じ込めるための同盟であり、地域と世界の平和に危害を加える同盟なのです。今日、米国の日本に対する支配・制御は世界に対する危害であり、それは日本が米国による支配・制御から脱却することによって地域や世界の平和事業に加えられ得る危害よりも遥かに大きいのです。

加藤　劉大佐によるこの段落の記述を読み終わり、私の脳裏には即座に二つの考えが思い浮かびました。

一つは、グローバリゼーションや相互依存が深化すると言われる時代、冷戦という背景で生まれ育った日米同盟が中国の台頭を封じ込められるとは思わないということ。日米の戦略家たちは、中国を封じ込めようとすることは自らをも封じ込めることにつながり得ると考えるようになっているようです。冷戦後の国際関係において、軍事、政治、権力といったものの比重が相対的に低下し、逆に経済、人文、制度といった比重が相対的に上昇しています。安全保障の分野でも伝統的な軍事だけでなく、テロリズムやサイバー空間といった非伝統的な分野の比重が明確に高まっています。このような大きな趨勢を前に、同盟政治がもたらす効果や作用をきちんと考え直し、調整すべき部分は調整すべき時期に来ていると思っています。

二つに、米国が日本を再起させる、日本の政治家がクレイジーになる、いろんな言い方や議論があっていいと思いますが、一人の日本の有権者として、私は生まれてからこれまで終始日本国内における平和の力を信じています。その力は権力者たちが再びこの国を〝暴走〟させることを決して許さないと信じています。仮に、米国が真に日本に平和的進路を放棄させ、徹底的に軍事化することを迫るのであれば、そして、そのとき日本の有権者たちが国論としてそれを望まず、ただ日米同盟を続けるためにはそういう要求を受け入れる以外に方法がないのであれば、その時に日本に残された選択肢は一つだけです。すなわち、日米同盟を自ら破棄することになるでしょう。

劉　こういう考え方もあります。第二次世界大戦後の長い間、日本がおとなしく静かにしていたのは米国の支配と制御の下にあったからで、終始米国が日本を見守っていたからである。日本が米国の支配・制御から逃れ、日本の問題は日本によって決められることになれば、日本をめぐる予測不可能性は大きくなる。日本は原子爆弾を製造し、核保有国になる。そんな日本はより強大で危険な国家になると。

私から見て、おとなしい日本を米国の支配・制御の下で成り立たせる思考回路はすでに時代遅れです。今日の日本は米国の支配・制御下にあってすでに世界の大国の中で最もおとなしくはなくなっており、十分に危険な国家になっています。このような〝危険な日本〟の出現には日本自身の内部要素もあれば、黒幕としての米国が背後で操縦しているという外部要素もあります。米国が日本を再起させ、悪質に利用しようという原因も働いていると思います。米国は日本をクレイジーにし、中国を包囲し、封じ込めるという大戦略のために利用しようとしているのです。日本が平和憲法を変えようとする衝動、海外で兵力を使用するというタブーの突破、アジア太平洋地域で軍事危機を製造しようとする狂暴さ、どれも米国が背後で黒幕として操縦、支持している結果です。米国の日本に対する支配と利用はすでに日本の野性が復活する最大の要素になっているのです。このロジックに従って言えば、米国の支配、操縦、利用を受けない日本は理性を増大させるのであり、野性を増大させるのではないのです。

米国の支配下にある日本は早々に大規模な核兵器を製造できる能力を持つようになっていき

ます。私自身は、今日の日本がすでに核兵器を持った国なのかどうかは謎だと思っていますが、現在核保有国でなかったとしても、大規模な核兵器を急速に製造する能力を持った国家であることは間違いありません。

実際に、長期的かつ根本的に見て、一国が世界の平和に対して及ぼす作用が威嚇的なのか、保護的なのかを決定する要素は、その国が核兵器を持っているかどうかではなく、その国が覇権、拡張、侵略の野心を持っているかどうかなのです。覇権と拡張の野心のない核保有国は世界平和を守る国家です。逆に拡張と侵略の野心を持った非核国家は戦争の発動者、地域情勢を緊張させるトラブルメーカーになり得るのです。有核＝有害、非核＝無害とは限らないということを私は言いたいのです。

加藤さんは日米同盟と核兵器の問題をどのように見ていますか？

加藤　二つだけコメントさせてください。

一つ目は、太平洋戦争が終わる直前、米国は原子爆弾を広島と長崎に落とし、日本は人類史上唯一核兵器の被害を受けた国家となりました。日本ほど核兵器の恐ろしさを直接的に、強烈に感じている国家はありません。民主的に選ばれた政治家と、それを選んだ有権者によって構成される日本が、安易に核兵器を製造、発展させるでしょうか？　米国や中国を含めた国際社会にはそんな日本の国情や民意に対する実質的な理解が不足していると思います。

二つ目に、日本の唯一の同盟国である米国が核兵器を保有しているというのは事実であり、日米安全保障条約はいまだ健全であり、米軍が日本に駐在しているからには、日本が米国の〝核の傘〟の下で生存・発展しているのは疑いのない事実であります。日本が間接的に核能力を保持していないのかと問われれば保持しているとなるのでしょう。米国の核の傘なしで戦後日本がこれほどまでに繁栄と安定を実現できたとは考えられないでしょう。戦後日本が〝核〟の恩恵を受けなかったといえばそれはまるで嘘になってしまいます。

私が申し上げたいことは、日米関係と核兵器の問題は複雑であり、このロジックからすれば、日本人は核を嫌いつつも必要としている。嫌悪感は内心と経験からくるものであり、必要性は現実と需要からくるものです。多くの日本人が〝核〟という文字を前に矛盾した心境でいることでしょう。私たちに出来ること、必要なことは歴史の教訓を固く胸に刻み、同じ過ちを繰り返さず、前向きに未来へと歩んでいくことくらいでしょう。

米国の奇跡――日本に対する征服と操縦

劉　１９４１年に日米太平洋戦争が勃発し、１９４５年に日本は敗戦しました。第二次世界大戦後米国は日本を占領し、その後長期的に日本を支配してきました。今日の日米同盟はもはや盤石のごとくゆるがず、日本は米国の世界覇権という戦車に縛り付けられており、米国の思うままに利用されています。日本は米国の支配から脱却しようとはしておらず、米国の覇権による圧迫に対して自ら抵抗する素振りも見せていないようです。それどころか、米国の覇権の中で得意げになり、決してそこから離れたくないように見えます。

日本は過去に4年間の戦争で米国に挑もうとした国家です。それなのに戦後の日本人はどうして米国人にこれほどまでに服従し、尊敬もするのですか？　戦後70年、日本は米国の占領と支配に対して基本的に恨みも持たず、〝挙国無争〟状態であったように見えます。これは古今東西、歴史的にも非常に珍しいケースです。この現象は日本のどのような国家としての性格や民族としての特徴を表しているのですか?

加藤　劉大佐の問題意識に関しては私も考えたことがあります。理由は大きく分けて三つあるように思います。一つ目は、日本が敗戦国であるという基本的な事実です。日本は己を見失い、徹底的に痛めつけられ、自爆しました。現実を受け入れるしかありませんでした。二つ目に敗戦後米国に占領されたことは結果的に日本の戦後の発展の基礎を打ち立てました。反共の防波堤、軍国主義に別れを告げる平和憲法など、日本がエネルギーを経済発展に集中させる制度的枠組みが米国の占領によって保障されたのです。三つ目に、占領と支配の過程で米国が天皇制を残したことでしょう。これが残されるか残されないかで日本人の精神状態は大きく変わっていたと思います。

仮にこの三点が存在せず、或いはどれか一つが欠けたとしても、戦後を生きた日本人の米国への考えや感情はかなり違ったものになったと推測します。米国に対する恨みや抵抗、反対や抗議などいろいろなマイナスの感情が交差的に発生し、表面化し、日米関係を困惑させた可能性も十分にあります。

もちろん、今日に至るまで少なくない日本人が内心米国に対してマイナスの感情を抱いているでしょう。ただそれが表面化しない、日米関係を困惑させるまでに至らないのは上記3点の理由に依るところが多いのではないでしょうか。

劉　米国は日本に原子爆弾を落としました。それによって瞬間的に十数万の日本人が亡くなります。米国の原子爆弾が日本の米国に対する恨みを増長させることはないのですか？　日本人にとってあの原子爆弾は何でもなかったのですか？　戦後に何ら禍根を残さなかったのですか？　それはなぜですか？

加藤　何でもないはずがありません。禍根を残さなかったはずがありません。特に直接の被害者である広島と長崎の人々にとっては永遠に忘れることのできない、拭い去ることのできない傷を意味しています。しかし、上記で議論したような背景と理由によって、日本人はそういう米国に対する感情を実際の行動や政策によって表現できてこなかったのだと私は思っています。

ただ永遠にこのような局面が続くとは限りません。日米関係、国際情勢、国内環境などの変化に伴い、日本人の米国に対するマイナスの感情が水面上に出てくる可能性は否定できません。実際に、沖縄県で発生した米国軍人による少女レイプ事件などによって〝反米感情〟が爆発したこともあります。それは一時的、局地的、有限的なものであり、持続的、全面的、構造的なものではないのかもしれません。ただ、私は米国に対する歴史的・潜在的な感情は日米同盟や日本の対外政策、そして国内政治にとっても一つの重大な変数であると考えています。これからどのような局面が生まれるとも限りません。だからこそ、米国の対日政策、特に沖縄にある軍事基地の問題や核に関する交渉に関しては格別に慎重になる傾向があるのでしょう。

劉　米国が落とした原子爆弾に対する日本人の感情は、日本が人類史上で初めて原子爆弾の被害者になった国家というだけでなく、毎年行われる、自らが原爆の被害者であることを再確認する式典にも体現されていると思います。これらの感情は自らが核能力を発展させること、核兵器を持つこと、核保有国、核大国になることに対して、国民の態度や国家の政策を含め、どのような影響を与えるのですか？　核兵器の被害に遭った過去、そしてその後毎年核兵器に打ちのめされたことを記念してきた過程は、日本の核を持ちたいという願望を強化することはないのですか？

加藤　私の観察によれば、日本が毎年式典を行うのは主に日本の国民・社会が平和と反戦への渇望や執着を持続的に深め、強くするためです。それが日本人の反米感情につながっているかと言えば、私はそうは感じません。平和や反戦に反米は必要ないでしょう。もちろん、毎年の式典においても、日本は米国が当時日本に何をしたかをいたずらに強調するのではなく、人類の普遍的な意義における平和と反戦の尊さを認識すること、戦争の悲劇を二度と起こさないことを誓うのに主眼が置かれます。このような式典が特定の国家への憎悪を生む、或いは強めてしまうのであれば本末転倒だと思います。

劉　米国は日本を70年支配してきましたが、日本ではなぜ米国を大規模に恨む感情が生まれないのですか？　この70年間で、日本は米国を恨むようになってきたのか、それとも親しみを感じるようになってきたのか、どちらですか？　日米関係はこの70年で親密になってきたのですか、それとも疎遠になってきたのか、どちらですか？　その背景や原因は何ですか？

加藤　先に日本人の米国に対するマイナスの感情が表面化してこない三つの背景と原因を述べました。戦後70年を通じて日本人の米国に対する感情が親密になってきたのか、疎遠になってきたのかという点に関して、あえて言うのであれば、国内状況や国際情勢がこれだけ劇的に変化しているにも関わらず、安定的に対米関係・感情をマネージメントしてきた、死にものぐるいで〝ステータスクオ（現状維持）〟を守ってきたというところでしょうか。

日米関係に関しては現状維持のなかでもより親密・緊密になっているというのが私の判断で、その原因はやはり中国の台頭でしょう。日米両国は共に一国単独では太平洋のこちら側に位置する中国の歴史的台頭に対処するだけの明確な戦略を持っていないと思います。習近平政権になり、〝中華民族の偉大なる復興〟と定義されたチャイナドリームの真実や行方がいまだ不透明な状況下において、日米関係は近くなることはあっても遠くなることはないでしょう。これは道徳の問題でも理論の命題でもなく、現実的な課題です。日米両国がシェアする戦略的利益によるものなのです。

劉　今日の日本には愛国主義も独立主義もなく、あるのは〝親米主義〟だけだという見方が私の周りにはあります。日本は戦後70年を経てすでに高度に〝米国化〟しているということでしょうか？　日本は明治維新後〝欧州化〟し始め、第二次世界大戦終了前までで77年です。1945年の敗戦から米国に軍事的に占領され〝米国化〟が始まり、2016年までで70年です。この70年の〝日本現代化〟は〝日本米国化〟にほかなりません。日本国はすでに〝日米国〟、すなわち高度に米国化した日本になったのでしょうか？　日本で国民投票を行ったとします。日本が米国に加入し、米国における〝東方州〟になるかどうかを投票した場合、結果はどのようなものになると加藤さんはお考えですか？

加藤　劉大佐、〝米国化〟という3文字を日本で受け入れる国民は極めて限られていると思います。米国が日本の内政や外交に影響力、浸透力、指導力を持っていることと、日本が米国化するかどうか、しているかどうかというのは別問題です。劉大佐、将来的に日本を訪問する機会があればぜひご自分の目で日本を見てください。日本と米国ではその社会環境や国民の生き方などが全く異なることは一目瞭然だと思います。

仮に日本でそのような国民投票を行ったとして、否決されることが必至だと予想します。心の底から米国人になりたい日本人は皆無に近いでしょう。米国人という身分も日本人には必要ありません。多くの日本人は日本のパスポートに、日本人としての身分に誇りと感謝の気持ちを抱いています。翻って、昨今の中国を見てください。大量の中国人は身分上米国人になりたがっています。あれだけ多くの富裕層やエリートが米国籍に不断に加入しています。人材という観点からは米国はそこから果実を得ているのです。中国にとっては紛れもなく人材流出を意味します。日本よりも中国の状況のほうがよほど深刻ではないでしょうか。日本では、婚姻や仕事といった特殊な状況を除いて、自ら進んで米国籍に入りたがる国民はほとんどいないのではないでしょうか。それだけ戦後育んできた自国の身分や環境に誇りと感謝の気持ちを抱いているということです。

日本の米中両国に対する奇異なスタンス

劉　日本の中国に対する侵略は凶悪犯罪です。日本の米国に対する進攻は深刻な戦争犯罪です。日本が中米両国に対して行った戦争という犯罪に対する反省にどのような違いが存在すると加藤さんはお考えですか？　また、中米両国への日本の戦争犯罪についての反省の態度にはどのような違いが存在し、その違いが存在する原因はどこに見いだせるとお考えですか？

加藤　日本で〝あの戦争〟を議論する際には一般的に第二次世界大戦と太平洋戦争という言葉

を使います。日本人は自らが中国を侵略したこと、米国に進攻したことを知っています。米中両国の前で、日本は共に加害国であり、敗戦国でもあります。反省の態度や角度から考えてみると、日本人は往々にして「我々はなぜあのような誤った戦争を発動してしまったのか」と考える傾向にあります。毎年の8月15日、社会全体、国民全体がこのような態度や角度から〝あの戦争〟を振り返るのです。意図的に中国とはどうだったか、米国とはどうだったかと分けて考えるよりも、全体性を持って当時の状況を反省する傾向があるように思います。

第二次世界大戦後、特に1980年代以降、中国と日本の間で歴史認識問題が表面化し、両国間の外交関係が歴史認識問題によって悪循環に陥ったり、時に泥沼化することもありました。日本の国民も「中国人が日本人は歴史を反省していない、歴史を知らない、歴史を改竄していると主張し、歴史への反省や謝罪を要求している」といったニュースや情報を知るようになってきています。ただ多くの日本人はそんな中国人の主張や要求に違和感を覚えていることでしょう。日本人からすれば、我々はあの戦争への謙虚な反省の上に立って戦後平和国家として歩んできましたし、毎年あの戦争を振り返り、二度と同じ過ちを繰り返してはならないと反省する機会が戦後70年以上経った今でもあるからです。

翻って、米国の指導者は一部の場で日本の指導者に歴史の正視や正しい歴史観を持つことを促したりしますが、一般的には歴史問題をもって外交関係構築の前提条件としたり、歴史問題を政治化したりすることはありません。従って、大多数の日本人は歴史問題と聞くとまず連想するのは中国であり、次に韓国です。中国共産党にとっては、〝抗日戦争〟というのは新中国が設立されるうえで極めて重要な〝合法性〟であったわけで、歴史問題で日本に対して軟弱になれば、建国のロジックそのものが瓦解してしまうという国内事情があるのでしょう。中国共産党にとって対日問題とは政権正統性の盛衰を左右しうる問題であり、国家と人民を統治するための政治的需要だということなのでしょう。

劉　日本人はどのような分野で米国に敬服し、学ぼうと思っているのですか？　またどのような分野で米国を怖がり、恨み、抵触を感じるのですか？　一方の米国はどのような分野で日本が好きで、満足し、どのような分野で日本を支持し、利用し、またどのような分野で日本を警戒し、抑制し、どのような分野で日本に打撃や制裁を与えようと思っているのですか？

加藤　私の個人的な考えでは、日本人は国家建設、特に自由、民主、法治といった制度や価値観の分野で疑いなく米国に敬服しています。そこから何を学ぶかに関してはあまり多くを考え、求めすぎないようにしているように思います。両国の国情や歴史は全く異なりますし、日本人が直面する社会環境や国民性からしても、米国のやり方を完全に学べるわけはなく、吸収できる部分は吸収し、そうでない部分に関しては無理をせず参考にする程度でいいくらいに考えているのでしょう。

科学技術と教育も疑いなく米国が非常に強い力を持っている分野で、日本人はそれに敬服しています。世界中から優秀な人材を吸収し、移民立国としてここまで国を発展させてきた米国を尊重しつつも、日本がそのような国家戦略を取ることは考えづらいですから、その辺は良い意味で割り切り、あまり深く比較しすぎないようにしているというのが私の感覚と観察です。

一方で米国の英雄主義、個人主義、金融至上主義や貧富の格差を容認する国民性などは日本人からすれば「肌に合わない」となるでしょう。日本人は〝和〟を重んじ、物事はチームで行い、チームで結果を出すべきだと考えます。〝一人はみんなのために、みんなは一人のために〟という考え方の下、出来る限り格差の少ない社会を創り上げようというのが日本人のスタイルであり考え方でしょう。

語弊があるかもしれませんが、その意味で、日本人の国民性（制度や価値観ではなく）はより〝社会主義〟的なのかもしれません。国民性という意味では、中国人よりもよほど社会主義的であり、米国人の〝資本主義〟とは一定の温度差や距離感があるのかもしれません。

劉　加藤さんの比喩にかぶせて言えば、米国でも「昨今の中国は米国の資本主義よりも資本主義的である」ということを言う人間がいますが、私から見たらそれはあからさまに中国を醜悪化するものにほかなりません。

日本において、「今日の日本は中国の社会主義よりも社会主義的である」という言い方はどのように聴こえるのですか？　日本を美化しているように聴こえるのでしょうか？　中国の社会主義と日本の社会主義を対比していただけませんか？　資本主義国家日本において、社会主義的な伝統や要素はどのように影響しているのでしょうか？　国民のマインドセットでしょうか？　加藤さんから見て日本のどの分野や特徴が中国の社会主義よりも社会主義的なのでしょうか？

また、可能であれば〝中国の資本主義〟と〝日本の資本主義〟も対比し、中国はどの分野で日本よりも資本主義的なのかを教えてください。

加藤　国家の属性からすれば、日本は資本主義国家であり中国は社会主義国家です。この点は揺るがない事実であり議論の余地などありません。仮にこの事実を曲げれば、両国の指導者や国民は立ち上がって抗議することでしょう。

興味深いのは、日本と中国にはそれぞれ、多かれ少なかれ、「我々は実際のところ社会主義国家だ」、「我々は実際のところ資本主義国家だ」と自らを形容し、自ら驕りつつも嘲笑うような奇妙なマインドを持っている人々がいるということです。

一部の日本人は日本社会が相当程度において〝共同富裕〟を実現し、格差や不公正が小さい現状に誇りを持ちつつ、一方で日本社会が包容力や爆発力に欠け、富裕層や異端児に冷たかったり、ギャップや多様性がもたらす活力や弾力性に疎かったりする現状を警戒しているようです。これらの人々は「我々こそが社会主義国家である」と自嘲する傾向があるのでしょう。

一部の中国人は中国社会が実質的に自由であり、特に民間レベルではモノ、ヒト、カネ、情報などが自由に流通しており、中国社会は実際に多様的であり、多くの資本主義国家よりも自由と流動性があると思いつつ、一方でどれだけ自由で流動的であっても中国はやはり中国共産党一党支配の、党がすべてに優先される社会主義国家であると思っています。これらの人々は「我々は実際には資本主義国家である」と自らを慰めている傾向があるのでしょう。

劉　加藤さんはまだ若いですが経験は豊富です。この30年で日本の人生、中国の人生、米国の人生を経験されてきました。〝日本主義〟（日本には社会主義のほうが適していると思われるような要素を含む）に実体験を持っています。〝中国主義〟（中国の特色ある資本主義的な要素を含む）に感受性を持っています。〝米国主義〟（米国の日本が及ばない資本主義的要素を含む）に対比性を持っています。加藤さんなりにこの〝日本主義〟、〝中国主義〟、〝米国主義〟という三つのイズムを総合的に比較し、それぞれのメリットと限界、競争力と潜在性、突出した矛盾と最大の不安要素を洗い出してみてくださいますか？

加藤　総合的に見ると、私としてはやはり制度の本質やその背後に横たわる価値観の行方に注目してみたいと思います。米国はどこまで行っても米国です。名実ともに資本主義社会であり、その背後では資本主義のルール、プリンシプルが存分に発揮・応用されていると感じます。司法の独立、言論の自由、三権分立、市民社会などは米国を米国たらしめている要素であり、これらの背景なしに米国の資本主義は正常に運営されないでしょう。マックス・ウェーバーは資本主義の発展には市民の禁欲が求められると主張しましたが、資本主義とは決して漠然とした膨張や氾濫を意味するのではなく、自律や規範こそが資本を蓄積していく上で必要不可欠な倫理であり規則なのです。

この〝米国主義〟という観点から議論すれば、資本主義国家として日本はまだ道半ばというところかもしれません。日本は戦後三権分立、法の支配、言論の自由、議院内閣制などを制度的に確立し、市民社会も育ってきていると思います。これらは資本主義社会が正常に運営される上での基礎となるものでしょう。一方で、日本人自身の国民性や社会構造に原因があるのでしょうか。流動性や多様性といった面ではダイナミクスに欠ける部分はあるのかもしれません。ダイナミクスを社会全体に普及させ、日本が持続的に発展していくための原動力とするためには、政府による上からの規制緩和や構造改革といった制度面以外に、国民、世論、社会による下からの意識改革や行動改革といった観念面も必要になるのでしょう。

中国に関して言えば、最近一部の中国人民が主張する〝資本主義〟とは主に改革開放の中で膨張していく、流動していく部分に焦点を当てているのでしょう。一部の人々が自信満々に主張する〝中国の自由〟も私から見れば法の支配、政治的自由、そして規範や自律によって成り立っているわけではないようです。その意味で、中国の指導者が近年主張するように制度建設や法による治国は中国が前に進んでいくためには避けては通れない道なのでしょう。

〝中国主義〟という角度から見れば、中国の人々は往々にして〝中国の特色ある××〟を強調しますが、中国の現行の体制やイデオロギーに一つでも中国独自のものがあるでしょうか。共産党、社会主義、マルクス主義などを含めていずれも中国発のものではありません。言い方は悪いですが、中国の政治体制もイデオロギーも輸入品によって成り立っているのです。もちろん、中国社会の構造や民族の特徴に中国が古来育んできた産物は存在するでしょう。科挙や儒教などはその典型でしょう。私自身は中国が今後制度改革を現代的に推し進めていく上で、西側の経験や教訓とどう付き合い、中国自身が古来大切にしてきた栄養分をどう活かしていくのかに注目しています。

劉大佐とのこのプロジェクトにおいて、私は〝米国主義〟、〝中国主義〟、〝日本主義〟という概念に初めて接しました。現段階で思うのは、三者はそれぞれ謙虚な態度で相互に学習していく必要があるということです。フランシス・フクヤマ氏の言う〝歴史の終わり〟が依然として歴史によって証明されていないのであればなおさらです。

劉　日本国民はどのような分野で中国に敬服し、どのような分野で中国を認めたくなく、或いは蔑んでいますか？　どのような分野で中国を疑い、警戒し、恨んでいますか？　日本国民から見て日本が中国よりも優れている部分はどこにありますか？

加藤　日本国民は中国の古代史に学んできました。中国古代の歴史、人物、思想などに教育システムの中で幼少時代から触れてきたのです。日本人が敬服する分野はこれらの分野と関係するでしょう。実際に、当の中国人民にとっても、自らが自信を持てるものは、古代から前近代にかけて生まれたものが多いように私には思えます。

日本人は元々中国を〝礼儀の国〟だと見なし、敬服してきましたから、当代中国人の一部の言動を目にしたとき、蔑むような、失望するような感情が生まれるのかもしれません。路上で好き勝手につばを吐いたり、吸ったタバコを捨てたり、列に並ばなかったり、大声で話をしたりと公共の秩序や空間を尊重しないような姿勢や行動は日本人から見て〝礼儀の国〟の地位にふさわしくないと映るのです。この点は重要で、仮に日本人が中国人を蔑むことがあるとしたら、それは想像と現実の間のギャップから生じているものなのです。

警戒という意味では上記でも議論したように、主に中国の台頭から来ているものです。ただこれは日本人だけでなく、欧米人や東南アジア諸国、もっと言えば中国人民自身も〝中国の不透明な台頭〟を警戒しています。中国のような特色のある大国がこれだけの速度と規模で拡張しているわけですから。警戒しないほうが中国に対して失礼だと私は思っています。

疑いに関してですが、多くの日本人は中国人自身の歴史解釈に対して深い疑いを持っています。当代中国人は自らの歴史にきちんと向き合っているでしょうか？　例えば、１９８９年に起きた天安門事件に対して中国はきちんと向き合い、清算しようと努力しているでしょうか。この点こそが多くの日本人が「歴史問題で中国にとやかく言われる筋合いはない」と感情的になってしまう一つの原因なのです。中国の人々は一方で日本に対して歴史を美化している、歪曲している、反省していないと言いながら、自らの歴史については正視せず、清算せず、言論統制や社会弾圧といったやり方で当時の歴史を風化させようとしているのではないのか。多くの日本人はそう考えるわけです。

日本が中国よりも優れている点に関して、自分でこれを言うのは日本人としての美徳に反しますが、多くの日本人は内心、社会の調和や国民の素養、秩序、規則、衛生、法律といった分野で中国よりも優れていると感じているでしょう。

最後に、中国の友人から「日本人は中国を恨んでいますか？」とよく聞かれます。少なくとも私が思うに、日本人が中国人を恨む理由などないと思います。警戒、懐疑、恐怖、不信などはあっても、恨む理由はないように思います。

劉　改革開放の30余年は、まさに中国は世界に学んだ30余年でありました。中国は世界を師と仰いできたのです。中国は全世界における最良の学生だったと言えるでしょう。

現在、中国は台頭し、経済総量で世界第二の経済体になりました。そう遠くない未来には米国をも抜くことが予想されます。加藤さんは、今日の中国、未来の中国に全世界を引きつける魅力があるとしたら、それはどのようなものだと考えますか？　世界に対して最も輸出できるものは何ですか？　全世界が中国に学び、模倣できるものがあるとしたらそれは何ですか？

と同時に、中国が全世界で最も歓迎されない、嫌われ、反感を買われるものは何でしょうか？今日の中国にはどのような〝中国病〟があって、未来の中国はどのような〝中国病〟を警戒し、事前に対策を打っておく必要があると思われますか？

加藤　中国は大方の予想を裏切る形でこれだけの発展を遂げているわけで、その背後には間違いなく優れた要素があるからであり、我々はそんな中国から何を学ぶべきかという姿勢を忘れてはならないと思います。批判と学習は全く矛盾しません。両方あって初めて健全なのです。

私は個人的に世界が当代中国に学べる点は二つあると思っています。

一つは中国の人々です。米国や日本の大学で生き生きと学んでいる、競争力に満ちた中国人留学生を見てください。向上心と行動力に満ちています。アリババのジャック・マー氏やテンセントのポニー・マー氏といった起業家の野心や行動力には当代中国人のDNAが流れているように思います。この点、日本人は留学生を含めておとなしすぎですね。

次に中国共産党のガバナンス経験です。これは世界のどの国家に対しても適用されるものでは決してありません。中国共産党のガバナンスモデルに普遍的価値があるとも決して思いません。多くの政策や対策は中国という国情・土壌でこそ通用するものです。ただ、それは我々がそんな中国に学ばなくていいことを意味しません。中国共産党には独自のやり方で政府と市場の関係、都市と農村の関係、内政と外交の関係などをマネージする智慧や経験があります。それらを観察し、参照することには価値があるはずです。と同時に、私から見て、中国共産党は海外の経験や教訓からハングリーに学ぶ姿勢や方法を持っています。この点も、中国がこれまで社会主義市場経済、共産党一党支配という前代未聞の体制下でここまで発展してこられた源泉なのでしょう。今後、仮に私にその機会と能力があれば、《中国共産党は如何にして外国の経験に学んできたか?》という本を書いてみたいと思っています。劉大佐、その際はお手柔らかにアドバイスのほどよろしくお願いいたします。

第12章 〝ジャパンドリーム〟を達成する上で避けては通れない関門

日本人の〝歴史観〟——日本人はなぜ歴史問題でドイツに学ばないのか？

劉　西側の大国の中で、現在中国と新型大国関係を築いている模範は英国です。侵略戦争を反省するという意味において、ドイツが日本の模範となります。日本が正しい歴史観を樹立する上で、ドイツは良い参考になるでしょう。ドイツは日本にとって一枚の鏡なのです。

第二次世界大戦期間中、世界には二つの大きな悪魔がいました。ドイツのファシズムと日本の軍国主義です。ただ第二次世界大戦後、ドイツは世界から受け入れられ、信頼されているのに、日本は懐疑的に見られ、警戒されているのはどうしてでしょう。ドイツのパフォーマンスが良すぎるのか、或いは日本のパフォーマンスが悪すぎるのでしょうか？

加藤　日本人が歴史を反省する過程においてドイツ人に学べる部分は多々あると思います。ドイツと比較するまでもなく、日本人は歴史に誠実に向き合い、反省する態度は全民的、徹底的であるべきだと私は思っています。そうしてこそ未来へ向かっていけますし、そうすることで失うものは何もありません。

しかし、中国の人々がしばしば当時のドイツと今日の日本を比較するやり方には賛同できません。当時、ドイツ人はユダヤ人という民族そのものを消滅させようとしたのであり、日本人は中国を侵略し、中国人を虐殺しましたが、中華民族全体を消滅させようという意図は毛頭ありませんでした。この意味で、ドイツと日本は異なります。私は日本が悪くなかったなどと申しあげているのではなく、ただ両者の性質や動機が異なると述べているに過ぎません。

また、欧州とアジアも異なります。欧州の歴史は戦争の歴史であり、第二次世界大戦終了後、欧州人の反戦への渇望はピークに達したと言っても過言ではないでしょう。これが欧州の歴史的和解と一体化プロセスを促進しました。一方のアジアの歴史は相対的に平和でしたから、反戦への渇望は欧州ほど強烈、徹底的ではなかったと言えるでしょう。欧州とアジアは異なり、日本とドイツは異なり、フランスと中国も異なり、当時と今日も異なるのです。私はここでただ比較という行為の前に慎重であるべきだと申し上げたいだけです。

中国の人々はしばしば「日本は一度も謝罪していない」「歴史を反省していない」という角度から日本の歴史認識を批判しますが、この指摘も事実ではありません。

〝村山談話〟はどう解釈しているのでしょうか？　中国政府は戦後70年の〝安倍談話〟の際に〝村山談話〟を一つの基準に日本側に求め、注視していました。〝村山談話〟は中国側として受け入れられる、納得できるものだということです。謝罪も反省もない談話に対して中国側が納得するでしょうか？　仮に日本政府が一度も謝罪していないとして、１９７２年に周恩来は国交正常化の共同声明にサインしたでしょうか？　中国側は反省のない日本と国交を正常化させたでしょうか？

私がここで言いたいことは、中国の少なくない人々は歴史認識の問題を漠然と、大雑把に、時に基本的事実をチェックもせずに議論する傾向があるということです。日本はドイツに学ぶべき、参考にすべきである。全く問題ありません。日本人もドイツの経験から学べることがあるのであれば真摯に学ぶべきです。ただ、中国の人々がこの議論をする際には、具体的に何をどういう風にどういう理由で学ぶべきなのかを指摘すべきです。ただ漠然とドイツを評価し、日本を否定するのは理性的、建設的な議論ではありません。中国側がこういうアプローチをしてくる限り、日本における良心的な国民の心は中国から離れていきます。それは毛沢東や周恩来など第一世代の指導者たちの本望ではないでしょう。私が見る限り、官民を問わず、日本の大部分の国民はあの戦争を反省し、中国に対して謝罪の心を持ち、反戦と平和を誓っています。

劉　第二次世界大戦を反省することと中国侵略戦争の罪を認めること、この二つは関連していますが異なる点もあります。日本にとって、第二次世界大戦の歴史を徹底的に反省することの難易度は高いですが、中国侵略戦争の罪を徹底的に認めることはもっと難しいです。徹底的に反省することと罪を認めることにおいて、日本と中国、北朝鮮、韓国、ロシア、東南アジア諸国の要求の間にはギャップがあり、米国だけが日本の態度に納得しているようです。

加藤さんから見て、なぜ米国だけが日本の態度に納得して、他の国は満足していないのでしょうか？　中国侵略戦争の罪を徹底的に認め、中国人民に対して納得できる反省や謝罪の表明において、日本国内ではどのような立場の違いや論争が存在しますか？　例えば、跪いて謝罪すべきだと主張する人々、曖昧さを残すべきという立場を取る人々、3割は認めるけれども7割は自己弁護に走る人々などでしょうか。

歴史観の問題は日本のどのような国家としての性格を体現していますか？　日本の現実的な

利益考慮と将来的な国家利益追求との関係はどのようなものでしょうか?

加藤 日本の大多数の国民はあの戦争に対して反省の念を持っており、日本政府がそのような態度と立場を堅持すべきだと考えていると思います。

米国だけが納得しているとのことですが、これは日本人自身が評価すべき問題ではないでしょう。米国自身が整理・評価すればいい問題で、それに中国、北朝鮮、韓国、ロシア、東南アジア諸国の立場も決して一枚岩ではないでしょう。漠然とこれらの国家を一括りにして議論するのは厳正さに欠けると思います。例えば、私が赴いたことのある東南アジア国家では、シンガポール、マレーシア、ベトナム、ラオス、ミャンマーなど、現地の人々はとても友好的で、私が交流したほぼすべての人々が歴史を乗り越えて未来を見据えていこうという立場を取り、かつ日本の自動車や家電製品に好感と敬意を示し、戦後における日本の協力や援助に感謝の気持ちを述べてきてくれました。実際、中国にもそういう態度とスタンスで私と交流してくる人はたくさんいると感じています。

劉 我々が日本の問題を議論する際には、米国の要素を考慮しなければはっきり見えてこないのが現状です。日本の歴史観の問題における米国の要素とは何ですか? 今日、日本と周辺国家の間の歴史観をめぐる論争と、米国のアジア戦略の間にはどのような関係性がありますか?

加藤 歴史感のある、チャレンジングな問題提起だと思います。二つの角度から私見を述べさせていただきます。

まず、大多数の日本人は〝あの戦争〟は米国に負けたと考えており、敗戦国としてスタートした戦後も米国に占領された経緯からも、日本人はますます〝我々は米国に負けた、故に米国によって占領・改造された〟という意識を強めていくことになったのでしょう。この点は日本人が〝あの戦争〟を振り返る上で中国との間に何が起こったのかを思考するのを妨げているのかもしれません。原子爆弾を含めて、米国に対する意識があまりにも強すぎたからです。

次に、特に2012年から2015年まで米国にいた期間に感じたことですが、米国は日本の歴史認識問題に対してこれまでよりも厳しい態度を取るようになってきているように思います。例えば2013年末に安倍首相が靖国神社を参拝した際には米国政府として公に失望の意を表明しました。中国との関係を考えた上で、米国は自らの同盟国が歴史問題で中国と摩擦を起こしてほしくない、中国側に日本を叩くための〝合理的な口実〟を与えてほしくないという思いがあるのでしょう。もう一つは、米国は共に同盟国である日本と韓国が歴史認識問題で揉めてほしくないと考えている点です。さもなければ、歴史認識問題をきっかけとして中国と韓国が関係を強め、日本に圧力がかかり、結果的に北東アジアのパワーバランスが変化する可能性すら否定出来ないからです。日本政府としても米国政府のこのような懸念や立場を理解していると思います。

日本人の〝中国観〟――日本と中国の間の根本的矛盾とは何か？

劉 日本はどのように古代の中国を見ていますか？ 日本はどのように近代の中国を見ていますか？ 日本はどのように新中国における毛沢東時代と鄧小平時代を認識していますか？

日本はどのように習近平時代の中国を感じ、評価していますか？　日本は未来の中国に対してどのような疑問、恐怖、期待を持っていますか？

加藤　劉大佐が示された問題は多く、しかもどれも大きなものばかりですので、ここでは劉大佐の問題提起のように、端的に私の大体の考えを述べたいと思います。

日本人は、古代の中国に対してはまさに崇拝と言える気持ちを持っているでしょう。近代の中国に対しては、やはり中国を侵略しましたから、申し訳ない気持ちを持っていると思います。毛沢東時代に関しては、日本を破り、共産党が国民党を台湾へ追いやってから新中国ができたという経緯もあり心境は若干複雑でしょう。晩年の文化大革命も毛沢東を評価する上で避けては通れない一つの要素だと思います。鄧小平時代に対しては概ね良い印象を持っていると思います。日本自身、政府開発援助や企業投資を通じて中国の改革開放に関与しましたのでなおさらです。習近平時代ですが、日本人は習近平主席に対して自らの執政スタイルと野心を持った、反腐敗闘争や〝一帯一路〟を含めて内外に比較的大きな構想や影響力を行使する指導者だと思っているようです。

未来の中国に対しては、日本人は中国が平和的に発展してくれることを願っているでしょう。疑問に関してですが、日本人も他国の政府や国民同様、中国が発展した後何をするのか、蓄積した権力や実力をどう使うのか、歴史上台頭したほとんどの大国のように拡張主義を取るのかといった問題を懸念しているように思います。

劉　日本社会において、高齢者、中年者、若年者の対中観にはジェネレーションギャップが存在するでしょう。また、異なる業界、集団の人々、例えば政治家、企業家、思想文化界、軍人、一般大衆などの対中観にも業界ギャップと言えるものが存在するのでしょう。日本の異なる階層や集団の対中観にまつわる具体的な状況を紹介していただけますか？

加藤 劉大佐のおっしゃるように、日本人の対中観は決して一枚岩ではありません。異なる階層や業界の中国に対する認知や立場には比較的大きなギャップがあります。全体的な特徴は見いだせますが、やはり個別的に、具体的に分析・整理していくのが現実に即したアプローチだと思います。

ここでは政治家、企業家、知識人、若者、一般国民の五つに分類して議論していきたいと思います。近年、日本人は中国の台頭という現実を多かれ少なかれ感じており、懸念も抱いています。このような懸念の背景には中国に追い抜かれるという感情もあれば、歴史上の〃朝貢体制〃を思い出しながら、中国の勢力範囲に入ってしまうのかという感情もあるように思います。私から見て、この類の懸念は五つのグループに共通しているものです。ただ具体的に何をどのように懸念するのかを巡っては五者の間にはギャップがあるようで、このギャップを軽視すれば、当代日本人の対中観は理解できないものと考えます。

政治家は何と言っても国民の代表ですから、社会に存在する全体的な、かつ多元的な利益を体現しなければなりません。日本社会の中国に対する見方や立場は多元的ですから、政治家のそれも必然的に多元的なものになります。ただ政治家が考える対中観の全体像を掘り起こしてみると、中国経済の発展と巨大な市場は日本経済にとっては起爆剤になり得る、従って経済上の相互依存を強化し、日本企業が中国市場でのビジネスで利益を上げることを奨励する一方で、歴史的な既存の大国と台頭する大国との関係からしても、或いは社会主義というイデオロギー的な観点からしても、中国の台頭は拡張的なものであり、日本社会・国民はそれに対して冷静に警戒を強め、将来発生しうるリスクに備える必要があると考えているように思います。

企業家は現実的、実際的な利益を重視する傾向がありますが、私が見る限りでも企業家の対中観は理性的であるように思います。企業家は日中間の政治リスクにも敏感で、政治家は大局を見据えて両国の市場や民間交流を妨げるような言動を取るべきではないと集団的に主張する傾向も見いだせます。

近年、歴史問題や領土問題などに端を発することの多い日中間の政治リスクもそうですが、人口ボーナスの消失や知的財産権保護の欠陥や市場化改革の遅延などを含めた中国経済・市場自身が内包する問題も日本企業の中国経済への悲観につながっている気がします。リーマンショックの頃から中国の労働賃金は不断に上がっており、〝世界の工場〟としてのアドバンテージが見出しにくくなってきていることから、ベトナムやミャンマーといった東南アジア諸国に生産基地をシフトさせるべく考える企業家も増えてきているようです。ミャンマーの民主化も日本企業の東南アジア諸国への自信や信頼を深めさせたと言えます。日本企業に普遍的に見られる特徴としては、「親日的な市場や環境でビジネスをやりたい」という思いでしょう。その意味で、東南アジアは日本企業が勢いづきやすく、〝反日〟リスクのある中国は逆に不安定になるのかもしれません。

ここで言う知識人は主に学者やジャーナリストから成りますが、彼らの中国への懸念は政治家と重なる部分が多いようです。感情的になり、無責任な議論も見られます。知識人たちは中国が日本へ及ぼしうるリスクは多面的であり、政治体制、イデオロギー、軍事拡張、安全保障、経済競争、環境汚染、食の安全など益々多岐にわたるようになっていると感じているようです。以前の〝中国脅威論〟に加えて、日本経済の将来を懸念する人々などはチャイナリスクを如何に回避するかという〝リスク回避〟の観点からより具体的に議論を進め、場合によっては中国からの撤退を主張する場合もあるようです。

若者に関してですが、大学生や大学を卒業して社会人になった30歳未満の若者を含め、彼ら彼女らは日中関係の未来を担う重要なグループです。近年、益々多くの大学生が第二外国語として中国語を選んでいるようですし、日本国内の大学でも中国留学プログラムが充実してきているようです。留学先としても欧米だけでなく、中国を選択する学生も増えてきているように見えます。私の周りでも学生時代の留学経験から、社会人になってからも中国に赴いてビジネスをしようという考えを語る若者が増えています。この流れは暫くの間変わらないのではないかと私は見ています。

私の経験上とてもいいと思うのは、日本の若者、特にエリート層が中国の同世代からいい意味での刺激や圧力を感じていることです。私は学生時代に北京大学と東京大学の学生が英語＋相互訪問で交流を行う〝京論壇〟という学生イベントに参加したことがあるのですが、ある東大生が北京大学のキャンパス内、未名湖という美しい湖の畔で「北京大学生の英語力、コミュニケーション力、情報吸収力などがここまですごいとは思いませんでした」と驚きの感想を笑顔で語っていたのをいまでも鮮明に覚えています。この感想は決して特殊なケースではなく、日本の若者は米国で留学していたり、北京でスタートアップを始めたりするダイナミックで競争力の在る中国人学生と交流をすれば、自分や日本の未来に対して健全な〝外圧〟を感ずることでしょう。もっともっと多くの日本の若者に中国の同世代とガチンコで勝負してほしいですね。偏狭なナショナリズムに陥るのではなく、心や姿勢をフラットにして、グローバル人材市場で公正な競争をし、願わくば、切磋琢磨していって欲しいと思います。

最後に人口の中で大多数を占めるのが一般国民です。私の近年の観察によれば、日本国民の対中観は民生的な要素の影響を受ける傾向が強いようです。〃毒ギョーザ事件〃などはその典型でしょう。日本国民はこういった突発的事件を通じて中国に対する不信感を深めるようです。民生食の安全や空気の問題などは日本国民の対中観に最も直接的な影響をもたらすでしょう。民生以外の要素としてはやはり〃反日デモ〃でしょう。あとは領土問題に関わる中国の海洋政策です。これらの要素は日本メディアを通じても頻繁に、確実に報道されますし、国民の対中観にそのまま影響してくると思います。

劉　近代世界大国の中で、日本の軍隊のように国家の目標や性質にあれほど巨大な影響を与えた軍隊は過去においてありません。第二次世界大戦の日本の軍部が国家に対して与えた影響はどのような過程を経て出てきたのでしょうか？　今日の日本軍にとっての強軍の夢とは何ですか？　日本軍人の間における対中観とはどのようなものでしょうか？　加藤さんが観察される日本の民衆や軍人の中国軍・中国軍事力に対する主な感想にはどのようなものがありますか？

加藤　まず日本において一般的に〃軍隊〃という言葉は使いません。我々は〃自衛隊〃という言葉を使います。これは言葉だけの問題ではなく、日本が戦後平和国家として歩んできた歴史がこの言葉には詰まっているのです。自衛隊は殺さず、殺されない。戦後日本の生き様が詰まっているのです。

とは言っても自衛隊員や防衛省の官僚は他の政府機関、経済人や広範な国民と比べて、国家が"軍事"の作用を重視することを願っているように思います。日本が平和的に歩むために"国防"の重要性を軽視してはならない、国民もしかるべき安全保障観を持たなければならない、平和ボケしてはならないと考え、主張する傾向が強くなるのは当然です。ただ自衛隊は日本のシビリアンコントロールの枠組み内での行動しか許されません。中国人民解放軍が中国共産党の定めた戦略と枠組みのなかで行動することしか許されないのと同じです。

私の印象によれば、日本の自衛隊員たちの対中観はまずは何と言っても警戒心でしょう。中国が国家としてこれだけ速いスピードで台頭しており、台湾海峡、東シナ海、南シナ海などで軍事的配置や措置を強化しているのを前に、自衛隊、特に海上自衛隊はこれまで以上に警戒心を持って防衛措置を取ろうとしています。中国人民解放軍の意思や能力を正確に分析した上で米国軍と歩調を合わせた対応を図るというのが基本的姿勢でしょう。

日本の民衆の中国軍事力への認知に関して、ほとんどの国民は系統的、具体的な印象を持たないでしょう。中国の潜水艦が尖閣諸島周辺でパトロールをしていた、東シナ海に防空識別圏を設定したといったニュースを聞いた際に恐怖や不安を覚える程度でしょう。中国の海洋政策に関するニュースは少なくないですから、一般の国民は中国の軍事力に対して拡張性、不透明性といった印象を抱いているように思います。

劉 東シナ海問題は近年中日両国のホットイシューであり、大きな地雷のような問題です。日本国内の東シナ海紛争に対する世論や見方には主にどのようなものがありますか? 加藤さんにとっての〝東シナ海新思考〟は何ですか？　東シナ海問題の未来と結末をどのように予測していますか？

加藤　大多数の日本人は東シナ海において日本が中国と摩擦や矛盾を抱えていることを知っています。しかしどのように解決するかについてはほとんどの人が具体的考えを持たず、おそらく激烈な摩擦や衝突には巻き込まれたくないと本能的に思うのではないでしょうか。大まかな感覚としては、中国の台頭に伴い、その東シナ海政策や態勢も拡張的になっていく、日本政府はそれに対して然るべき措置を取り、日本の正当な権益を守るべきだと考えているでしょう。

知識人の東シナ海問題に対する警戒心は高く、中国の関連政策や態勢を非常に警戒し、日本は対応のための防衛能力と措置を強化すべきだと主張する人が多いようです。ただ、尖閣問題に関しては現段階であからさまなアクションを取ることは現実的ではなく、この問題が日中関係の大局に影響しない程度に中国側と意思疎通を図りながらマネージし、日中間における他分野の交流や協力を推し進めていくべきだと考える傾向があるようです。

私は個人的に、２００８年5月に胡錦濤国家主席（当時）が日本を公式訪問し、福田康夫首相（当時）と「東シナ海を平和、協力、友好の海にする」と意見や立場が一致し、その翌月に両国政府間で東シナ海資源開発に関する合意に至ったあの頃の状況が、日中が東シナ海問題を巡って取るべき精神とアプローチであると考えます。両国は「２００８年合意」に基づいて、それを前に推し進めるべく信頼を醸成し、行動を取っていく必要があると思っています。

また、尖閣問題に関して、２０１４年11月に安倍首相が訪中し、習近平主席と会談する直前に両国政府は東シナ海に関する4点合意を発表しましたが、そのなかにある海上連絡メカニズムは危機管理という観点からも益々重要になってきていると思います。危機管理のためのチャネルとメカニズムを両国間で四六時中共有し、機能させられるための信頼醸成を進めていくことが重要です。

新思考などと呼べるものを私は持ちませんが、一つに危機管理のためのチャネルとメカニズムをきちんと共有し、機能させること、二つに両国の国家指導者と政府の間ですでに合意に至った協定を確実に推し進めていくことを徹底すべきだと思います。そのなかで、信頼醸成は過程でもあり結果でもあるというのが私の考えです。

劉　東シナ海問題においてこの数年日本は不断に自らアクションを取り、危機を製造しています。南シナ海問題においても日本は虎視眈々とした姿勢で矛盾を激化させています。日本の南シナ海における利益、動機、戦略とはどのようなものですか？

加藤　南シナ海の平和と安定は日本のアジア太平洋地域における重要な利益に関わってきます。従って、日本はそれに反する如何なる活動にも反対していくのが必至です。私の感覚によれば、日本の南シナ海に対する戦略は中国共産党が世界各地で発生する敏感な問題を前に往々にして提起する〝政治的解決〟に似ている部分があるように思います。北朝鮮問題、イラン問題、シリア問題などです。

実際に、日本の知識人は、毎回中国政府が〝政治的解決〟を主張するのを聞くたびに「それは責任回避ではないか？　自らの特殊な権益がそこにあるにも関わらず、政治的解決という言葉を使って自らの戦略や野心を曖昧にし、あたかも自らが客観的、中立的な立場を取っているかのように見せかけるのは卑怯ではないか？」という類の反応をするように見受けられます。

私から見て、南シナ海問題の日本に対するインプリケーションにも似たような要素が存在します。日本は南シナ海に特殊な戦略的利益を擁しているかどうか？　間違いなく擁していると思います。日本はアジア国家であり、南シナ海の平和と安定に対しては米国よりも切迫的で直接的な関係があります。南シナ海の動向は同時に東シナ海情勢にも直接的或いは間接的に影響してきます。これらは究極的には中国の歴史的台頭がもたらしたパワーバランスの変化を内包しているからです。米国という日本にとって唯一にして最大の同盟国がここまで南シナ海問題に関心をいだいている状況下で、日本がそれに関心をいだかないことはあり得ません。現行の憲法が許す限りで最大限の協力と行動を取るのは当たり前のことです。これらが、日本が南シナ海に対して持つ特殊な権益であり戦略的利益です。

ただ角度を変えてみれば、それぐらいでしかないということでもあります。日本が出来ることは限られていて、重大な関心を示し、中国の動きを牽制し、実質的に〝政治的解決〟を提唱していくくらいしかできないのです。南シナ海問題を解決する過程において日本は主要なプレイヤーではありません。ただこの問題は日本の対外戦略や地域の平和と安定に直接関わるので、日本の政局や世論においても独自の敏感性を持っており、故に対応を誤れば下手をすれば政権の一つや二つはぶっ飛ぶくらいのインパクトを持っているといえるでしょう。

劉　今日の日本は米国と歩調を合わせて中国を封じ込めており、その様相は〝三海連動〟、〝三海進攻〟と修飾できます。東シナ海で問題を起こし、それから南シナ海で問題を起こし、更に台湾海峡で問題を起こし、台湾で民進党が与党になったのを機に日本は台湾独立勢力を利用して台湾海峡で大きく問題を起こすかもしれません。台湾問題は米国、日本、台湾独立勢力という三位一体の作用下で必然的に再度加熱していくでしょう。

日本は過去において台湾を50年占領し、その後70年台湾に影響を与えてきました。その過程で少なくない〝台湾独立勢力〟や〝台湾売国奴〟を形成しました。今日の日本の政治家や民衆の台湾への情緒にはどのようなものがあるのでしょうか？　彼らの〝台湾観〟はどのようなものでしょうか？　台湾政治家たちの〝台湾戦略〟とはどのようなもので、今日の日本の台湾への影響力はどうですか？

加藤　２０１６年の台湾選挙、私は現地で観察してきました。民進党が大勝した後の台湾と日本との関係に関して言えば、日本、特に安倍首相は台湾との信頼関係を強化していこうとするでしょう。民間交流や安全保障や地域協力に関わる戦略的関係を含め、蔡英文時代の台湾と日本の関係は強固になると思います。日本の多くの政治家は、自由民主主義体制を持つ台湾は日本や日米同盟にとって貴重な存在であると考えており、国際政治の観点からすれば、アジア太平洋地域で中国の台頭を牽制する上で重要な戦略的プレイヤーであることに変わりありません。

台湾の政治家もこの点を明確に理解しています。台湾は自分だけで中国の台頭に向き合うのは不可能で、日米、特に米国という強大な後ろ盾があって初めて台湾を守れると考えているでしょう。台湾、日本、米国の政治体制や価値観は同じで、この点は三者の協力を間違いなくより容易で強固なものにするでしょう。ただ、蔡英文時代の民進党が既存の秩序や局面を変更するかと言えばそうではなく、あくまでも現状維持です。それを日米も支持していくでしょう。

劉　近代史において、日本は東アジアで覇権を求め、二回の戦争をもって中国の近代化プロセスを中断させました。

一回目は1890年代、日本は日清戦争を発動し、明治維新によって建設してきた軍事力で中国の洋務運動のプロセスを中断させました。結果、中国の初めてとなる近代化建設の成果は消滅しました。

二回目は1930年代、国民党政権が全国を統一した後、中国は近代化発展の黄金期を迎えましたが、日本は全面的な中国侵略戦争を通じて中国の二回目となる近代化プロセスを中断させました。

現在、日本は集団的自衛権を解禁し、進攻型国家となり、平和憲法を改正して、新軍国主義国家となりつつあります。中国人は日本が現在新軍国主義の道へと走っていること、日米同盟を通じて三回目となる中国の近代化プロセス中断を目論み、中華民族の偉大なる復興というチャイナドリームを破壊しようとしているのではないかと強烈に感じています。

加藤さんから見て、日本と中国の21世紀における根本的な矛盾は何ですか？　アジアは二つの大国を同時に抱えられないのでしょうか？

日本と中国の根本的な矛盾はただ一つであり、両国間ではこの一つの根本的な矛盾をめぐって、具体的な矛盾が各種方面に表れてくるという構造です。加藤さんから見て、日中関係に影響する、全局性を持つ重要な矛盾と問題にはどのようなものがあるでしょうか？

加藤　私は今日の日本が中国の近代化プロセスを邪魔する意思や能力を持っているとは全く思いません。中国改革開放の歴史を振り返ってみてください。日本は中国に対して最も多くの援助を行ってきた国です。これまで2万社以上の日本企業が中国でビジネスを行っており、1千万人以上の中国人を雇用しています。これらの事実から見ても、日本人は中国の近代化を支持していくのであり、日本経済を発展させ、アジアの世紀を実現するための契機だと認識して行動してきたことは明らかです。

日中関係の全局に影響する根本的な矛盾は、やはり前代未聞の東アジア二強時代という問題を、どう処理していくかということでしょう。東アジアにおいて歴史的に強大な日本と強大な中国が同時に存在したことは概ねありません。現在その日中がこの地域で共存しており、それは権力、利益、勢力を分配、或いは再分配するプロセスにあることにほかなりません。この分配のプロセスは台湾海峡、朝鮮半島、東南アジアなどに拡散し、地政学的緊張をもたらします。この二強という局面はすなわち構造的矛盾を内包しているのであり、日中間で〝最も重要で敏感な問題〟とされる歴史や領土に関する問題も、この構造的矛盾をめぐる表象でしかありません。この矛盾の背後には米国というプレイヤーの存在や要素も軽視できず、それが構造や矛盾をより複雑かつ長期的なものにしていると言えるでしょう。

日本人の〝米国観〟——日本人は米国のことを本当はどう思っているのか？

劉　１８５３年から現在に至るまで、日本の米国に対する認知はどのような段階を経てきましたか？　日本は米国の現在のパフォーマンス、地位、作用などをどのように評価しますか？日本は米国の将来的な発展、前途、および世界における地位や作用をどのように予測し、どのような懸念や希望を抱いていますか？

加藤　１８５３年の黒船来航は日本にとっては突然やってきた奇襲のようなもので、いま振り返ってみればプラスの作用をもたらしました。何と言っても日本に国のゲートを開けることを迫ったのですから。明治維新の間、米国は日本が懸命に学習する対象ではありませんでした。米国が国際政治の舞台で強大になり影響力やリーダーシップを発揮し始めたのは第一次世界大戦の後です。第二次世界大戦の間については何度も議論してきましたが、日本は米国の地位に挑み、脅かそうとし、結果原子爆弾を落とされて、敗戦後は改造されて、その後は日米安保体制です。この期間、日本人の認識は一時期において我を失ったのを除いて大体は状況に適応、対応しながら自らの国益を模索してきたと言えると思います。

現在の米国に関して、やはり日米同盟なしに今日の日本はないわけですから、心の底から米国が好きな日本人がどれだけいるかは別として、米国の存在や作用を肯定し、尊重し、米国という要素を日本の対外関係における生命線、運命線だと認識している人は多いと思います。将来的にも、日本は米国が世界の平和や繁栄といったアジェンダにおいて積極的で建設的な作用を発揮して欲しいと希望するでしょう。逆にイラク戦争など、その後中東の泥沼化を招いたような行動や局面は避けて欲しいと思っているでしょう。同盟国として、日本は米国が世界秩序を維持、構築する上で破壊的ではなく、建設的な作用を果たしている姿を見続けたいのです。中国との関係に関して言えば、日本は米国が中国と良好で安定的な関係を築き、両大国が世界情勢を安定させるために前向きな役割を果たし、日本もその過程へと関与し、果実を得るべく動いていくでしょう。

最後に、日本人の人権、民主主義、自由といった価値観的要素への執着心は米国ほどではなく、米国が武力行使を通じて自らの価値観や政治モデルを世界中に広げようとするやり方には保留の態度を取るでしょう。人類の普遍的価値観を普及させることは良いことですし、前向きに取り組むべきだと思います。ただ米国自身も過去の経験や教訓に基づいて、異なる地域、民族、宗教などの特徴を理解しつつ、異なるモデルや理念を尊重していく必要があると思います。個人的には、世界がどうガバナンスされるべきなのか、どのような価値観が共有されるべきなのか、そのために各国、各地域、各民族はどのように対話をし、協力をしていくべきなのか。これらのテーマを巡って日米間でより緊密で多角的なコミュニケーションを取るべきだと考えます。この対話に中国が参加できればなおのことといいですね。

劉　日本人の米国観は実際に複雑、多元的です。米国の魅力、魔力は日本の眼力から逃れることはできません。日本人が米国を視る目には異なる特別なものが在るのでしょう。加藤さんから見て、日本人が最も崇拝する米国の特徴はなんですか？　最も恐れるものはなんですか？　最も不満なものはなんですか？　米国に何を最も期待して、何に対して最も懸念を示しますか？

加藤　これまでも大分議論をしたのでここでは簡単に個人的な観察を述べます。私が考えるに、日本人が最も崇拝するのは米国の自由や民主主義といった価値観で、最も期待するのは日米安保体制に基づいて日本を確実に守ってくれることです。潜在的に最も恐れ、不満に思っているのは米国の日本のあらゆる分野への〝支配力〟かもしれません。また、最も懸念している点としては、米国は1970年代の〝ニクソンショック〟時のように突然日本をパッシングして中国と交渉・接近をし、日本を孤立化させるのではないかということかもしれません。

と考えてきました。

日本人の〝日本観〟――日本人は己のことを本当に知り尽くしているのか？

劉　国家も人間のように自己感覚、自己評価、自己定義、自己満足という行為をしがちです。それが行き過ぎた傲慢さだったりコンプレックスだったり、正常な自信やプライドだったりします。自国民の祖国への感覚というのはとても重要で、私はそれを一種の〝ソフトパワー〟だと考えてきました。

日本人は古代から現在に至るまで、自国に対してどのような感覚を抱き、どのように定義してきたのでしょう？　〝日本人〟は〝日本国〟をどのように評価しているのでしょう？　日本人の古代日本、近代日本、戦後日本、当代日本への評価はどのようなものでしょうか？

加藤　私の個人的な見方では、日本人は古代から中世にかけての歴史に対しては、好奇心、学ぶ気持ち、ノスタルジア、敬愛など比較的前向きな心境で振り返っていると思います。平安時代、鎌倉時代、室町時代、そして江戸時代を含め日本人は古代から中世にかけて蓄積してきた文化や伝統を敬重しており、故にそれらを可能な限り丁寧に保護し、継承してきたのでしょう。古代における中国との交流の歴史もその一部です。古代中国から学び吸収した思想や文化は京都や奈良をはじめとした都市建設だけでなく、儒教を始めとした諸子百家などを含め日本人の教育システムや社会構造、精神体系など様々な箇所・分野にその烙印を深く刻んできました。

一方で近現代史に対してはより複雑な心情を抱いているように思います。明治維新が日本にもたらした変革の契機は言うまでもなく、和魂洋才、富国強兵、文明開化といった掛け声とスタンスの下で急速に近代化を遂げた時期です。その後の契機は拡張主義がもたらした第二次世界大戦の敗戦です。19世紀後半からの1世紀弱の時間というのは日本人にとってものすごいスピードで、ジェットコースターに乗っているような感覚で過ぎていったのではないかと想像します。当時に生きた日本人は成功や失敗の教訓を汲む余裕もないくらい前だけをみて突っ走っていったのでしょう。いま振り返ってみれば、日本人は明治維新から敗戦までの歴史に対して、やりきったという自尊や栄誉の感覚と、自滅と挫折の感覚、相反する両極端な感覚が共存しているように思います。それもまた真実でしょう。

第二次世界大戦後の歩みは「簡単ではなかった」、「奇跡的だった」、「幸運だった」といった感覚が錯綜しているのではないでしょうか。米国は敗戦国である日本人に天皇制を保留し、核の傘を提供し、日本人が一定の精神的支柱と制度的基盤に依拠しながら経済を発展させること、社会を建設することに集中する前提と枠組みを提供しました。もちろん、これは決して米国が一方的に与えたものではなく、ギブ・アンド・テイクの原則で日本人もそこに対して多くの代償を払ってきました。当然です。国と国との関係においても「ただより高いものはない」という掟は通じるところがあるでしょう。敗戦後の奇跡的な復興に対して、日本人はプライドと達成感を持っていると思います。

冷戦終結とほぼ同時期に日本のバブル経済も崩壊し、その後長期的な低迷期に入っていくことになったというのが国内の共通認識であるようです。日本人はいつこのジレンマから抜け出し、何を以って、何に依拠して、どこへ向かっていくのかという問題に対して、いまだ明確な答えを見つけられないでいるように思います。

私の個人的な感想によれば、明治維新後を生きた日本人は自らが何者で、何処へ向かっていくのかという根源的な問題を立ち止まって考える余裕がなかったように思います。明治維新から敗戦、戦後の高度経済成長からバブル崩壊、1世紀強の時間の中で、断層的な歴史の歩みが見いだせるとしても、日本人は立ち止まって考える時間や余裕がなかったのです。学習、拡張、侵略、暴走、自滅、占領、成長、奇跡、崩壊、低迷……1世紀強の間でいろいろな段階を経てきましたが、日本人は内外のあらゆる要素や情勢に振り回されて、周りに振り回されているのか自らが振り回しているのかを落ち着いて考える暇もないまま突っ走ってきたのでしょう。それは日本人の歴史に一定の代償をもたらしたと思います。

だからこそ、今こそペースを落として、周囲と自分をじっくり見回しながら、地に足を着けて、自分が何者で、何処から来て何処へ向かっていくのかという日本人の生き様に直結する問題を国民的に思考すべきだと思うのです。

劉　私から見て、日本という国家は時に静かで、品性のある、礼儀正しい天使のようですが、時に凶暴で、アジア太平洋地域における最大の死刑執行人のような存在で、悪魔よりも悪魔的である存在に見えます。

日本という国家はまたアジアの謎であり、世界の謎でもあります。日本国の歴史の档案（＊公的記録）は複雑で矛盾しており、日本国を鑑定することは困難を極めます。

加藤さんから見て、日本国の本性とは何ですか？　日本の最大の特徴は何ですか？　過去から現在に至るまで、日本の長所は何で短所は何ですか？　日本の世界への貢献と破壊にはそれぞれどのようなものがあるでしょうか？

加藤 私から見て、日本国の本性には内向型で封鎖的な一面もあれば、自らが吸収し、加工してきた文化や性格に対して執着して決して離さない一面もあります。この二つは日本人にとっての保守主義と言えるでしょうか。長所か短所かという類のものではなく、時空を超えた、民族的な性格であり、国民的な生き様であると思っています。

貢献と破壊という点に関して、アジア主義という立場から少し考えてみたいと思います。貢献という意味では、日本はアジアで最も早い段階で西側の国際政治における地位や権力に挑んでいき、周辺国に先んじて近代化を実現した国家です。破壊という意味では、西側に挑もうとした、挑んでいった結果、拡張や侵略という行為に陥り、その過程で自らの野心や欲望に打ち勝つことができなかったことがあげられます。日本のこの経験はアジアの将来にとっても重要な教訓や影響をもたらしたことでしょう。ただ、日本は戦後、戦前の反省の上に立ち、平和憲法を胸に平和的な道を歩んできました。それはそれで歴史から切り離せない一部であります。日本が残した貢献と犯した破壊、それらを率直に受け入れ、公正に評価することで、私たちが生きていくアジアが輝かしい未来を創造していく過程に一役買えればいいのかなと思います。

劉 19世紀後半からこれまでの160年強の時間において、日本という国家は時に明晰かつ安静で、特に短気かつ狂っていました。前者の意味で日本は二度世界に影響を与えました。明治維新の数十年と第二次世界大戦後の数十年です。後者においても日本は二度世界に影響を与えました。1894~95年の日清戦争と1931~45年の中国侵略戦争です。

日本は拡張主義、軍国主義、征服主義を強行し、半世紀近く暴走しました。この段階の〝大日本〟はアジアと世界の〝大悪魔〟〝大凶手〟となり、アジアや世界だけでなく、日本にも〝大災難〟をもたらしました。
現在、日本は三回目の短気と暴走に突入しているように見えます。21世紀に入り、日本はまた悪事を働こうとしているようです。安倍政権誕生後、日本は基本的国策を変え、中日関係を悪化させ、アジア太平洋地域の緊張情勢を煽り立てる、世界情勢に著しく影響を与える戦略的行動を取り始めているのです。日本軍国主義が復活し、再び侵略と拡張の道へと進む兆候が大いに見て取れます。今日の日本はすでにアジア太平洋地域が不安定化する重要な震源地になっており、この地域の平和に危害を与えるプレイヤーになりつつあります。加藤さんは日本のこれまで二回に及んだ短気と暴走をどう見ていて、三回目の性質と局面をどう予測していますか？

加藤　ご指摘の二回の短気と暴走に関しては、日本に多かれ少なかれ、思考と実践の過程で理性を失い、自失し、結果的に拡張主義という行動を取った部分があったでしょう。大いに反省し、教訓を未来へ活かしていくべきです。今日国力を発展させ、対外的に国益の増大を求める、中国を含めた関連諸国は当時の日本をきっちりと反面教師と捉え、当時の日本の過ちを繰り返さないことが重要だと思います。
劉大佐がご提起なさった三回目の短気と暴走に関してですが、性質にしても局面にしても過去のそれとは全く異なるものになると思います。理由はこれまでも議論してきましたが、日本の基本的国策が変わったという兆候は見いだせません。日本が国際社会でより積極的な役割を果たしていく、安倍首相の言葉で言えば〝積極的平和主義〟を追求していくことはあるでしょう。経済上、政治上はもちろん、そして軍事上もあるかもしれません。ただそれら一連の態勢が日本軍国主義の復活をもたらすのかと言えば、その可能性は限りなくゼロに近いでしょう。国際社会が許しませんし、日本国民がそもそも許しません。日本は法治国家であり民主主義国家です。国家は憲法の範囲内、民意の範囲内で戦略を策定し、政策を実行することは最低限の前提であり、憲法的にも民意的にも日本軍国主義復活が現実化する兆候はいまのところ全く見られません。

劉　加藤さんから見て、世界が抱く日本という国家の印象やイメージ、感覚や評価において何らかの誤解や誤判断は見いだせますか？　中国は日本を誤解していると思われますか？　中国は今日の日本に対してどのような誤解をしているでしょうか？　どのようにこれらの誤解を解消したら良いと思われますか？

加藤　少なくとも私がこれまで生きてきた33年間の観察と経験からすれば、世界の大多数の国家と国民は日本に対して致命的な、深刻な誤解や誤判断はしていないと思います。私も仕事柄普段からいろんな国家に赴く機会がありますが、皆さん日本人のことを信用し、尊重してくれていると感じることがほとんどです。そういう方々、そして戦後、苦しい状況の中でそういう国を造ってくださった祖国の先輩方にただただ感謝するのみです。私は日本人に生まれ育ったことを心から誇りに思っていますし、もう一度生まれてくるとしたら日本人として生まれてきたいと心から思っています。

中国の方々が日本を誤解しているかどうかという問いに関して、それを誤解と呼ぶのが適切なのかどうか定かではありませんが、今日の中国人は日本において平和を渇望する人々の存在を過小評価していると感じます。日中は「百聞は一見にしかず」という共通の哲理を共有しています。中国の方々、特に日本を憎み、日本人が嫌いな方々にはぜひ日本に来ていただき、実際に日本の社会性や国民性を肌で感じてほしいと願っています。その上で日本を認識し判断していただくこと。それがその方にとっての真実の日本です。そもそも唯一無二の国家観などあるわけがありません。そんなものがあるほうが問題なのです。今日の日本が軍国主義に戻るのかどうか、今を生きる日本人が国家や政府にそれを許すのかどうか。日本人が自分でそうだそうではないと叫んだところで説得力はありません。第三者に独立的に判断をしていただければいいと思います。

日本人の〝アジア観〟――日本はアジアでどのような役割を担うのか？

劉　私から見て、近代以来欧州はアジアに二回先んじてきました。

一回目は産業革命で、欧州は人類の生産力の発展と突破という意味でアジアの先を行きました。

二回目は大国関係と地域一体化プロセスという意味で欧州はアジアの先を行きました。欧州連合の設立とユーロの誕生は大国関係にとっては革命的な変化であり、欧州連合は〝欧州運命共同体〟の方向性に向かって前進しています。

習近平主席は〝アジアの運命共同体〟、〝アジア太平洋地域の運命共同体〟、〝人類の運命共同体〟を建設すべきだと提起しました。アジアを団結させ、連合させ、融合させ、その上で全世界を団結させるべく努力をしていかなければならないというものです。

21世紀のアジアと21世紀の欧州は異なる方向に向かっています。欧州は整合し、アジアは分裂しています。21世紀のアジアは20世紀の欧州のように分裂し、戦乱が不断に起こる方向に向かって駆け下っているようです。これは非常に危険な動向です。

現在、米国の覇権主義と日本の軍国主義という共同作用の下、中国を包囲し封じ込めようという目標を掲げる〝アジア危機〟が我々の目の前に立ちはだかっています。

振り返ってみれば、近代アジアの歴史は災難に満ちていました。

まず19世紀に欧州人がアジア人を叩きました。欧州列強がアジアに侵略し、アジアを欧州の植民地、半植民地にしました。

それから20世紀にはアジア人がアジア人を叩きました。第二次世界大戦においてアジア国家である日本が中国を侵略し、東南アジアを占領し、〝大東亜共栄圏〟を作ろうとしました。アジア人がアジア人を叩いた損失は、欧州人がアジア人を叩いた損失よりも大きかったと言わざるを得ません。

第三段階は米国人がアジア人を叩く、米国人がアジア人を支配するというものです。朝鮮戦争やベトナム戦争などが例です。米国は戦後70年来、冷戦後20年以上の間常にアジアの一部国家と同盟関係を結びながら、アジアの一部国家を支配しながら、アジアにおける影響力と支配力を保持してきました。アジアは米国に支配されてきたのです。ここ数年、所謂米国の〝アジア回帰〟という世論がありますがこれは誤った誘導であり議論です。なぜなら第二次世界大戦後米国がアジアを離れたことは一度もなかったからです。所謂〝アジア太平洋リバランシング〟戦略とは〝アジア太平洋リバランシング突出〟戦略であります。アジア太平洋地域へのコミットメントをより緊密にしようという戦略にほかならないのです。

21世紀において、米国がアジアを支配することはアジアの発展や進歩に不利に働きます。21世紀、アジア人は米国人による支配を甘んじて受け続けるわけにはいきません。アジア人はアジア人を団結させなければならないのです。アジア人は独立したアジア人でなければならず、アジア人こそがアジアの運命を握らなければならないのです。米国のアジア太平洋リバランシング戦略に対応することの実質とは米国のアジアへの覇権戦略を終焉させ、アジアの独立と自主を実現することにほかなりません。米国のアジア国家の〝主権〟への支配と収奪に徹底的に対抗し、それを終わらせなければならないのです。アジア国家が国際社会で充分な国家主権を享受すること、アジアという地域がグローバルな世界で充分な〝地域主権〟を享受することが必要なのです。人権が守られなければならないように、国家や地域の主権も守られなければならないのです。

加藤　劉大佐が今日の日本を〝軍国主義〟と形容されることには全く同意できませんが、〝アジア人のアジア〟という提起は大いに議論をし、掘り起こす価値のある概念であると考えます。私個人の心のなかには〝アジア主義〟という概念は常に生きており、アジア人は自らが直面する問題を自らの智慧によって解決する能力や意志を身に着けなければならないとも思います。劉大佐がおっしゃるように、米国は終始アジアを離さず、地域外の国家であるにも関わらずアジアにおける秩序やルールの形成に確かな影響力を持ってきました。なぜ米国はそう実践することができたのでしょうか？　アジア人はまず自らを反省すべきです。アジア人に自らの地域における秩序やルールを構築する能力が足りなかったからこそそういう事態を招いたのでしょう。

ただ、21世紀は開放、包容、民主の時代です。アジア主義を掲げる上での前提は開放主義です。米国がアジアの特徴や地域性、文化や秩序、価値観などを充分に尊重するのであれば、アジア人は米国の関与や存在を大いに歓迎すべきです。その上で、日本と中国はこの地域を平和的、繁栄的にマネージしていくための術を共に模索し、実践していくべきです。

劉　一国家の国民には愛国主義が必要です。一地域の国家には〝愛区主義〟が必要です。アジア地域の国家にはアジアを愛し、アジアに団結し、アジアを平和にし、アジアを振興しようとする気持ちが必要なのです。しかし、近代以来の日本とアジアの関係を振り返ってみると、日本にはアジアを愛する主義が欠けているように見受けられます。日本はアジア国家としてアジアに対する感情と責任感に欠けているように見受けられるのです。日本は〝アジア国家がアジア国家を攻撃する〟、そして域外の米国と連合してアジア国家である中国を封じ込め包囲しようとする最も悪いサンプルになっています。

最近の150年を振り返ると、日本とアジアの関係は四つの段階を経てきました。

第一段階は〝脱亜入欧〟です。明治維新に始まり日本は〝脱亜入欧〟し西側の一員となるべく努力しました。この戦略は成功しました。日本は30年の奮闘を経てアジアで最初の西側式先進国、そして西側世界クラブの一員になりました。

第二段階は〝排欧覇亜〟です。中国侵略戦争に始まり、第二次世界大戦が終わるまで、日本のアジアにおける大戦略がまさに〝排欧覇亜〟でした。すなわち、欧州列強を武力によってアジアから追い出し、排斥し、〝大東亜共栄圏〟を構築し、アジア、特に東アジアを独自に制覇しようとしたのです。

第三段階は〝脱亜入米〟です。第二次世界大戦後、約50年に及んだ冷戦の間、日本の戦略はまさに〝脱亜入米〟でした。すなわち、米国の陣営へと加入し、米国の支配下において米国のアジアにおける最大の同盟国になり、米国がソ連と世界覇権を争う上での前線国家となったのです。

第四段階は〝米国と連携して中国を封じ込めること〟です。21世紀初期、特に21世紀2回目の10年が始まって以来、中国の経済総量が日本を超え、世界第二の経済体になり、遠くない未来に世界第一の経済体になることが見込まれる中、日本は米国と連携して中国を封じ込めるという戦略を取ってきました。米国がアジアで中国を封じ込めるための先鋒隊となっているのです。

今日、日本はアジア、アジア太平洋地域で悪い役割を演じています。アジアの日本は自らを見失っています。今日の欧州を見てください。ドイツ、フランス、英国は当時の戦争相手として歴史的に深い憎しみを抱き、現実的にも矛盾や立場の違いはありましたが欧州連合のなかで自らの正当な役割を保持し、前向きな作用を発揮してきました。今日アジアの日本は欧州のドイツ、フランス、英国、どの国に当てはまるのでしょうか?

加藤さんは近代以来日本とアジアの関係の変遷をどのように見て、評価していますか? 日本の〝親欧〟、〝親米〟、〝疎亜〟、〝乱亜〟的な戦略をどのように解読していますか?

加藤 日本はアジアの一員として過去の侵略や植民地支配の歴史を誠実に謙虚に反省した上で初めて未来へと向かっていけるという私の考えは繰り返し述べてきたとおりです。その上で、劉大佐は〝疎亜〟、〝乱亜〟という言葉を使用されていますが、例えば1980年代以降の日本と東南アジアの関係をご覧になってください。〝福田ドクトリン〟に体現されるように、日本は東南アジア諸国に政府開発援助を提供し、心と心の関係を構築してきました。日本の大量の商品やブランドは現地でも愛着を持たれています。私はフィリピン以外の東南アジア諸国に行ったことがありますが、現地社会で日本人として嫌な思いをしたことは一度もありませんし、現地の人々が日本人を尊重してくださっていると随所で感じてきました。日本と東南アジア諸国は歴史を乗り越えて未来へ向かってきたのです。東南アジア諸国の政府や人々が、日本がアジアを軽視し、アジアを混乱させようとしていると感じているとは私自身微塵も思いません。

劉　日本とアジアの関係に関して、日本はアジアの主人を務めたいのですか？　日本は中国がアジアの主人を務めることを怖がっていますか？　日本は中国とアジアを分割統治したいのですか？　或いは、日本は米国が引き続きアジアを主導し、支配することをサポートし、米国が永遠にアジアの主人でいることを目論んでいるのですか？　日本はなぜ21世紀のアジアが欧州連合という模範を学習し、日本と中国がドイツとフランスのようにアジアで新型大国関係を構築することを嫌がるのですか？　日本はなぜ中国と手を携えてアジアの協力、団結、安定、台頭、そしてグローバル化する世界でアジアの〝地域化〟を推し進めようとしないのですか？　日本はなぜ中国と対立し、アジアを分裂させなければならないのですか？

加藤　私から見て、日本がアジアを主導する、中国人がアジアを主導することを恐れる、中国とともに分割統治する、米国人にアジアを主導させる、どれも現実の需要には符合しません。根本的に、アジアは誰のものというわけではなく、みんなのものです。関連諸国がこの地域の制度、文化、発展、価値観などを尊重しさえすれば、地球上の全ての国家、機構、個人はアジア事業にともに参入し、共にアジアの平和と繁栄を促進していくことが出来るはずです。この意味でアジアには地域主義が必要であると同時に、アジアは地域主義を超えなければなりません。日本が中国と協力したくないなどということはあり得ません。日本は中国との協力を望んでいますし、協力していかなければならないと思っています。日本は中国と同様アジアの発展に歴史的、地域的な責任を負っているのです。日中双方が謙虚に、自制的に、開放的にこの地域の業務に携わっていくことが重要でしょう。

日本人の〝世界観〟――日本にとっての〝理想の世界〟とは何か？

劉　日本には一種の〝東方の英国〟というマインドセットがあるようです。日本のエリートたちは強大な欧州の辺境国家だった英国が超大国として台頭し、大英帝国を建設したのに比べて、日本は遅れているアジアの辺境にある日本列島でしかなかったことを顧みて、強大な日本はなぜ〝大日本帝国〟を建設できないのかと考えたことでしょう。そこで、〝小日本〟に〝大野心〟が芽生え、日本という国家には世界で覇権を狙い、世界の王者になるという戦略的野心が芽生えたのです。〝小さな島国が大きな世界で覇権を狙う〟という野心とプロセスがスタートしたのです。加藤さんは私がここで指摘する〝東方の英国〟というマインドセットをどう捉えていますか？

加藤　私は日本人の心理に〝小さな島国が大きな世界で覇権を狙う〟という野心とプロセスが

あったとはあまり思えません。第二次世界大戦期間中の軍部にはそういうマインドセットが実際に存在したのかもしれません。ただそれは地域的なものであり、世界規模におけるものではなかったように思います。〝東方の英国〟という概念は興味深いですし議論の余地があると思います。日本は英国の海洋国家としての歩みから学び、教訓を得ることが出来るのは間違いありません。日本は歴史上大英帝国のような地位を得たことはありませんし、今後もないでしょう。私から見て今日の日本と英国が共同で思考し、実践していける課題は、日英両国の間に挟まっているユーラシア大陸の平和と繁栄に如何に貢献していくか、その過程で如何にして自らの国益を最大化していくかという点です。ユーラシア大陸をめぐる両国の地政学的地位や戦略的利益には似通った要素がありますし、日英は適度な距離感を取り、開放的な姿勢で大陸の動向を見つめる〝開かれたユーラシア主義〟という角度から過去の経験を総括し、今後に向けた思考と戦略を練っていくべきでしょう。

劉　近代日本は軍国主義立国でした。日本は明治維新を通じた迅速な台頭の後、世界的にも面子や実力を確保した大国を叩きのめそうとしました。

19世紀に日清戦争を、20世紀に中国侵略戦争を行った日本は現在中国に対して三回目の戦争を仕掛けようとしています。それは米国と同盟を結んで中国を包囲し、封じ込め、中国の復興プロセスを中断させようとする戦争です。

日本は北方のロシアにも二回軍事的進攻を行いました。一回目は1904年の日露戦争で、二回目は1939年のノモンハン事件です。

日本は第二次世界大戦中、まずは北方でソ連を進攻し、そこで挫折すると南下し始め、東南アジアに進攻し、占領しました。１９４１年12月、日本は〝大東亜共栄圏〟という名義の下太平洋戦争を発動し、日本軍は半年ほどの時間で東南アジアにおける英国、オランダ、米国といった西側植民地の軍隊を叩きのめし、ミャンマー、マレーシア、シンガポール、オランダ領東インド、フィリピンといった場所に攻め入りました。戦前実効支配していたタイとフランス領インドシナを含めると、日本は３８６万平方メートル、１・５億人の東南アジアを成功的に占領したことになります。

日本は強大な米国に対しても手を緩めず、とにかく叩こうとしました。１９４１年のパールハーバー進撃によって米国に対して軍事侵攻を試み、太平洋戦場で米国と4年近く戦いました。日本は太平洋を跨いで戦争を行ったのであり、戦役の範囲はドイツよりも大きかったということになります。

今振り返れば、日本は軍国主義立国であると同時に軍国主義亡国でもありました。約百年軍事的に暴走した後、日本は戦後数十年間静かにしていました。そんな日本はなぜ21世紀になって軍事的に再び暴走し始めたのでしょうか？　日本が現在軍国主義を復活させている、日本は現在軍国主義という旧来の進路に向かっているという国際世論を加藤さんはどのように認識し評価しますか？

加藤　前述したように、私は日本が現在軍国主義を復活させようとしているとは思いませんし、それが国際世論になっているとも思いません。例えば、劉大佐が日本軍国主義復活の一つの根拠とされている安保法案に関して、米国は言うまでもなく、ドイツなど地域大国も歓迎しています。日本が国際平和と繁栄のためにより積極的で、広範囲な行動を取り貢献していくことを歓迎するというのが昨今の国際世論でしょう。そしてその基礎になるのが、日本が戦前、戦中の反省に立って70年以上平和国家として歩んできた軌跡です。西側各国を含め、戦後一人も殺していない日本の自衛隊が国際紛争でより大きな役割と責任を果たしてくれることを願い、求めているというのが〝現状〟なのでしょう。

劉　昨今、米国人の世界観は非常に明確です。覇権の夢です。米国は引き続き自らの覇権を保持し、覇権世界を守ろうとしていくというものです。オバマ氏の言葉で言えば「米国はもう100年世界をリードしていく」というものです。

中国人の世界観も非常に明確です。新型大国関係、〝無覇世界〟を構築し、平和で、調和の取れた〝人類運命共同体〟を構築していこうというものです。

それでは、日本の世界観とはどのようなものでしょうか？　日本はどのような未来世界を構築していきたいと考えているのでしょうか？　日本はどのようにして有効的に未来世界を構築していこうと考えているのでしょうか？

加藤　日本自身の戦略という観点からすれば、世界の各アジェンダで自らの国力により符合する役割と責任を果たしていく点にフォーカスするのだと思います。世界の情勢という観点からすれば、日本の目標は米国を含めた西側諸国、中国を含めた東方諸国と手を携えて平和な世界を実現していくこと、その過程で各国がそれぞれの長所とアドバンテージを発揮し、合理的に分業し、有機的に協調し、共に美しい地球を作り上げていくことです。過去に国策を誤った、そして唯一の核被爆国家として、日本には世界平和という目標を掲げ、それを実現するプロセスにコミットする能力と覚悟を育んでいく責務があるのです。

第13章 日本が〝イノベーション大国〟を目指すための戦略と智慧

日本の戦略と日本の運命

1 百年日本：三回の戦略的転換

劉 20世紀90年代初頭にソ連が解体し、世界情勢に大きな変化が生じた後、鄧小平が〝韜光養晦〟を提起しました。韜光養晦とは中国古代政治家が胸に抱いた大志であり、実力を蓄積し、時機を待ち、功績を打ち立てようとする大戦略です。最近の20年、全世界が中国に対し、猜疑心を持ちつつその意味や動向を予測するようになっています。

実際に、韜光養晦への理解が深く、執行が断固としていて、実践が成功している最高の模範は中国ではなく日本です。日本は第二次世界大戦敗戦後、1945年に始まり静かに韜光養晦を実行し、本国の事務に没頭し、経済建設に集中し、経済の実力を蓄積し、将来的な大きな飛躍に向けて準備を整えていきました。鄧小平が中国で韜光養晦を提起した頃、日本ではすでに韜光養晦が40年以上実践されていたのです。

しかし、韜光養晦とはとりあえず隠すことであり、準備をすることであり、蓄積することであり、最終的には周囲を驚嘆させるような飛躍的行動につながるのです。まさに中国の古典文学名著『三国志』の中で語られている「龍非池中物、乗雷便上天」です。日本はアジアの虫などではなく、アジアの虎であり世界の虎なのです。日本列島は日本虎の故郷ですが、日本虎が疾駆する舞台ではありません。日本虎が注視しているのはアジアと太平洋であり、全地球なのです。今日の日本はすでに70年の韜光養晦を経てその忍耐も限界に近づいているように見えます。韜光養晦の時代はすでに過ぎ去り、日本が国際舞台で行動を取っていく時代が始まったのです。日本は政治的にアジア太平洋地域をかき回し、世界に影響を与えるようになっていくでしょう。

今日の日本では百年もの間未曾有だった大変動、大転換が起こっています。私から見て、日本という国家は近代以来三回の戦略的大転換を経験しています。

一回目の戦略的転換は1868年に始まった明治維新で、〝脱亜入欧〟戦略の引導の下分裂した封建領主国家から統一した立憲君主国への戦略的転換を遂げました。アジアで初めての立憲君主国の誕生でした。しかしながら、脱亜入欧後の日本は対外戦争への道、侵略と拡張に象徴される軍国主義の道を突き進み、その歩みは全部で70年以上続きました。

二回目の戦略的転換は1945年の敗戦後、米国による占領と改造の下軍国主義国家から西側式の民主主義国家への転換を遂げ、米国支配下の平和国家となりました。日本の社会は進歩し、経済は発展し、戦後の奇跡を創造しました。国際社会でも比較的プラスのイメージを体現し、それが70年続きました。

三回目の戦略的転換は21世紀に入り、特に最近の数年、米国との同盟関係を緊密にし、米国が中国を包囲し封じ込めるために行っている〝アジア太平洋リバランシング〟戦略に積極的に協力していることです。アジアを分裂させる各種行動を取り、釣魚島問題で頻繁に情勢を煽り、中日関係を激化・悪化させ、なりふり構わず集団的自衛権を解禁し、憲法を改正し、日本の現状を変え、実際に日本のアジア太平洋地域と世界における役割や地位を新たに築こうとしています。このような状態が続いていけば、日本は迅速に〝疑惑が持たれる日本〟、〝危険な日本〟、〝戦争の日本〟、〝邪悪な日本〟という方向に発展していってしまいます。これは世界の世論を騒然とさせるだけでなく、日本国内の分裂も招き、日本国民の激烈な反発を招くでしょう。しかし安倍政権はそういう世論にはお構いなしに自らの目標に向かって突き進んでいます。日本民族は最も危険な時期に差し掛かっているというのが私の見方です。

加藤さんは日本の国家の性質としての三回の転換をどう見ていますか？　第三回目の転換にどのような分析や予測を行いますか？

加藤　劉大佐が提起された一回目と二回目の転換をめぐるお考えは受け入れられます。それらには受け身の姿勢で挑んだ情勢もあれば自ら主体的に実現すべく摑みにいった局面もあったでしょう。ただ三回目の転換に関するお考えには同意できません。理由はここまでも何度も述べさせていただきました。日本国内における平和勢力や昨今の国際環境は日本が再度暴走し、対外侵略を行うような危険な国になることを許しません。対中関係に関して申し上げれば、やはりアジアにおける前代未聞の二強時代です。日本も中国も直面したことがない未曾有の局面です。互いに揉み合うプロセスと時間が必要でしょう。

ただ劉大佐の、日本が現在近代以来三回目の戦略的転換に直面しているというご指摘には全く賛成です。問題はそれがどのような転換で、日本という主権国家が何処へ向かっていくのかということでしょう。この点を定義し、国論を造っていくための国内議論は不充分であるというのが現状でしょう。いずれにせよ、日本人は今回主体的に、積極的に近代以来三回目となる戦略的転換に向き合わなければなりません。日本人がそれを受け入れようが受け入れまいが、客観的情勢として突き付けられるミッションがそこに存在すると思います。

2　21世紀日本の戦略的変遷："四歩走"

劉　夢こそが戦略を決定し、戦略こそが夢を実現する。私の根本的な考えです。21世紀における日本の大戦略は不変的なものではなく、段階性という特徴を伴って実現されていくものになるでしょう。我々は日本の将来における戦略にまつわる四つの段階を予測することができます。その四つとは、「連米反中」「反中脱米」「並駕中米」「超越中米」です。

日本という国家はありきたりな輩ではありません。毛沢東は言っていました。一人の人間を判断する上で、まずは過去を見ればその人間の現在がわかり、現在を見ればその人間の将来が見て取れると。国家も同じでないはずがありません。日本に関しても、その過去と現在を見れば未来を予測できます。私の予感というのは、21世紀の日本大戦略に関して、一部の日本エリートの間で"四歩走"、すなわち四つの段階で歩むという表には出てこない戦略が練られているのではないかということです。

第一歩は「連米反中」で、これは21世紀の日本大戦略における第一段階になります。日本は決して中国に服さない、これは近代以来日本エリートたちの心の奥に深く刻まれているマインドセットです。現在、中国の急速な台頭を見て、日本が遅れを取る中で、日本はこれまで以上に中国に服さなくなっています。心理的に高度に嫉妬し、心がアンバランスになり、嫉妬から焦燥、そして狂燥へとつながっていきます。所謂米国のアジア太平洋リバランシングとはまずは日本のアジアリバランシングであり、まず生じているのはマインドセット面でのリバランシングです。中国に対する高度な嫉妬心により、日本は米国と高度に連合し、協力し、中国を封じ込め、包囲するのです。従って、連米反中は日本が嫉妬心を発散させ、マインドセットをバランスする上で最高の戦略であり、それはすなわち日本の対中バランシング戦略なのです。

第二歩は「反中脱米」で、これは21世紀の日本大戦略における第二段階になります。第二次世界大戦後、日本が米国と同盟を結んだ背景は、半分は自覚的に望んだものでしたが、もう半分は仕方がなかった、情勢に甘んじたものだったという点を指摘しなければなりません。今日の世界において、日本が唯一服する国家は米国であり、日本が唯一領導や指揮を受け入れる国家も米国です。しかし、日本が米国に服するのは米国に原子爆弾を落とされたからです。日本が服する対象は米国の原子爆弾なのです。

日本は戦後常に米国の管理下、支配下、改造下、指揮下、利用下にありました。過去にアジアで覇権を狙い、世界や米国に挑んだ日本が長期的に米国に屈服するはずがありません。日本はすでに米国に70年も支配・制御されているのです。21世紀に入って、もう70年間このような状況が続くことを日本人は甘んじて受け入れるのですか？　今日の日本と米国の関係は実際のところ現代宗主国と現代植民地国家の関係だと言えます。今日の覇権国家米国が日本に対して実行しているのは〝半独立半植民地〟政策であり、今日の日本はまさに〝半植民地半民主〟国家なのです。昨今における世界の大国の中で、日本のように自主的に物事を決められず、他の大国である米国の顔色を伺いながら行動し、他の大国である米国の指揮に従って振り回されるような大国は日本だけです。このような状況は日本にとって不甲斐ない、悔しい、屈辱ではないのですか？

米国は、今日の米国と日本の覇権国家と従属国家の関係を、国家間関係が和解する模範だと言っています。このような曲がった状況が持続していくはずがありません。今日の日本はこれから〝連米反中〟から徐々に〝反中脱米〟、すなわち〝反中〟というカードを利用しながら米国が日本を支配する際に用いる縄を解くことを迫り、〝脱米〟という目標を一歩ずつ実現していくことは必至です。従って、長期的、本質的に見れば、日本の〝反中〟というのは半分真実で半分虚構なのです。半分が真実というのは、日本が反中にならなければ中国に対する嫉妬心を収めることができず、どう転がっても心地よくない。それに日本が反中でなければ米国も不快を感ずるようになります。日本の反中のもう半分は煙幕です。〝反中〟によって〝脱米〟を隠しているのです。日本は〝公開反中〟、〝反中脱米〟で、反中と脱米を同時に摑んでいるのです。なぜなら反中こそが脱米にとって最大に有利に働く戦略だからです。日本にとって〝連米反中〟の過程において〝反中脱米〟を実現すること、〝反中〟を利用しながら〝脱米〟を実現することが、日本が独立の夢に向かっていくための最も巧妙な戦略になっているのです。

第三歩は「並駕中米」で、これは21世紀の日本大戦略における第三段階になります。今日の世界には米国のような〝巨大型超級大国〟もあれば、イスラエル、シンガポールのような〝ミクロ型超級大国〟もあります。日本は国土面積上、米国、中国、ロシアなどと比べると小国ですが、日本の陸地国土と海洋国土を合わせれば小国ではありません。日本の総合国力は世界の大国レベルに達すると言えます。つまり、日本が一旦米国の支配や制御から脱却し、真に独立自主の国家になれば、アジア太平洋地域で中国、米国、日本という三者が鼎立する戦略的局面が形成され、日本の大戦略は〝並駕中米〟という段階に入り、アジア太平洋地域に中米日という〝三国志〟の時代が出現するのです。

第四歩は「超越中米」で、これは21世紀の日本の大戦略における第四段階になります。これは日本大戦略にとっての最高の境地を意味します。一般国民を含め、今を生きる日本人は日本の大戦略にこのような一つの段階が存在することに驚き、嘘ではないかと疑うでしょう。未来の日本がこのような一歩を踏み出せることは永遠にあり得ないと思うでしょう。しかし、夢物語でしかないような光景は日本の過去に発生した歴史的事実であり、日本のエリートたちが終始捨て去ることのできない夢でもあるのです。

日本は過去に中国に対して二回の超越を実現しました。そんな日本が三回目の超越を放棄するはずがありません。

日本の中国に対する最初の超越は明治維新が成功した後の、主に軍事的な成功です。軍事的に中国を超越した結果もたらされたのが拡張主義であり、軍事的にアジアを征服しようとしました。

日本の中国に対する二回目の超越は第二次世界大戦後の40年、日本が経済的奇跡を創造したことです。日本は経済上中国を超越しただけでなく、米国をも追いかけることになります。このような日本が中国の後ろにいることに甘んずるでしょうか？　明治維新の１８６８年から２０１０年という１４０年強の間、アジア国家の発展において常に中国の先を行っていた日本が

21世紀において中国の後ろにいることに甘んずるはずがないでしょう。日本は中国に対する三回目の超越を放棄しません。近年頻繁に見られる日本の戦略的動作はまさに将来的な第三の対中超越のために敷かれている布石であり準備なのです。

加藤さんは日本には三回目となる中国に対する超越に必要な決意と実力がないと本当にお考えですか？

日本は米国に対しても二回挑み、これから三回目となる挑戦を迎えます。日本の米国に対する最初の挑戦は軍事的な挑戦で、太平洋戦争で直接的に米国に進攻し、4年の戦争を通じて米国と対決しました。結果日本は失敗しました。日本の米国に対する二回目の挑戦は経済的な挑戦で、第二次世界大戦後40年の経済発展の過程で、朝鮮戦争の特需と米ソ冷戦の契機を掴みつつ、米国による支持を利用し、米国の経済を追いかけたのです。経済発展において奇跡を創造した日本は米国のリーダー的地位を侮るようになり、米国による支配や制御に不満を持つようになり、〝ジャパン・アズ・ナンバーワン〟という誓いを胸に、〝NOと言える日本〟というスタンスで抗議するようになっていきました。

その後、米国による通貨戦争的な抑圧を受け、経済は長期的に低迷しました。21世紀、中国の台頭に伴い、日本は世界第二の地位を失いました。米国ですらもうすぐ世界第一の地位を失うことになります。中国の台頭に米国覇権の衰退と終焉を加えた状況は実質上日本に米国からの支配と制御から脱却する、独立自主の発展の進路を進み、米国を追いかけ超越するための絶好の機会、環境、条件を提供しているのです。中国の台頭は日本に千載一遇の好機を与えているということなのです。

加藤さんは日本が21世紀において米国に挑む決意と実力を持っているとは思われませんか？

加藤　真剣に21世紀における日本大戦略、およびその〝四歩走〟を分析していただきありがとうございました。一人の日本国民として、予測可能な未来と想像可能な世界において、劉大佐が指摘された第一段階は比較的現実に近いのかなと感じました。日本は確かに日米同盟を枠組みとして中国の台頭に対応しようとしています。しかし、それは決して反中を意味しません。日本に反中の能力も意思もありません。全体的に見れば、日本は中国の台頭から果実を得ているのであり、安倍首相をはじめとした日本の指導者も中国の発展を支持し、共に地域を盛り上げていこうという主旨の発言をしてきました。

劉大佐が指摘なさった第二、三、四歩に関しては、私から見て、日本にはそうするための決意も実力も根本的に備わっていないのではないかと思います。そう考える人、そう望む人はいるでしょう。ただそれらは日本世論の主流ではありません。主流的な立場、考え方はやはり米国、中国との関係を同時に上手に処理していくというものです。それに、日本が将来的にどういう道を歩んでいくべきか、その過程でどのような戦略的目標を立てるべきかに関しては、私個人のジャパンドリームに関して議論させていただいた部分でも述べたとおりです。日本の選択肢は限られているように見えますが、それも一概に良い悪いで判断する類の問題ではないでしょう。歴史上の失敗や教訓が日本人により多くの理性をもたらし、不確実性を主体的に制御していくことができればそれに越したことはありません。

3　日本の正常化に不可欠な三つの要素：脱米化、非核化、中立化（劉明福）

劉　今日の日本は非正常国家であるという基本的事実から出発して考えた場合、ジャパンドリームを実現するための最初の目標は日本を正常国家にするということになります。日本の国家正常化のためには三つの要素が不可欠だと私は考えています。それらは、脱米化、非核化、中立化です。この三要素を体現した日本は安全になり、世界を安心させることでしょう。

脱米化：米国の日本に対する支配を終わらせ、日本の従属国としての地位を変えるものです。我々の地球には米国の支配から脱却し、世界に融合する、独立自主の新しい日本が生まれることになります。

非核化：日本を核能力は持つけれども核兵器を持たない国家として、世界に自らの平和的なイメージを樹立させるものです。世界からの信頼を得て、世界中の人々が日本に安心することになります。

中立化：日本の伝統的な〝連盟思考〟、〝陣営思考〟を徹底的に変え、世界の大国競争において〝誰かの側に立つ〟という伝統的な立場と政策を変えることで、分裂と対抗を悪化させるプレイヤーになるのではなく、逆に理解を増進し、団結を促進するバッファー、仲介者、架け橋としての役割を果たし、大国間の衝突や世界の矛盾を解決するために貢献することを可能にします。

このような日本は換骨奪胎した〝新型日本〟であり、軍国主義と拡張主義に別れを告げた〝文明日本〟であり、愛おしく、親しみやすく、信じられる〝魅力日本〟になるのです。加藤さんは、私が提案するこの三つの要素に基づいて国家建設を進める日本をどう思いますか？

加藤　前述したように、非核化は間違いなく日本が堅持していく基本的な目標になるでしょう。脱米化と中立化は戦略的選択という意味で表裏一体の関係になります。脱米化して初めて中立化するからです。ただ、予測可能な未来において、日本が完全に脱米化する可能性は考えられず、従って日本が日米同盟を放棄することがあるとしてもそれはかなり遠い未来のことになるのでしょう。劉大佐の定義とお考えによれば、この三つを実現できないのであれば日本は正常国家にはなれず、そんな日本にジャパンドリームを実現することなどできないということなのでしょう。それはそれで一つの現実ですし、我々はそんな現実を受け入れながら、前に進み続けるしかないことになるでしょう。

ただ多くの日本国民にとっては、この三つを実現することがすなわちジャパンドリームであるとは限りません。大多数の国民は安らかな生活を求めているのであり、国民にとってのジャパンドリームとはすなわち安らかな生活を可能にする環境を持続的に持ち続けることにほかなりません。先に私が訪れたことのあるシンガポールを例に挙げましたが、自らが何者なのか、自らに必要なものは何なのかを明確にした上で、選択と集中で自らの理想郷を実現してきたという意味では、この国の生き様は日本にとっても参考になります。いずれにせよ、ジャパンドリームを実現する上で大切なことは、自らの背丈や国情、価値観や世界観に符合する国家を建設すべく官民一体で邁進することだと思います。そういう国家が真の強国なのだと私は考えています。

〝ものづくり大国〟から〝智慧の大国〟へ

劉　一つの国家はどれだけ発達していても、先進的であっても必ず自らの欠点や短所を抱えているものです。今日の世界においても異なる国家に異なる〝病〟があるようです。中国には〝中国病〟が、米国には〝米国病〟が、日本には〝日本病〟があります。革命というのは激烈な方法によって治療を行う方法であり、改革というのは温和な方法で治療を行う方法です。一国の〝病〟とは当事国家が蓄積してきた矛盾や問題であり、有効に対応できず、イノベーションを開拓できないために生じた困難であり、それは危機的な状況にもつながり得ます。

加藤さんから見て〝日本病〟にはどのようなものがありますか？　政治、経済、軍事、科学技術、文化、外交、教育、社会、人口など、どのような状況が見られますか？　〝日本病〟の病状はどのように悪化していますか？　〝日本病〟の病原はどこにあるのですか？　〝日本病〟の危害とはどのようなものですか？　〝日本病〟を有効的に治療するために加藤さんなりの処方箋はありますか？

加藤　私から見て今日最大の〝日本病〟とは、今を生きる日本人、失われた20年を経験してきた日本人が、現在に至っても未来の発展の方向性やモデルを見つけられていないという点に見いだせると思います。日本国民は勤勉であり、皆日々懸命に仕事をし、家族を養っています。ただ日本社会には目指すべき目標や方向性が欠けており、国民はそれらを見失ったまま、ただ漠然と努力をしているように見えるのです。それは不幸なことであると私は思っています。日本人はせっかく努力ができる国民なのですから、目標や方向性を明らかにした上で努力をするほうが効率的ですし、建設的になると思うのです。

私は日本世論にこの分野における議論が欠けているとは思いません。メディアは頻繁に日本の将来の方向性に関する特集を組み、出版社も関連本を出版し、知識人は発言し、国民もそれらに関心を示しています。世界を俯瞰しても、日本人は自らの未来や運命を真剣に考えている国民であると思います。

戦後、〝戦略なき日々〟を過ごした時間が長すぎたのかもしれません。本来の戦略的枠組みは〝戦後〟という米国の占領下に始まった枠組みであり、日本人はその枠組みの中で懸命に仕事をし、経済を発展させていればよかったのかもしれません。ただ今日に至っては「ただ一生懸命に仕事をする」だけでは足りないのです。冷静になって未来を思考し、見つめる時間や余裕が必要になってきているのです。米国の国力の相対的衰退や中国の国力の相対的台頭、および2020年に東京が開催する二度目の夏季五輪などは日本人が戦略的な角度から将来の発展の方向性を考えるのに役立つでしょう。将来の発展の方向性、および日本人としての生き様を考えるという意味で、日本が内外からの健全な圧力を必要としているのは言うまでもありません。ただ日本人も急ぐ必要はないでしょう。マイペース＆マイスタイルでじっくり取り組めばいいと思います。急がば回れです。

劉　私から見て、日本人は吸収と学習に長けている民族ですが、創造性に欠けているようです。日本人の学習性は創造性に欠けているように見えるのです。

古代の日本が中国に学んだことは歴史上の良い例として語り継がれています。唐の時代、日本は中国から学んだ〝唐化〟、〝儒化〟、〝漢化〟は全国的に深い影響をもたらしました。

近代の日本は欧州に学び、大いに成功しました。それは深い〝欧州化〟を意味していました。第二次世界大戦後の日本は米国を主人とし、そして何よりマスターとし、日本は米国の文化とつながる高度な〝米国化〟を実現したのです。

日本の千年来の大きな進化はそれぞれ古代日本の〝中国化〟、近代日本の〝欧州化〟、戦後日本の〝米国化〟であったと振り返ることができます。

三回に渡る外部世界への大きな学習は、日本に吸収と学習に長けた良い伝統を形成させ、開放強国というアドバンテージを育成させました。しかし、日本は世界に通じる文化創造という貢献において、中華文化や欧米文化のように世界に深い影響を与える、人類社会に持続的な魅力を奏でる、独立した形態における〝大文化〟を残すことはありませんでした。

特に警戒すべきなのは、日本は第二次世界大戦後長期的に米国の軍事的管制、政治的支配、思想的改造を受けてきたため、ファシズムという毒素を除去するという面では良い業績を残してきたものの、米国覇権主義による長期的な植え付けもあり、日本人の大脳には米国人の思想が大いに詰まっているように見えることです。日本が国家として米国に依存していることで、日本人の思想や文化も米国人に依存する事態を招きました。結果、日本は思想文化の面で独立自主になれず、特に戦略的文化・知恵を育む上で独立した思考や創造性に欠けてしまうのです。日本人は思想文化、特に戦略的思想文化の面で〝思想植民地〟、〝文化植民地〟の状態にあり、米国の思想と文化に固く主導・支配されてきました。結果的に〝見かけは日本人だが中身は米国脳〟、〝見かけは日本人だが実際は米国魂〟という現象が出現することになったのです。これは日本・日本人にとっての悲劇であり不幸ではないでしょうか。

過去の70年において、米国の日本への思想的改造・支配は三つの部分から構成されています。まず、戦後日本の軍国主義思想を変えたことは進歩的な意義がありました。次に、冷戦が始まった後に日本の冷戦主義思想を強化しました。最後に、冷戦後、日本に対して〝日米同盟を以って中国を封じ込める〟という覇権主義の思想を植え付けました。従って、現在、日本の戦略的思想・文化はすでに米国によってそのDNAをすり替えられてしまい、実際は米国の思想文化商品と化してしまったのです。日本の思想文化界はそのせいで大思想、大文化に対する思考と創造力に欠けており、米国思想文化商品に対する超越力に欠けており、日本の特色ある戦略的大智慧、大文化の想像力に欠けてしまっているのです。

正常なジャパンドリームを実現するためには、日本人はまずは〝思想独立の夢〟、〝文化自主の夢〟を実現しなければなりません。しかし、日本の思想や文化が独立自主を実現する過程においては何が何でも軍国主義への回帰を防がなければなりません。日本を正しく導き、アジア太平洋地域と世界に幸福をもたらす《新日本主義》を創造し、確立することが今こそ求められているのです。

加藤さんは日本文化体系、特に日本の戦略的思想・文化体系における特徴と変遷をどのように見ていますか？　日本戦略文化の現状をどう評価していますか？　日本戦略文化の将来的な発展の方向性をどう予測していますか？

加藤　私から見て、日本には確かに大思想、大戦略、大文化を育む土壌が欠けているのかもしれません。過去にあらず、現在にあらず、将来的にもそれを育むのは難しいように思えます。

これは日本人が真剣に向き合わなければならない問題であり、百家争鳴の環境の下で思想を解放させなければなりません。祖国の未来の発展の方向性を模索するためには戦略や思想が不可欠になるからです。この意味で、国内外の知識人はしばしば日本人には戦略的思想に欠ける、日本から思想家は生まれないといった具合に日本を批判しますが、それは日本が直面してきたリアリティに当てはまるでしょう。日本の歴史や社会を覆ってきた問題であるとも言えます。

しかし、今日まで進化してきた歴史を眺めると、戦略、思想、文化を含めて、大きければ大きいほど良いというものでもないようです。もっとも重要なのは自らの発展段階や国民性に符合しているかどうか、社会の発展需要やそこで暮らしを営む国民の生活的欲求に符合しているかどうかです。戦略、思想、文化を含め、究極的に奉仕すべき対象は一般国民の日常生活であり、国民生活を犠牲にするような思想、戦略、文化には意義も価値もないというのが私の考えです。

この意味で、21世紀の日本は漠然と〝大きさ〟を追求するようなことがあってはならないですし、我々が現在使用している戦略、思想、文化がどこから来ているのかを過度に追究する必要もないと思います。国産か輸入品かではなく、日本国民の生活需要を満たしているかという問題こそが重要なのです。

日本の国家としての性質や社会環境、および生活の需要という角度からこの問題を考えてみると、戦略、思想、文化は、日本人が比較的長けている商品、ブランド、サービス、社会秩序、公共空間、環境保護、国民の文化素養といった分野を通じて深く体現していければいいのかなと思います。大胆不敵に「我々の思想とは！」、「我々が掲げる戦略は！」などと叫ぶのではなく、手足を動かし、静かに、ただ懸命に自らが育んできた、大切にしていきたい社会や生活の要素を造り、守っていければいいのかなと思います。一つひとつの細かい部分や分野に、日本人なりの戦略、思想、文化は宿っていくのだと私は信じています。

国民が尊厳を持てて、秩序、自由、安心のある社会環境で暮らせることが最も重要なのです。それらを妨げるような戦略、思想、文化であるとすればそんなものはないほうがましです。

劉　19世紀後半、中日両国にはこのような予測と世論がありました：中日は一戦を交えるのが必至である。その後、中国と日本はやはり一戦を交えることになりました。日清戦争です。

20世紀前半、中日両国にはこのような予測と世論がありました：中日は一戦を交えるのが必至である。その後、中国と日本はやはり一戦を交えることになりました。中国は14年に及ぶ抗日戦争を戦うことになりました。

21世紀前半、中国は台頭し、日米同盟に対抗することになり、〝中日は一戦を交えるのが必至である〟という呼び声が再び叫ばれるようになりました。今回の〝戦争は必至〟という予言は現実になるでしょうか？

加藤さん、〝中日は一戦を交えることが必至である〟という問題に関して、日本国内ではどのような議論、世論、判断が存在しますか？　加藤さん自身はこの敏感な問題をどのように見ていますか？

加藤さんは米国でも数年学ばれていますが、米国内のこの問題に関する予測や評論にはどのようなものがあるでしょうか？

チャイナドリーム、アメリカンドリーム、ジャパンドリームという三つの夢が競争するこんにち、〝中日は一戦を交えるのが必至である〟という予測や世論と同様に熱く語られるのが〝中米は一戦を交えるのが必至である〟というものです。この問題に関して日本国内ではどのような世論や議論が存在しますか？　米国内ではどのような世論や議論が存在しますか？　加藤さん自身はどのようにご覧になっていますか？

加藤　まず、東シナ海情勢の緊張や領土紛争のエスカレーションに伴い、日本国内では「中国は現在尖閣諸島をもぎ取ろうと企んでいる」、「中国は必ず日本領土を攻めてくる」といった扇動的な世論が生まれており、一定規模のマーケットが存在するようです。これらの言論も劉大佐が指摘される〝中日は一戦を交えるのが必至である〟という類の世論につながることもあるようです。しかし、これらの世論の政策決定者に対する影響力は限定的であるようです。所謂タカ派の政治家はしばしば中国に警戒的、懐疑的な言論を放ちますが、それでもその出発点は中国との関係を安定的に発展させることであることがほとんどです。

　私の個人的な見方によれば、〝中日は一戦を交えるのが必至である〟という見方・言い方は日中両国の政策決定者の意図や戦略に符合せず、両国の主流と言える民意や知識人の見方や目標にも符合しません。私は実際に日中間で一戦を交えることが必至であるとは思いません。このような言い方の唯一のメリットは、両国政府や民間に一戦を交えることの悲劇が再発することの危険さを実感させることです。両国が危機管理を徹底し、平和的、安定的な二ヵ国間関係を守ることの重要性を今一度確認させることです。

　私が米国で3年間学んでいた期間、米国が、日中が領土などの問題を発端に政治的関係を悪化させ、それが軍事的衝突にまでつながりかねないことを懸念しているのを感じました。ただ〝中日は一戦を交えるのが必至である〟という言い方や議論を聞いたことは一度もありません。

仮に日中が本当に戦争を通じて問題を解決しなければならない局面に直面した場合、米国は間違いなく介入し、両国間を調停すべく動くでしょう。仮にそれが難しい場合、米国は自らのアジア太平洋戦略に基づいて、日米同盟を機能させる形で対中関係を処理するでしょう。日本の側に立って中国と戦うということです。もちろんこうする代償は計り知れず、米中関係が根本的に破壊される覚悟を持たなければなりません。米国はそういう局面を望んでいないでしょう。

〝米中が一戦を交えることは必至である〟という言い方に関して、日本人の潜在意識にはそのような局面が存在するようです。日本人は米中こそが21世紀における最大の競争関係であり、両国がそれぞれを仮想敵国と定めていると考えており、日本人は実際に米中対抗に巻き込まれたくないと願っています。

同時に、日本が米中間の矛盾や摩擦を調停する方法や能力を持たないことも事実です。日本は〝米中の狭間でどう生き残るか〟という観点から自らの国益を最大化するための戦略的・大局的・長期的思考を育まなければなりません。これを持たないことこそが目下対外関係における最大の〝日本病〟だと言えるでしょう。一刻も早くこの病への治療に取り掛かるべきだと私は考えます。

劉大佐、ここまで私からの米中に関する質問に答えていただき、また日本に関する鋭い問題提起をいただきありがとうございました。私自身、劉大佐との対論から多くを考え、学ばせていただきました。

日米中三国を取り巻く国内事情や国際情勢は刻一刻と変化しています。引き続き注視・議論してまいりましょう。長い対論、本当にお疲れ様でした。

［著者について］ **劉明福**（リュウ・ミンフー）

中国人民解放軍国防大学教授。1969年入隊後、作戦部隊、大軍区機関、国防大学に勤務。済南軍区政治研究室主任、国防大学軍隊建設研究所所長などを歴任。軍隊建設学学科創設者。“劉伯承科学研究成果特等賞”獲得者。中国人民解放軍“全軍優秀共産党員”。著書に『習近平思想』『習近平が造る第三代解放軍』『覇権の黄昏』『論米国』など多数。2010年1月に出版した『中国夢』はベストセラーとなった。

加藤嘉一（かとう・よしかず）

米ニューヨーク・タイムズ中国語版コラムニスト。1984年静岡県生まれ。北京大学国際関係学院卒業。上海復旦大学新聞学院講座学者、米ハーバード大学ケネディースクール（公共政策大学院）・アジアセンターフェローなどを歴任。著書に『たった独りの外交録――中国・アメリカの狭間で、日本人として生きる』（晶文社）、『われ日本海の橋とならん』『中国民主化研究――紅い皇帝・習近平が2021年に描く夢』（ともにダイヤモンド社）など。

日本夢《にほんむ》 ジャパンドリーム――アメリカと中国の狭間でとるべき日本の戦略

2018年6月30日　初版

著者　劉明福・加藤嘉一

発行者　株式会社晶文社

〒101-0051
東京都千代田区神田神保町1-11
電話　03-3518-4940（代表）・4942（編集）
URL http://www.shobunsha.co.jp

印刷・製本　中央精版印刷株式会社

ISBN978-4-7949-7026-8 Printed in Japan